Heimatkundliche und regionalgeschichtliche
Schriften der Albert Heyde Stiftung
in Bad Freienwalde, Band 2

Führer zu den Kirchen und Gemeindehäusern im Evangelischen Kirchenkreis Oderbruch

Reinhard Schmook

Mit aktuellen Fotos von Horst Drewing

HERR, ich habe lieb die Stätte
Deines Hauses
und den Ort, da Deine Ehre wohnt.

Psalm 26, 8

Findling
Buch- und Zeitschriftenverlag • Kunersdorf

Bibliografische Information der Deutschen Nationalbibliothek

Die Deutsche Nationalbibliothek verzeichnet diese Publikation in der Deutschen Nationalbibliografie; detaillierte bibliografische Daten sind im Internet über http://dnb.ddb.de abrufbar.

Heimatkundliche und regionalgeschichtliche Schriften der Albert Heyde Stiftung in Bad Freienwalde, Band 2

Führer zu den Kirchen und Gemeindehäusern im Evangelischen Kirchenkreis Oderbruch

Herausgegeben vom Kreiskirchenrat
des Evangelischen Kirchenkreises Oderbruch

Recherchen, Texte und Redaktion: Dr. Reinhard Schmook

Fotos: Horst Drewing (aktuelle Aufnahmen)

Gesamtgestaltung: Findling Verlag – Kunersdorf

© Findling
Buch- und Zeitschriftenverlag – 2012
Prust & Bärisch
OT Kunersdorf
16269 Bliesdorf
Fon: 03 34 56/ 15 12 27
Fax: 03 34 56/ 15 12 28
www.findling-verlag.de – e-mail: info@findling-verlag.de

Umschlag: Die Dorfkirche in Marxdorf – Foto: Horst Drewing

Druck: Tastomat und Druck GmbH

ISBN 978-3-933603-51-7

Inhalt

Geleitwort

Kirchen waren und sind ein Zeichen der Hoffnung auf Christus, den auferstandenen und lebendigen Herrn der Kirche. Diese Botschaft soll auch für die Zukunft durch die kirchlichen Gebäude wach gehalten werden.

Kirchen und sakralen Räume, die unsere Vorfahren zur Ehre Gottes und zum gesegneten Gebrauch für sich und die nachfolgenden Generationen erbaut haben, sind in diesem Führer durch die Kirchen des Evangelischen Kirchenkreises Oderbruch anzuschauen. Sie zeugen in ihrer äußeren baulichen Erscheinungsform, aber auch in interessanten Details vom gottesdienstlichen Leben und der Frömmigkeit der Menschen damals und heute. Darüber hinaus sind sie ein Beleg für die Liebe der Gemeindeglieder zu dem für unsere Dörfer und Kleinstädte prägenden Kirchengebäude, dem religiösen und kulturellen Mittelpunkt. Für unsere von multikulturellen Angeboten so überflutete Gesellschaft bieten sie außerdem Rückzugsräume, in denen Menschen zur Ruhe kommen, sich für ihr Leben ausrichten und nachhaltige Wertvorstellungen wieder entdecken können.

Der Kirchenkreis Oderbruch ist in seinem Gebäudebestand zum einen durch viele relativ „junge“ Kirchen in der Ebene des ab 1747 trockengelegten Oderbruchs und zum anderen durch die mehrere Jahrhunderte alten Feldsteinkirchen in den Dörfern der Höhenzüge um Seelow, Wriezen und Bad Freienwalde gekennzeichnet.

Von der Schönheit der Landschaft und ihrer Gebäude hat Fontane in seinen „Wanderungen durch die Mark Brandenburg“ ein literarisches Zeugnis hinterlassen. So bekannte Baumeister wie

K. F. Schinkel und F. A. Stüler haben hier ihre Architekten-Handschrift hinterlassen.

Das Ende des Zweiten Weltkriegs hat diesem Landstrich entlang der Oder neben den weit mehr als 50.000 offiziell bezifferten Kriegstoten auch enorme Zerstörungen an den kirchlichen Gebäuden gebracht. Allein in der Region um Seelow wurden von den vor dem Krieg vorhandenen 53 Kirchen 27 völlig zerstört. In diesem Buch haben wir deshalb auch die zum größten Teil gesicherten Kirchenruinen fotografisch dokumentieren lassen.

In der Nachkriegszeit sind in einige Kirchenruinen hinein sogenannte Notkirchen (Wriezen, Ortwig, Kienitz, Carzig, Schönfließ) gebaut worden. Andern Orts wurden gleich neben der Kirchenruine oder auf den noch vorhandenen Fundamenten Kirchbaracken (Neubarnim, Buschdorf, Neulangsow, Bleyen und Sophiental bis 2004) aufgestellt.

Die meisten der Mitte 1945 noch nutzbaren Kirchen waren durch die Kriegseinflüsse in Mitleidenschaft gezogen worden. Nicht in jedem Fall konnte darauf geachtet werden, dass die alte Bausubstanz wieder hergestellt wurde. So gibt es heute Kirchen, die durch die Verkürzung des Kirchturms, durch bauliche Eingriffe in den Fenster- oder Dachbereichen aus der Not heraus einschneidende Veränderungen gegenüber der originalen Fassung erfahren haben.

Nur drei Kirchen wurden nach dem Zweiten Weltkrieg im Kirchenkreis Oderbruch an Stelle der zerstörten gänzlich neu aufgebaut: Gorgast und Kunersdorf in den 1950er Jahren sowie Sophiental 2005/2006.

Nach 1990 ist es gelungen, die ehemaligen Kirchenruinen in Niederjesar, Treplin und Gusow wieder nutzbar zu machen.

Auch 2012, 67 Jahre nach dem Kriegsende, müssen einmal als Provisorien eingerichtete Räume weiter zu gottesdienstlichen und gemeindlichen Zwecken genutzt werden.

Diese bauliche Kurzbeschreibung mag dem Leser und Betrachter verdeutlichen, dass der Kirchenkreis Oderbruch immer noch an einer Last trägt, die das deutsche Volk als Ganzes aus der gemeinsamen Kriegsschuld zu verantworten hat.

In der DDR-Zeit konnte unter Aufbringung vieler handwerklicher Eigenleistungen und mit finanzieller Hilfe aus den Partnergemeinden in der Bundesrepublik die kirchliche Bausubstanz lediglich notdürftig gesichert werden. Staatliche Unterstützung wurde aus ideologischen Gründen in der Regel versagt. So wurde in den 1970er Jahren z. B. der Gemeindekirchenrat Platkow und der Kreiskirchenrat Seelow so unter Druck gesetzt, dass letztlich dem Abriss der Kirche nachgegeben wurde.

Nach dem politische Strukturen stürzenden Herbst 1989 boten sich neue Möglichkeiten, Kirchen zu sanieren und zu erhalten. Die Kirchenruinen blieben allerdings außerhalb der Möglichkeiten von Fördermaßnahmen.

Einer besonderen Initiative des damaligen Kirchenkreises Seelow, sich im 50. Jahr des Kriegsendes in einem offenen Brief an die Bundes- und Landesregierung zu wenden, brachte langfristig den Erfolg, dass auch bauliche Maßnahmen zur Sicherung von Kirchenruinen unterstützt wurden. In der Zusammenarbeit zwischen Kirchengemeinden und neu entstandenen Fördervereinen gelang es sogar, die Kirchenruinen in Niederjesar, Treplin und Gusow auszubauen und wieder gebrauchsfähig zu machen.

Es ging und geht uns hier im Oderbruch nicht darum, alle zerstörten Kirchen wieder aufzubauen. Aber es sollte möglich werden, in einem Pfarrsprengel, in dem es keine intakte Kirche mehr gibt, eine zentrale Kirche für die Gottesdienstbesucher zurückzugewinnen.

Dabei ist es von entscheidender Bedeutung, dass eine solche zukünftige Nutzung sowohl für die Kirchengemeinde als auch für die Kommunalgemeinde offen ist. Die Kirchen, die nicht wieder aufgebaut werden können oder nur noch ein bis zwei Mal im Jahr zu Gottesdiensten genutzt werden, sollten wenigstens in ihrem jetzigen Bestand vor weiterem Verfall gesichert werden.

Es ist ermutigend zu erleben, dass selbst die Nutzung von Kirchenruinen als öffentlicher Raum zu besonderen Gottesdiensten und zu Amtshandlungen wieder in das Interesse von Gemeindegliedern gelangt ist. Erntedankgottesdienste, Konfirmationsgottesdienste, Gottesdienste zur Goldenen Konfirmation, Trauungen, Konzerte und Ausstellungen finden seit einigen Jahren sporadisch auch in Kirchenruinen des Kirchenkreises Oderbruch statt.

Einige Kirchen und Pfarrhäuser konnten mit Hilfe von staatlichen Förderprogrammen und bescheidenen Eigenmitteln nach 1990 tatsächlich wieder in Stand gesetzt werden. Besondere Beachtung fand dabei die Rekonstruktion der Schul- und Bethäuser, einer im 18. und 19. Jahrhundert aus Sparsamkeitsgründen gebauten Kombination von Schule und Kirche unter einem Dach.

Hervorzuheben ist auch der durch einen privaten Sponsor 1997/1998 finanzierte Wiederaufbau des Turmes der Seelower Stadtkirche. Dieses durch die öffentlichen Medien mit großem Interesse begleitete Baugeschehen hat andere Kirchengemeinden und Kommunen ermutigt, bauliche Wünsche bezüglich ihrer zerstörten oder gefährdeten Kirchen zu formulieren, Fördervereine zu gründen, nach Sponsoren zu suchen und an einer langfristigen Realisierung von Sanierungsplänen zu arbeiten.

Aus dem Blickwinkel des Jahres 2012 erscheint es geradezu unglaublich, was Menschen mit ihren drängenden Wünschen zur Sanierung ihrer ortsprägenden Kirche alles möglich gemacht haben. Manchmal waren es Einzelpersonen, die sich in ihrem Ziel nicht beirren ließen, meistens aber Mitbürger, die ihre Kräfte und Möglichkeiten in Fördervereinen bündelten und so in die Tat umsetzen konnten – Christen und Nichtchristen.

Heute stehen in heller Farbe und mit einladender Ausstrahlung Kirchen im Oderbruch nicht nur zu Gottesdiensten für Interessierte wieder offen. Bundes-, Landes- und EU-Mittel haben ihre unterstützende Wirkung nicht verfehlt. Zu nennen sind aber auch die zahlreichen Spenden, Kollekten und einfallsreichen

Initiativen, mit denen die Menschen vor Ort ihr Interesse mehr als unterstrichen haben.

„Kommen deshalb heute mehr Menschen wieder in die Kirche?“, werde ich öfter gefragt. Nicht deshalb haben wir Kirchen in unserem Kirchenkreis saniert oder wieder nutzbar gemacht. Aber es ist tatsächlich so: Viel mehr Menschen entdecken die Kirchen wieder – als touristisches Ziel, als „ihre Kirche“, als Symbol für Heimat und auch als wichtigen Ort ihrer ganz persönlichen Lebensbegleitung. Damit ist etwas neu oder wieder angelegt, das auch im Sinne der christlichen Botschaft wachsen wird.

Neben allgemeinen touristischen Angeboten finden die Initiativen „Dorfkirchen-Sommer in Brandenburg“ und „Offene Kirche“ auch in unseren Kirchengemeinden größeren Anklang. Wir haben deshalb guten Grund zur Hoffnung, auch Sie in einer der abgebildeten Kirchen oder kirchlichen Räume begrüßen zu können.

An der Aufgabe der Erhaltung und Nutzung unserer Kirchen, die uns große finanzielle Lasten auferlegen, wächst neben der Verantwortung, die Menschen dafür übernehmen, auch wieder Gemeinde- und Glaubensleben sowie Heimatverbundenheit.

Seelow, im März des Jahres 2012

Roland Kühne
Superintendent

Zur Einführung

Der Kirchenkreis Oderbruch reicht von Neuendorf im Norden bis Petersdorf im Süden und besitzt 95 Kirchengebäude bzw. Gemeindehäuser. Sie alle werden im Folgenden ausführlich beschrieben und auch bildlich dargestellt. Den einzelnen Texten sind langjährige Recherchearbeiten vorausgegangen, so dass es möglich wurde, zu jedem Gotteshaus die relevanten Daten und Fakten zusammenzutragen und in diesem Buch vorzustellen. Der Herausgabe eines Führers zu den Kirchen und Gemeindehäusern im Kirchenkreis Oderbruch liegen langwierige Vorarbeiten zugrunde. Nicht nur das Sammeln von fundierten Informationen zur Geschichte und Gegenwart eines jeden Gotteshauses hat sehr viel Arbeit gemacht, sondern auch die Herstellung von qualitätsvollen Fotoaufnahmen. Dafür danke ich sehr herzlich Herrn Horst Drewing, der über mehrere Jahre hinweg immer wieder durch den Kirchenkreis fuhr, um an jeder Kirche die optimalen Aufnahmebedingungen anzutreffen. Im Laufe der Zeit sind so mehrere hundert Fotos entstanden, die ein getreuliches Bild der augenblicklich genutzten und sehr unterschiedlich beschaffenen Kirchen vermitteln.

Neben den 95 derzeit genutzten Gotteshäusern im Kirchenkreis gab und gibt es Kirchen und Betsäle, die keinem gottesdienstlichen Zweck mehr dienen. Entweder wurden sie 1945 so zerstört, dass ein Wiederaufbau auch als Notkirche nicht mehr möglich war, oder sie sind außer Dienst genommen worden. Zu ihnen gehören die Georgenkirche in Bad Freienwalde und die Gotteshäuser von Neuwustrow, Karlshof, Karlsbiese, Güstebieser Loose, Neumädewitz, Kerstenbruch, Alttrebbin, Grube, Groß

Barnim, Klein Neuendorf, Neu Rosenthal, Altlangsow und Hathenow.

Trotz aller Zerstörung, von der 1945 und auch in den Jahren nach dem Krieg der heutige Kirchenkreis Oderbruch besonders schwer betroffen war, bergen viele Kirchen einmalige Zeugnisse des Glaubens unserer Vorfahren und auch kunstgeschichtliche Kleinodien von Rang. Manchmal findet man die Namen der Patrone, die sich einst um den Erhalt ihrer Kirchen kümmerten und die darin in adligen Erbbegräbnissen ruhen. Zerstörung und Verfall hat es in der mehr als 700-jährigen Geschichte mancher älteren Kirchen auch früher oft gegeben. Doch immer fand sich die Kirchgemeinde wieder zusammen, um gemeinsam mit Pfarrer und Patron ihr Gotteshaus wieder aufzubauen. Das war früher so und ist bis heute so geblieben. Insofern sind Kirchen ein Hoffnungszeichen, und es wurde in den letzten 20 Jahren mehr an ihnen gebaut und verbessert, als in der Vergangenheit möglich war.

Dieser Kirchenführer bietet viele Einblicke in die Geschichte, die Ausstattung und das Schicksal der beschriebenen Kirchen und Gemeindehäuser. Es handelt sich jedoch nur um eine Momentaufnahme, die den derzeitigen Zustand jeder einzelnen Kirche vorstellt. In den kommenden Jahren wird sich wiederum vieles verändern und es steht zu hoffen, dass sich der positive Trend fortsetzt und sich Menschen für den Erhalt ihrer Kirche engagieren, auch wenn sie den Inhalten unseres christlichen Glaubens zunächst fernstehen. Mancher hat bei der Mitwirkung am Wiederaufbau oder der Verschönerung einer Kirche auch mit dem Herzen zur Kirchengemeinde gefunden und sich in die Glaubensgemeinschaft integriert. Das möge auch in Zukunft so sein.

Das Buch ist nach Pfarrsprengeln in der Reihenfolge von Nord nach Süd geordnet, damit innerhalb der Pfarrbereiche der historische Zusammenhang zwischen den Kirchengemeinden erkennbar bleibt. Zum besseren Auffinden jedes der 95 Orte ist im Anhang ein alphabetisches Verzeichnis der Kirchen und

Gemeindehäuser beigefügt, das auch eine kurze Angabe zum Schicksal der jeweiligen Kirche bei den schweren Kämpfen im Frühjahr 1945 und in den Jahrzehnten danach enthält. Wer sich über diesen Führer hinaus zu den Spezifika des Kirchenbaus informieren möchte oder weiterführende Darstellungen über Kirchenkunst, Kirchengeschichte und speziell zu unserer Region sucht, der findet entsprechende Hinweise im Quellen- und Literaturverzeichnis.

Diesen Kirchenführer haben wir Ihnen in die Hand gegeben, damit sie das Unverwechselbare an ihrer eigenen Kirche entdecken, ein Gefühl für historische Zusammenhänge bekommen, die teilweise Jahrhunderte zurückreichen, und sich daran erfreuen können, wie sich christlicher Glaube und das daraus resultierende Tun über Generationen hinweg in und an den Kirchen unserer Heimat widerspiegeln. Um diesen Glauben zu befördern und Zuversicht in die Zukunft unserer Kirchen zu verbreiten, ist dieses Buch geschrieben worden.

Bad Freienwalde (Oder), Ostern 2012

Dr. Reinhard Schmook

Nikolaikirche Oderberg

Die alte, im Kern mittelalterliche Nikolaikirche in Oderberg war ein Feldsteinquaderbau in Form eines griechischen Kreuzes von beachtlichen Ausmaßen. Die Ost-West-Ausdehnung der Kirche betrug 32 Meter, die Nord-Süd-Ausdehnung etwa ebenso viel. Betreten wurde

der Bau über den nördlichen Kreuzarm. An der Nordwand des östlichen Kreuzarmes befand sich die Sakristei, die vom Chor aus begehbar war. Angrenzend zwischen östlichem und südlichem Kreuzarm befand sich eine Seitenkapelle. Auf dem südlichen Kreuzarm erhob sich ein mehrgeschossiger hölzerner Kirchturm. Der Ostgiebel hatte sieben Backsteinblenden als architektonisches Zierelement. Diese Kirche wurde bei der Belagerung durch schwedische Truppen im Dreißigjährigen Krieg sowie durch den Stadtbrand von 1670 stark beschädigt. Im 18. und 19. Jahrhundert mussten immer wieder Reparaturen ausgeführt werden, die nicht durchgreifend waren, weil der Kirchengemeinde das Geld fehlte. Im Sommer 1849 berichtete Pfarrer Alberti, dass bei Regenwetter erst die Wasserlachen aufgewischt werden müssen, bevor der Gottesdienst beginnen könne. Am 28. Oktober 1849 hielt der Pfarrer den letzten Gottesdienst. Kurz darauf erfolgte der Abbau des Altars und der Orgel. Die Glocken hängte man in einen hölzernen Glockenschauer auf dem Albrechtsberg. Am 22. Mai 1852 stürzte die leergeräumte Kirche ein. Versuche, die alte Kirche wieder aufzubauen, scheiterten am Geld. Im Auftrag des Preußischen Königs Friedrich Wilhelm IV. wurde ein Gutachten angefertigt, in dessen Ergebnis alle Wiederaufbaupläne endgültig verworfen wurden.

Mit der Planung eines Kirchenneubaus wurde der Schinkelschüler Friedrich August Stüler (1800–1865) beauftragt. Er stützte sich auf einen Entwurf des Wriezener Baumeisters H. F. Gandtner für eine dreischiffige Basilika mit halbrunder Apsis und seitlich abgesetztem Turm. Die veranschlagten Baukosten betrugen 33.000 Taler. Davon wurden 15.000 Taler über eine landesweit gesammelte Kollekte aufgebracht. Die Grundsteinlegung erfolgte am 12. Juni 1853 in Anwesenheit des preußischen Königs, der den Bau mit 18.000 Talern bezuschusst hatte.

Inneres der Oderberger Nikolaikirche mit Blick nach Westen zur Orgel und zur wieder geöffneten Giebelrosette. Foto: H.-J. Beeskow

Nach eineinhalb Jahren war der Rohbau fertig, so dass bis Oktober 1855 auch der Innenausbau beendet werden konnte. Die Kanzel fertigte nach einem Entwurf von Stüler der Tischlermeister Spitzel aus Stolpe, während die Orgel von der Potsdamer Firma C. L. Gesell und C. Schulze stammt. Sie verwendeten dabei Teile der alten Orgel, die 1792 von Johann Simon Buchholz, Berlin, gebaut worden war. Bei der feierlichen Einweihung der neuen Nikolaikirche nach nur zweijähriger Bauzeit am 14. Oktober 1855 war wiederum König Friedrich Wilhelm IV. zugegen.

Bereit 1881 waren die Backsteine der Turmhaube derart verwittert, dass die ganze Turmspitze abgetragen und neu aufgemauert werden musste. Um 1910 fingen die Backsteine der Turmhaube erneut an zu bröckeln. Infolgedessen leitete der Gemeindekirchenrat im Juni 1917 die Abtragung von Turmhelm und Glockenstube bis zum Uhrengesims in die Wege. Wegen der schlechten wirtschaftlichen Zeiten blieb der Kirchturm lange ohne seine charakteristische Spitze. Ein zinsloses Darlehen von 10.000

Reichsmark ermöglichte 1934 die Erneuerung des Turms, die nach einem Entwurf des Angermünder Regierungsbaurats Rosenthal erfolgte. Seitdem ist die Turmhaube eine Holzkonstruktion, mit Brettern verkleidet und mit Kupferblech beschlagen. Die Wetterfahne in Gestalt eines Schiffes trägt im Segel ein Hakenkreuz und die Jahreszahlen 1855 und 1934. Sie wurde von Schmiedemeister J. Schramm aus Berlin hergestellt und 2000 vom Kunstschmied Wilfried Schwuchow in Angermünde erneuert, der im Schiffsrumpf zusätzlich die Jahreszahl 2000 anbrachte.

1942 mussten von den vier Oderberger Glocken drei dem Krieg geopfert werden. Eine von ihnen fand sich allerdings nach Kriegsende auf dem Hamburger „Glockenfriedhof" wieder an und kehrte nach Oderberg zurück. 2001 wurden zwei neue Glocken in den Kirchturm gehängt. Eine alte Glocke von 1719, die als klangunrein galt, steht im südlichen Seitenschiff der Kirche, zusammen mit der alten Wetterfahne von 1934 und dem originalen Uhrwerk von 1855.

Granateinschläge und andere Geschosse richteten im April 1945 am Kirchenbau erhebliche Schäden an. Nach dem Krieg wurden alle Fensteröffnungen zunächst verbrettert und erhielten später im Altarraum eine Bleiverglasung. Die Längsseitenfenster dichtete man mit Glasbausteinen ab, während die Rosette am Westgiebel zugemauert wurde.

Zur 100-Jahrfeier im Jahre 1955 erstrahlte erstmals elektrisches Licht in der Kirche. Die Innenwände hatten zu diesem Jubiläum einen neuen Anstrich erhalten, wobei leider die originale Farbfassung aus der Erbauungszeit übertüncht wurde.

Im Jahre 1999 durchlief die Nikolaikirche ein Hüllensanierungsprogramm, das die Wiederherstellung der originalen Farbfassung von 1855 und neue Bleiglasfenster brachte. Außerdem konnten das Dach und das

Backsteinmauerwerk an den Giebeln teilweise erneuert und repariert werden. Der Kirchturm wurde völlig eingerüstet, um die Mauerwerksschäden und die Fehlstellen im Kupferblechmantel zu beseitigen. Hier oben sah man bis dahin noch diverse Einschusslöcher vom Zweiten Weltkrieg.

Unter großem Medieninteresse wurde am 16. Januar 2000 von Kunstschmied Wilfried Schwuchow die neue Turmbekrönung mit der Wetterfahne auf den Kirchturm aufgesetzt und damit die Sanierungsarbeiten beendet. Am 18. Juni 2000 feierte die Evangelische Kirchengemeinde mit hochrangigen Gästen den Abschluss der umfangreichen Sanierungsmaßnahmen im Wert von 1,2 Mio. DM. Im Anschluss an den Gottesdienst wurde vor der Kirche eine Gedenkplatte enthüllt, die an den preußischen Baumeister Friedrich August Stüler und seine Bedeutung für den Kirchenbau im 19. Jahrhundert in Brandenburg erinnert. Die Messingplatte verzeichnet neben seinen Lebensdaten unter anderem auch zwölf Orte, an denen er Kirchen gebaut hat.

2005 feierte die Kirchengemeinde das 150jährige Bestehen der Nikolaikirche.

Kirche Neuendorf

Die Kirche in Neuendorf ist ein frühgotischer rechteckiger Feldsteinbau mit querrechteckigem Westturm. Der einfache Saal aus sauber behauenen Granitquadern misst 24 mal 11 Meter und hat stabile Wände, die 1,10 Meter dick sind. In kriegerischen Zeiten dienten die nur von schmalen Fenstern durchbrochenen stabilen Mauern den Dorfbewohnern gelegentlich als sicherer Zufluchtsort. Der Turm hat die gleiche Breite wie das Schiff. Sein über die Kirchentraufe hinaus ragender Teil stammt vermutlich aus der Zeit nach dem Dreißigjährigen Krieg. Von der Sakristei auf der Nordseite des Baues sind noch die Fundamente und die Treppe sowie ein Auslaufstein mit Rinne vorhanden. In der Südostecke der Kirche befindet sich ein sogenannter Schachbrettstein mit Rautenmuster.

Im Innern der Kirche findet sich eine einheitliche, reich geschnitzte und farblich gefasste Ausstattung aus dem Jahre 1615. Dazu gehörten die Westempore, das Patronats- und Ältestengestühl sowie die Kanzel. Der Altaraufsatz ist ein prachtvoller zweigeschossiger Architekturaufbau mit Kreuzigungs- und Auferstehungsgemälde. Das Patronatsgestühl an der Südwand wurde 1615 von Jobst von Oppen und seiner Gattin Katharina gestiftet. Es besteht aus 10 Sitzen, über denen zwei Schrifttafeln mit Sinnsprüchen der Stifter sowie acht Wappentafeln angebracht sind, darunter die Wappen der Familien von Oppen und von Barfus. Zur Ausstattung gehören ferner eine Messingtaufschale aus dem 17. Jahrhundert, der Taufstein von

1575 sowie ein Leuchterpaar aus Messing um 1815. Die Glocke wurde 1615 von Friedrich Kessler in Küstrin gegossen. Ihre Aufschrift zeigt an, dass es sich um ein Geschenk des Kurfürsten Johann Sigismund an Jobst von Oppen handelt. In der Kirche befinden sich drei Inschriftgrabsteine von 1623, 1736 und 1780, außen links und rechts neben dem Eingang an der Südseite zwei weitere von 1822 und 1823.

Im Dezember 1991 sorgte ein Fund unter dem Kirchenfußboden für größeres Aufsehen. Im Kirchsaal waren Ziegel für eine Dachsanierung gestapelt, als unter ihnen die Decke einer bis dahin unbekannten Gruft einbrach. Bei deren Freilegung, die fachgerecht durch den örtlichen Bodendenkmalpfleger Horst Fleischer in Oder-

Renaissancealtar der Neuendorfer Kirche aus dem Jahre 1615 mit Kreuzigungs- und Auferstehungsdarstellungen. Foto: R. Schmook

berg ausgeführt wurde, fanden sich zwei durch den Einbruch des Grabgewölbes ziemliche beschädigte Skelette eines Mannes und einer Frau. Die Frau hatte zwei Ohrgehänge mit je 33 eingefassten Glassteinchen mit ins Grab bekommen. Bei weiteren Nachforschungen entdeckte Herr Fleischer eine weitere Erdbestattung und eine Art Krypta mit gut erhaltenem Kreuzgewölbe. Diese Kammer ist ca. 1,20 m hoch und enthielt vier Bestattungen. Die dendrochronologische Untersuchung der Sargreste lässt die Aussage zu, dass die dafür verwendeten Bäume in den Jahren 1693 und 1747 gefällt wurden.

Seit Mai 2006 gibt es einen Förderverein, der dazu beitragen will, die Kirche zu erhalten und der Öffentlichkeit zugänglich zu machen. Mit seinen Aktivitäten möchte der Verein die sich am Ortsrand befindliche Kirche wieder stärker in das Bewusstsein der Bewohner rücken und das Interesse an der Heimatgeschichte fördern.

Kirche Bralitz

Die Bralitzer gehörten ursprünglich zur Kirchengemeinde Altglietzen, später zu Neuenhagen. Mit der rasanten Zunahme der Einwohnerzahl von Bralitz nach 1871 im Zuge des Ausbaus der Ziegeleien und Sägewerke kam bald der Wunsch nach einer eigenen Kirche auf. Ein erster Entwurf aus dem Jahr 1874 kam nicht zur Ausführung. 15 Jahre später entschied man sich für das Projekt

des Berliner Architekten Milde. Im Herbst 1888 wurden die Fundamente für den Neubau gelegt und am 5. Mai 1889 fand die feierliche Grundsteinlegung statt.

Die feierliche Indienstnahme geschah am 7. November 1890 durch den Generalsuperintendenten Braun. Dieser Kirchenneubau von beachtlicher Dimension und eine Verschiebung der Einwohnerdichte nach Bralitz-Neuenhagen hin führte 1907 dazu, dass Neuenhagen nach Bralitz eingepfarrt wurde, weil hier bereits ein solides Pfarrhaus stand. Die Neuenhagener, die seit 1901 auch eine neue Kirche hatten, konnten solches nicht vorweisen.

Seit nunmehr 120 Jahren steht in Bralitz eine neugotische Kirche mit eingezogenem, 51 Meter hohem Westturm, einem vierjochigen Schiff und einer fünfseitigen Apsis. Das durch abgestufte Strebepfeiler gegliederte Langhaus steht scheinbar auf einem über ein Schräggesims vorspringenden Untergeschoss. Während im Schiff selbst zweiphasige Spitzbogenfenster sitzen, hat das Untergeschoss flachbogige Fensteröffnungen, die den Raum unter den Seitenemporen beleuchten. Der Turm wird von einer achseitigen Pyramide bekrönt und trägt unter den Uhren rundbogige Schallöffnungen. Links und rechts am Turm befinden sich die Treppenaufgänge zu den Emporen. In einer der beiden Seitenkapellen an der Apsis ist die Sakristei untergebracht.

In das Innere der Kirche gelangt man durch das Turmportal. Beim Betreten des Schiffes ist man überrascht von der stilistischen Geschlossenheit der Ausstattung, die das Auge als sehr angenehm empfindet. Das Kirchenschiff wird von zwei Pfeilerreihen in drei Schiffe geteilt. Die Seitenemporen reichen nur bis zum dritten Joch, so dass der großzügig angelegte Chorraum ganz hervorragend zur Geltung kommt. Altar, Kanzel und Gestühl stammen aus der Tischlerwerkstatt Köppen in Königsberg/Neumark. An der Kanzel finden sich eine Jesus-Darstellung und die vier Evangelisten samt ihren Attributen.

Blick in die fünfseitige Apsis der Bralitzer Kirche mit dem 1953 aus Resten der alten Verglasungen geschaffenen neuen Mittelfenster. Foto: H.-J. Beeskow

Den Krieg hat die Bralitzer Kirche ohne gravierende Schäden überstanden. Nach der gegen Kriegsende erfolgten Zerstörung aller drei Apsisfenster hat 1952/53 die Berliner Glaskünstlerin Katharina Peschel aus den Resten der alten Fenster ein neues geschaffen. Dieses im Mittelfeld des Apsispolygons eingebaute Bildfenster stellt die Taube als Symbol des Heiligen Geistes dar. An der Brüstung der Emporen sind 39 Gedenkkreuze für die im Zweiten Weltkrieg gefallenen Bralitzer angebracht. Sie sind quasi die Fortsetzung der beiden, seitlich des Triumphbogens angebrachten Gefallenentafeln zu den preußisch-deutschen Kriegen von 1812/13 gegen Napoleon bis zum Krieg von 1870/71 sowie zum Ersten Weltkrieg von 1914–18.

Die Orgel auf der Westempore ist im Jahre 1890 als Opus 530 der Firma Sauer in Frankfurt (Oder) gebaut worden. 1917 wurden die zinnernen Prospektpfeifen zu Kriegszwecken abgegeben und durch minderwertige aus Zink ersetzt. Um der Orgel ihr Gesicht und ihr ursprüngliches Klangbild zurückzugeben, suchten im Februar 2011 die Evangelische Kirchengemeinde und der Orgel-Förderverein Insel Neuenhagen Paten für die Beschaffung von Prospektpfeifen aus hochwertigem, silbern glänzendem Zinn.

Im Turm hingen ursprünglich drei von der Berliner Glockengießerei Voß und Sohn gegossene Bronzeglocken, die am 23. Mai 1890 eingesegnet wurden. Zwei von Ihnen hat man im Jahre 1917 an die Heeresrohstoffverwaltung abgegeben. Die dritte tauschte man 1925 gegen ein Geläut aus drei Stahlglocken. Eine Inspektion im Jahre 2004 förderte gravierende Schäden an allen drei Glocken zutage. Nach einer großangelegten Spendenaktion kam genügend Geld zusammen, so dass Anfang September 2005 das nun mit einer elektronischen Steuerungseinheit ausgestattete und sanierte Läutewerk der Bralitzer Kirche feierlich wieder in Betrieb genommen werden konnte.

Kirche Altglietzen

Wahrscheinlich gab es am Ort schon im Mittelalter einen Pfarrer und damit auch eine Kirche.

Altglietzen ist das älteste Kirchdorf der Insel Neuenhagen und war lange Zeit die einzige Pfarrstelle für die Inseldörfer. 1659 erwähnt das Rechnungsbuch des Amtes Neuenhagen erstmals eine Kirche in Glietzen. Der Pfarrer hieß damals Petrus Goedicke.

1727 beginnen die Aufzeichnungen in den Geburts-, Trau- und Sterberegistern der Kirchenbücher zu Altglietzen. Zwischen den Zeilen sind vielerlei geschichtliche Nachrichten zu lesen. Altglietzen und die Nachbardörfer hatten im Siebenjährigen Krieg (1756–1763) schwer zu leiden. Der damalige Pfarrer Gallisch hat die Schrecken der Jahre 1758 bis 1762 im Kirchenbuch geschildert:

„In diesem 1759ten Jahre kamen, nachdem die große Schlacht bei Kunersdorf den 12. August für Preußen so unglücklich ausgefallen, den 27. August unvermutet eine Streifpartie Kosaken von 18 Mann, davon 9 Mann in die hiesige Pfarre einbrachen, und da die ganze Gemeinde mich verließ, sehr übel mit mir und meiner Frau umgingen, indem sie nicht allein viel bares Geld und alle guten Sachen an Silber, Leinen, was ihnen gefiel, mitnahmen, sondern auch, um noch mehr Geld zu schaffen, mit Stricken würgeten, auch mich zuletzt, nachdem sie mir noch die Stiefel ausgezogen, ein ganz Stück vom Dorfe mitnahmen, auf vieles Bitten zuletzt aber losließen. Vom Kirchengeld nahmen sie auch die vorrätigen zehn Taler mit."

Nach Altglietzen waren ursprünglich eingepfarrt: Altglietzen, Hohenwutzen, Gabow, der östliche Teil von Schiffmühle und Neutornow (1757–1775). Zur Filialkirche Neuenhagen gehörten die Ortschaften Neuenhagen und Bralitz sowie der westliche Teil von Schiffmühle (bis zum Haus des Schiffmüllers); 1775 wurde die neu gegründete Kolonie Neutornow mit der eingekirchten Kolonie Neuglietzen den beiden Pfarrämtern zu Neuküstrinchen (dem lutherischen und dem reformierten) als Filialgemeinden zugeteilt. Seit 1902 bestand folgende Neuaufteilung: Zum Pfarrsprengel Altglietzen gehörten die Orte Altglietzen, Neuglietzen und Hohenwutzen; zum Pfarrsprengel Neutornow die Dörfer Neutornow, Gabow und Schiffmühle. Seit 1907 bildeten Neuenhagen und Bralitz einen eigenen Pfarrsprengel mit Sitz des Pfarrers in Bralitz. Alle Inseldörfer werden wieder von Altglietzen aus versorgt.

Der Turm der Altglietzener Kirche in seiner ursprünglichen Gestalt. Neumärkische Heimatblätter. Frankfurt (Oder) 1937, S. 6

Die Kirche liegt zentral auf einem kleinen Hügel inmitten des alten Kirchhofs. Über die Gestalt der 1659 erwähnten Vorgängerkirche ist nur wenig bekannt. Im Neuenhagener Rechnungsbuch von 1659 heißt es, die Kirche verfüge über eine schmucklose Kanzel, einen gemauerten Altar, darauf eine hölzerne Tafel mit etlichen hölzernen Figuren. Möglicherweise wird hier ein gotisches Altarretabel beschrieben. In der Matrikel von 1693 wird berichtet, dass die Kirche von Grund auf gemauert gewesen sei. Am 1. Oktober 1780, dem Erntedankfest, stürzte plötzlich kurz vor dem Festgottesdienst das Dach ein. Erst 1788 konnte der Schaden wieder behoben werden. Solange fanden die Gottesdienste in der Kirche zu Neutornow statt. Die Trauungen wurden in den Häusern der Brautleute vollzogen. 1835 wird die alte Kirche als

Inneres der Altglietzener Kirche nach Westen mit der Sauer-Orgel von 1903. Pfeil, Ulrich: Die vier Kirchen der „Insel" Neuenhagen. Passau 1994, S. 5

baufällig und zu klein für die Gemeinde beschrieben. 1853 brach man den Altbau schließlich ab und begann noch im selben Jahr mit dem Bau der jetzigen Kirche. Wer die Pläne zeichnete, ist nicht bekannt, doch stilistische Merkmale weisen auf einen Baumeister aus dem Umkreis Friedrich August Stülers hin.

Der Neubau wurde Ende des Jahres 1855 fertig gestellt und am 30. Januar 1856 von Generalsuperintendent Büchsel in den Dienst genommen. Erste Reparaturen erfolgten während der 1920er Jahre, als die Fialen neu aufgemauert werden mussten. Die Kampfhandlungen im April 1945 führten zu erheblichen Schäden. Am 16. April 1945 sprengte die Wehrmacht den polygonalen Turmaufsatz mit Spitzhelm und Ecktürmchen. Erst 1950 konnte der Turm wieder geschlossen werden. 1953 erhielt er nach dem Entwurf des Freienwalder Architekten Gerhard Bischof das schlichte Pyramidendach. Die im Krieg zerstörten Verzierungen der Giebel und die Eckfialen des

Einer der beiden bronzenen Altarleuchter mit Löwenfüßen, die wohl noch aus dem 15. Jahrhundert stammen. Foto: R. Schmook

Langhauses wurden nicht wieder hergestellt. Im Innern sind damals auch die Seitenemporen beseitigt worden.

Im Innern ist die Kirche dreischiffig durch hölzerne Arkaden auf schlanken Pfeilern gegliedert. Die ursprüngliche Ausmalung der Kirche (nur Reste erhalten) sowie die Stuckverzierung der Apsis sind verloren. Der Fußboden ist mit Ziegeln belegt. Im erhöhten Chor- und Apsisbereich liegen zweifarbige Saargemünder Sechseckfliesen von 1887.

Die erste Orgel erhielt die Altglietzener Kirche noch 1835 durch den Orgelbaumeister Landow aus Müllrose. Unter Einbeziehung von Teilen dieser Orgel baute der Frankfurter Orgelbaumeister Sauer bald nach der Kirchweihe eine neue Orgel, die er auf eigene Initiative 1859 noch verbesserte. Die heutige Orgel aus dem Jahre 1903 stammt ebenfalls von der Firma W. Sauer (op. 882) in Frankfurt (Oder), kostete 7320 Mark und hat 20 klingende Stimmen. Das Gehäuse zeigt neoromanische Formen mit kannelierter Pilasterrahmung und mittlerem Dreiecksgiebel.

Im Turm der Altglietzener Kirche hingen schon 1659 drei Glocken. Wie lange sie in Altglietzen läuteten, ist nicht bekannt. Die beiden 1873 von Friedrich Gruhl in Klein-Welka bei Bautzen gegossenen großen Bronzeglocken wurden 1917 an die Heeresrohstoffverwaltung abgeliefert. Es blieb die 1886 von Ernst Theodor Werner in Klein-Welka bei Bautzen gegossene Bronzeglocke, die 1956 an die Bad Freienwalder Kirchengemeinde verkauft wurde. Seit 2004 läutet sie in einem separaten Glockenstuhl auf dem Bad Freienwalder Friedhof.

1956 schaffte die Kirchengemeinde für die Altglietzener Kirche ein neues Geläut an. Es besteht aus drei Stahlglocken, die zwischen 250 und 400 kg schwer sind und in der Gießerei Weule in Lauchhammer hergestellt wurden. Im April 2006 sind die Glocken für 2.000 Euro entrostet und neu gestrichen worden, um ihre Lebensdauer zu verlängern.

Zur Ausstattung der Kirche gehören zwei wertvolle bronzene Altarleuchter mit dekorativen Löwenfüßen, wohl noch aus dem 15. Jahrhundert (schon zweimal gestohlen). 1936 gab es noch einen zinnernen Opferteller mit der Umschrift „Jakob Meisner, Jakob Spiegelberg, Friedrich Wulf, 1691“ sowie einen kleinen Kornleuchter mit der Stifterinschrift „J. P. John, 1766“. John war einer der Kolonisten in Neuglietzen.

Die Altglietzener Kirche beeindruckt trotz fehlender Baudetails durch ihre ausgewogenen Proportionen und ihre architektonische Geschlossenheit. Sie ist ein Beispiel für den von Friedrich August Stüler beeinflussten Kirchenbau im Rundbogenstil, der um 1850 im Gebiet der Mark Brandenburg seinen Höhepunkt erlebte. Zeitgleich baute Stüler die Kirche in Oderberg, deren Bauornamentik in Teilen mit derjenigen der Altglietzener Kirche übereinstimmt.

Kirche Neuenhagen

Bereits 1492 ist von einer Kapelle unter dem Patronat der Herren von Uchtenhagen die Rede, die 1602 erneuert wurde. Diese Kapelle, deren Standort dort vermutet werden kann, wo etwa die heutige Kirche steht, war eine Filia von Altglietzen und wurde 1659 nochmals „notdürftig erweitert".

Diese Fachwerkkirche war im 18. Jahrhundert so marode geworden, dass sie 1795 durch einen Neubau ersetzt werden musste. Dessen Indienstnahme erfolgte am 10. Januar 1796. Im Unterschied zu dem Vorgängerbau waren jetzt die Gefache mit Ziegeln ausgemauert. Eingekircht waren das Dorf Neuenhagen, der Neutornower Holländer und weitere dazugehörige Einzelhäuser, der Gutsbezirk „Domäne Neuenhagen" und der westliche Teil von Schiffmühle mit dem Etablissement Fährkrug.

Ab 1861 war die Kirche Neuenhagen Filia von Bralitz. Im Juni 1901 wurde das reparaturbedürftige Fachwerkgebäude, von dem es noch Fotos gibt, abgerissen, um an seine Stelle eine neue, massive Kirche zu bauen. Ein größeres Gotteshaus war auch deshalb notwendig, weil in den aufblühenden Sägewerken und Ziegeleien sowie bei der Kiesgewinnung viele Arbeitskräfte gebraucht wurden. Infolgedessen war die Einwohnerzahl von Neuenhagen erheblich angestiegen. Am 7. Juli 1901 wurde dazu der Grundstein gelegt.

In romanisierenden Formen gehalten entstand an der Stelle der alten Kirche ein massiver Backsteinbau, dessen an der Südwestecke platzierter Turm weithin sichtbar ist. Die feierliche Indienstnahme besorgte am 24. Oktober 1902 Generalsuperintendent D. Braun. Zu diesem Anlass schenkte Kaiserin Auguste Viktoria eine silberbeschlagene Altarbibel. Von den Konfirmanden wurde eine Kanzelbibel gestiftet. Amtsvorsteher Kupper in Bralitz spendierte einen Taufstein samt Taufbecken und Wasserkanne, seine Ehefrau eine Altar- und eine Abendmahlsdecke.

Im Innern wird das Langhaus in ein breites Haupt- und ein schmales Seitenschiff geteilt. In der Empore des Seitenschiffes befindet sich der Gemeinderaum, der zum Hauptschiff hin durch große Halbrundfenster geschlossen wird. Gestühl und Decke stammen noch aus der

Die alte Neuenhagener Fachwerkkirche von 1795 auf einem Foto von 1899. Stiftung Heimatkreisarchiv Königsberg/ Neumark

Erbauungszeit. Im Nordosten des Kirchenraumes steht an der Wand befestigt der figürliche Grabstein der Hippolyta von Uchtenhagen, eine Schwester des letzten Uchtenhagen Hans IV. Das Epitaph zeigt das in Relief gemeißelte Ganzkörperporträt der Verstorbenen mit vier Wappenschilden und einem Kruzifix. Links neben dem Kopf steht das Wappen der Mutter (von der Schulenburg), rechts in Hüfthöhe das Wappen des Vaters (von Uchtenhagen). Dieser Grabstein gehört zu den in unserer Heimat äußerst seltenen bildkünstlerischen Darstellungen der Renaissance. Die noch gut lesbare Inschrift enthält u. a. den Namen und das Todesdatum: den 13. Dezember 1592.

Der einfache, von zwei Leuchtern (um 1825) flankierte Altaraufsatz in Form eines Kreuzers stammt wie die übrige Ausstattung noch aus der Erbauungszeit. Das dahinter liegende dreiteilige Ornamentfenster wurde Anfang der 1980er Jahre restauriert und fördert viel Licht in den Altarraum.

Grabstein mit Ganzkörperrelief der Hippolyta von Uchtenhagen (†1592) und Wappendarstellungen. Foto: R. Schmook

Auf der Westempore steht eine kleine Orgel in bescheidenem Gehäuse, die 1902 von der Orgelbaufirma Bütow in Königsberg/Neumark gebaut wurde.

1840 und 1872 erhielt die alte Kirche zwei neue Glocken. 1906 kam zur Vervollständigung des Dreiergeläutes noch eine dritte dazu, die in Stettin gegossen wurde. Nach dem Ersten Weltkrieg war nur noch die kleine Glocke von 1840 geblieben, die seinerzeit von J. Wolff in Königsberg/Neumark gegossen worden war. 1925 erhielt die Kirche dann ein Geläut aus drei Stahlglocken der Fa. Ulrich in Apolda. Zwei davon haben den Zweiten Weltkrieg überlebt.

Kirche Neutornow

Von allen Kolonistenkirchen im Oderbruch war die Neutornower der einzige massiv ausgeführte Bau. Ihm lag ein Entwurf des Ingenieuroffiziers von Petri zugrunde, der nach 1768 den Kirchenbau in den königlichen Kolonien stark forcierte.

Die Entwurfszeichnung des Oberstleutnants von Petri ist erhalten geblieben. 1769 wurde der Bau begonnen und durch Aufsetzen des Turmknopfes am 2. März 1770 vollendet. Im Jahre 1845 waren umfangreiche Reparaturen am Dachreiter, am Dach, an der Fassade und auch im Innern nötig. Nachdem der Wunsch nach einem Glockenturm immer lauter geworden war, fertigte 1872 der Berliner Architekt Georg Erbkam einen entsprechenden Entwurf. Der Anbau des Turmes konnte aber erst nach längeren Querelen mit den Genehmigungsbehörden im Jahre 1877 verwirklicht werden. Der Kirchengemeinde entstanden dabei nicht unerhebliche Kosten, die aber bereitwillig getragen wurden. Am 27. Juli 1877 erfolgte das Aufsetzen des Turmknopfes. Dieser Turm ist eine echte Landmarke und schon von weitem vor der bewaldeten Bergkulisse auszumachen.

Durch einen Schaden am Ofenrohr geriet am Bußtag 1929 der Dachstuhl in Brand. Im Jahr darauf erhielt die Kirche ein etwas verändertes neues Dach und konnte am 7. Dezember 1930 wieder in Nutzung genommen werden.

Der Beschuss der letzten Kriegswochen fügte der Neutornower Kirche erneut schwere Schäden zu. Bis 1952 schaffte es die Kirchengemeinde mit Hilfe privater Geldspenden, die schlimmsten Schäden zu beseitigen. Mitte der 1970er Jahre zwang der erneut fortgeschrittene Verfall, die Kirche aus der Nutzung herauszunehmen. Danach war sie 15 Jahre lang geschlossen und dämmerte einem ungewissen Schicksal entgegen.

1991, unter den neuen Bedingungen des wiedervereinten Deutschlands, gelang es, zunächst den Turm zu sanieren. Zwei Jahre später folgte der zweite Bauabschnitt mit der Hüllensanierung des Kirchenschiffes samt erneuerter Dachentwässerung. In den folgenden Jahren ist dann auch der Innenraum einer gründlichen Restaurierung unterzogen worden.

Die Neutornower Kirche war als quadratischer, turmloser Zentralbau mit einem Dachreiter auf dem Pyramidendach angelegt worden. Über dem einstigen Dachgesims wurde nach dem Brand von 1929 eine Art Kniestock aufgemauert, der über den barocken Fensterachsen kleine Halbrundfenster bekommen hat. Dem Kirchengebäude wurde der 1877 angebaute Westturm so angepasst, dass er mit ihm eine Einheit bildet. Dazu tragen sowohl das neobarocke Portal als auch die Aufstockung von 1930 bei.

Den sehr bescheiden und einfach gehaltenen Kirchenraum füllt eine Hufeisenempore fast zur Hälfte aus. Die ursprüngliche Farbfassung des Innenraumes ist verloren gegangen. Nur noch die Kanzel, die vermutlich Teil eines Kanzelaltars war, stammt aus der Erbauungszeit und steht vor dem etwas vorspringenden Mittelteil der Ostwand.

Ursprünglich hing im Dachreiter der Neutornower Kirche nur eine kleine inschriftlose Bronzeglocke. Das nach 1871 gegossene bronzene Dreiergeläut hatte bis 1917

Von Einschüssen übersäte Neutornower Kirche um 1975. Oderlandmuseum Bad Freienwalde

Bestand. Dann musste die mittlere der drei Glocken an die Heeresrohstoffverwaltung abgeliefert werden. Als am Neujahrstag 1926 die kleine Glocke gesprungen war, wurden bis August desselben Jahres mit Spendenmitteln in Apolda zwei neue Stahlglocken beschafft. Die verbliebene große Bronzeglocke wurde dem Zweiten Weltkrieg geopfert, während die beiden Stahlglocken noch immer im Turm hängen.

1852 erhielt die Kirche eine von der Berliner Firma Lange und Dinse gebaute Orgel. Deren 30 Prospektpfeifen mussten 1917 für den Ersten Weltkrieg geopfert werden. Man wollte sie wieder neu beschaffen, als der große Brand von 1929 die ganze Orgel unbrauchbar machte. Zunächst dachte man an eine Reparatur und sammelte dafür Geld. Schließlich kam es doch zu einem Orgelneubau mit 11 klingenden Registern, geliefert von dem Eberswalder Orgelbauer Gerbig. Nach der Erneuerung der Kirche in den 1990er Jahren befand sich diese Orgel in sehr reparaturbedürftigem Zustand. Erst im Sommer 2010 ist eine durchgreifende Reparatur durch die Eberswalder Orgelbauwerkstatt möglich geworden. Der Prospekt wurde 40 cm vorgerückt, um Reparaturarbeiten auch künftig zu erleichtern. Sämtliche Lederteile der pneumatischen Orgel mussten erneuert werden. Alle Pfeifen konnten wiederverwendet werden. Auf einigen fanden sich Hinweise, dass sie aus dem Jahr 1929 stammten. Einige Metallpfeifen sind sogar 150 Jahre alt. Beim Nachkriegsneubau sind also gebrauchte Pfeifen wiederverwendet worden.

Kirche Hohensaaten

Um 1850 stand auf dem Dorfplatz ein aus dem Jahre 1687 stammendes, baufälliges Fachwerkkirchlein, von dem es sogar eine Zeichnung gibt, die es umgeben von Rohr gedeckten Fischerhäusern zeigt. Diese Fachwerkkirche muss einen oder mehrere Vorgänger ge-

habt haben, worauf die ca. 500 Jahre alte Glocke hindeutet, die noch immer im Hohensaatener Kirchturm hängt.

Bereits 1834 wird in einem Protokoll der schlechte Zustand der Hohensaatener Kirche beklagt. Im Innern sei sie unfreundlich und bei trüber Witterung nicht hell genug. Allein hätte das damals 400 Einwohner zählende Dorf das Geld für den Neubau nicht aufbringen können. Das Hauptproblem der fehlenden finanziellen Mittel führte schließlich dazu, dass sich einige Mitglieder des Gemeindekirchenrates ein Herz fassten und mit ihrem Pfarrer Telle nach Berlin fuhren. Dort wurden sie von König Friedrich Wilhelm IV. empfangen und erhielten während dieser Audienz tatsächlich die für den Neubau benötigten Mittel bewilligt.

1858 erfolgte die feierliche Grundsteinlegung der nach dem Willen des Königs von Friedrich August Stüler zu bauenden Kirche. Nach nur zwei Jahren war der Bau trotz mancher Querelen um den Materialtransport fertig und konnte am 21. August 1860 feierlich in Dienst genommen werden. Es wird vermutet, dass sich Stüler in seiner Bauplanung nach einem Entwurf von der Hand König Friedrich Wilhelms IV. zu richten hatte.

In den 85 Jahren bis 1945 traf die Hohensaatener Kirche ein schwerwiegendes Unglück. Am 2. Pfingstfeiertag 1901 schlug während des Gottesdienstes der Blitz in den Turm ein. Dessen Spitze wurde dabei so stark beschädigt, dass sie noch im selben Jahr abgetragen werden musste. Doch erst im Jahre 1905 konnte die Turmspitze in ihrer ursprünglichen Gestalt wiederhergestellt werden.

Weitaus tief greifender jedoch waren die Schäden, die die Hohensaatener Kirche im Frühjahr 1945 erlitt. Erst ab Sommer 1949 war die Kirchengemeinde in der Lage, die Dachkonstruktion und den Choranbau wiederherzustellen. Im Zuge der sofort aufgenommenen Bauarbeiten wurden auch die Schäden im Innern repariert und neue Fenster eingebaut. Der erste Festgottesdienst wurde am

Schule und Kirche in Hohensaaten. Fotorepro einer Zeichnung von 1845. Oderlandmuseum Bad Freienwalde

22. Juli 1950 gehalten. Er blieb den Saatenern noch lange in Erinnerung, weil Bischof Dibelius an dieser Feier teilnahm und durch seine Anteilnahme ein ermutigendes Zeichen der Hoffnung und Zuversicht setzte.

Noch waren am Kirchengebäude nicht alle Schäden beseitigt. Immerhin hatte das Gotteshaus 36 Artillerie-Volltreffer erhalten. Die Instandsetzung des Glockengeschosses des 36 Meter hohen Turmes einschließlich seiner Bekrönung und andere Arbeiten mussten infolge fehlender Finanzmittel bis auf weiteres zurückgestellt werden.

Im Frühjahr 1954 übernahm der Eberswalder Orgelbauer Karl Gerbig die Instandsetzung der aus dem Jahre 1874 stammenden Orgel. Die farbliche Neufassung des Innenraumes erfolgte 1961. Bereits 1956 hatte sich der Gemeindekirchenrat angesichts der immer größer werdenden Einsturzgefahr des Turmes an das kirchliche Bauamt gewandt. Es vergingen weitere zehn Jahre, bis sich 1966 endlich eine Berliner Firma bereit erklärte, die Einrüstung des Turmes zu übernehmen. Die eigentlichen Bauarbeiten waren noch vor Einbruch des Winters fertiggestellt. Leider sind dabei die Eckfialen und die stark beschädigten vier Ziergiebel heruntergenommen worden, ein Umstand, der den architektonischen Gesamteindruck der Kirche sehr beeinträchtigte.

Nun vergingen wiederum mehr als drei Jahrzehnte, bis sich nach der Wiedervereinigung Deutschlands dank großzügiger öffentlicher Förderung die Möglichkeit bot, eine umfangreiche Sanierung des Stülerbaus vorzunehmen. Was hier 1999 bis 2001 innerhalb eines guten Jahres zustande gebracht wurde, verdient höchste Anerkennung.

Der ehrenamtliche Einsatz der Gemeindeglieder aber auch die Spendenfreudigkeit zahlreicher heutiger und ehemaliger Hohensaatener haben zu Vollendung des Werkes beigetragen. Nach einem Kostenanschlag für das Gesamtprojekt, der sich auf 1,1 Mio. D-Mark belief, begannen die ersten größeren Sanierungsarbeiten von 1993 bis 1995 am Dachstuhl und am Dach. Am 22. Oktober 1994 konnte hier das Richtfest gefeiert werden. Am 11. Juni, dem Pfingstsonntag des Jahres 2000, setzten Pfarrer Thomas Berg aus Lunow und der Angermünder Kunstschmied Wilfried Schwuchow die neue Turmbekrönung mit dem Kreuz auf. In der Schatulle der alten Turmkugel, die so durchlöchert war, dass schon Vögel darin nisteten, fand sich ein nur noch fragmentarisch erhaltenes Schriftstück aus dem Jahre 1905.

Am 10. Dezember 2000 wurde die Kirche dann im Rahmen eines Festgottesdienstes, in dem Bischof Wolfgang Huber die Predigt hielt, wieder in den Dienst genommen.

Inzwischen sind schon wieder 12 Jahre vergangen, die mancherlei gravierende Veränderungen mit sich brachten. Hohensaaten gehört seit 2003 kirchlich nicht mehr zu Lunow, wie es zuvor über 450 Jahre lang der Fall war. Die Kirchgemeinde ist auch nicht mehr Teil des Kirchenkreises Angermünde (jetzt Uckermark), sondern des Kirchenkreises Oderbruch.

Kircheninneres mit Blick zur Orgelempore. Foto: H.-J. Beeskow

Der gotisierende Feldsteinbau besitzt im Innern noch die alte einheitliche Ausstattung mit Kanzel, Gestühl und Empore aus der Erbauungszeit. Die erwähnte Glocke aus dem 15./16. Jh. stammt von Hans Mesman.

Nikolaikirche in Bad Freienwalde (Oder)

An der höchsten Stelle des Freienwalder Marktplatzes steht, dem Schutzpatron der fahrenden Händler, Fischer und Schiffer geweiht, seit dem ersten Drittel des 13. Jahrhunderts die Nikolaikirche. Sie ist ein spätgotischer Backsteinbau, in den Reste eines Feldsteinvorgängers einbezogen wurden. Diese aus regelmäßig behauenen Feldsteinquadern bestehenden Reste befinden sich vor allem an der West- und Nordwand. Die Umwandlung des Feldsteinsaals in eine repräsentative gotische Backsteinkirche begann mit dem Anbau des Chorpolygons mit 5/10-Schluss. Eine heute nicht mehr sichtbare Inschrift zeigte an, dass er 1453 fertig gestellt worden war. Gleichzeitig mit dem Choranbau wurden die Wände des Langhauses mit Ziegelmauerwerk erhöht und der schöne, blendenverzierte Westgiebel angefügt. Die alte Südwand aus Feldstein wurde ganz in Backstein ersetzt, unter Wiederverwendung einzelner Feldsteine. Erst zwischen 1518 und 1522 entstand an der Südwestecke des Kirchenschiffes der Turmanbau. Er besteht im unteren Teil aus regelmäßig behauenen Feldsteinen, darüber aus Backstein. Das erste Obergeschoss besitzt je vier Blenden, das zweite je vier Fenster. Nach Osten schließt sich dem Turm ein zweijochiges, kreuzrippengewölbtes Seitenschiff an, dass später um ein Emporengeschoss aufgestockt wurde. Der Seitenschiffgiebel ist mit prächtigen Kielbögen verziert. 1580/81 wurde dieses Seitenschiff weiter nach Osten verlängert und ein kreuzgewölbter Raum für das Ratsarchiv angebaut. Seit dem 17. Jahrhundert dient er als Sakristei.

Blitzeinschläge führten 1584 und 1637 zu Turmbränden, nach denen der Turm mit jeweils verändertem Oberteil repariert wurde. Nach dem Blitzschlag von 1867 konnte nur durch den beherzten Einsatz der Wriezener Freiwilligen Feuerwehr, der ersten in der Mark Brandenburg, ein Übergreifen des Feuers auf das Langhaus verhindert werden. Noch im selben Jahr erhielt der Turm die Gestalt, die bis heute das Stadtbild prägt. 1998 musste seine absturzgefährdete Bekrönung herabgeholt werden. In der Turmkugel fanden sich keinerlei Dokumente oder andere Beigaben. Im Juni 2001 wurde die von dem Angermünder Metallrestaurator Wilfried Schwuchow neu gebaute, insgesamt 8 Meter hohe Bekrönung wieder auf die Turmspitze gesetzt.

Im Jahre 2007 unterzog der Bauarchäologe Dirk Schumann die Nikolaikirche im Vorfeld umfangreicher Sanierungsmaßnahmen einer eingehenden bauhistorischen Untersuchung, die eine detaillierte Klärung der Baugeschichte ermöglichte. Dabei stellte sich heraus, dass zu dem umfangreichen mittelalterlichen Baubestand der Kirche auch ein mittelalterliches Dachwerk gehört, das größtenteils noch im originalen Verband erhalten ist.

Die Innenausstattung der Nikolaikirche bietet ein sehr einheitliches Bild aus der Zeit der Renaissance um 1623. Man betritt die Kirche durch das südliche Seitenschiff. Der lichtdurchflutete, sterngewölbte Chor ist mit einem spitzbogigen Triumphbogen vom Kirchenschiff abgetrennt. Das Kreuzgewölbe des Schiffes unterscheidet sich in seiner groben Ausführung und der braunen Farbfassung der Rippen ganz wesentlich von dem des Chores. In wilder Linienführung überziehen die Rippen die Decke und zeugen von mangelnder Handwerkskunst, die im 17. Jahrhundert nach den schlimmen Jahren des Dreißigjährigen Krieges nichts Besseres zustande brachte. An der nördlichen Chorwand zeigen sich Reste der einst wohl flächendeckenden Wandmalereien.

Der Altaraufsatz von 1623 ist ein viergeschossiges Werk im Spätrenaissancedekor. In seinen Nischen stehen Evangelistenfiguren, im Hauptgeschoss Markus und Johannes, darüber Matthäus und Lukas, ergänzt durch Petrus und Paulus. In der Bekrönung stehen links und rechts Engelsfiguren, in der Mitte Christus als Auferstandener mit der Weltkugel und der Siegesfahne. Die Gemälde in den Mittelfeldern zeigen in der Predella das Abendmahl, im Hauptgeschoss eine Ecce-Homo-Darstellung und darüber die Kreuzigung und Grablegung. Der gesamte Altaraufsatz ist mit reichem Beschlagwerk und

Inneres der Bad Freienwalder Nikolaikirche mit Blick nach Westen. Foto: H.-J. Beeskow

Säulen geschmückt. Das Bildprogramm und die Figuren entsprechen dem Geist der Reformation. Der Freienwalder Altar gehört in eine Reihe von Spätrenaissancealtären aus dem ersten Viertel des 17. Jahrhunderts, die sich in verschiedenen Kirchen des Barnims befinden und ein ähnliches Bildprogramm zeigen.

Gleichzeitig mit dem Altar entstand die qualitätsvoll gearbeitete Kanzel, deren Brüstungsbilder Gemälde der vier Evangelisten tragen. Auf dem Schalldeckel sitzt ein Pelikan, umgeben von altstestamentlichen Gestalten (Aaron, Moses, Jeremia, David). Ebenfalls im Jahre 1623 kam das siebensitzige Chorgestühl an die Südseite des Chores. Das gegenüber liegende Ratsherrengestühl ist etwas jünger und wie das ältere gegen Ende des 19. Jahrhunderts mit der heutigen Farbfassung verziert worden.

Im Chor hängen zwei Gemälde aus der Zeit vor 1618, als die Freienwalder als Stadtherren die Familie von Uchtenhagen hatte. Das eine zeigt den dreieinhalb Jahre alten letzten Spross der Familie mit Namen Caspar, der in der Hand eine Birne hält, die von den habsüchtigen

Lehnsvettern mit Gift präpariert gewesen sein soll. Der Sage nach sei der Junge 1603 an diesem Gift gestorben. Das zweite Bild zeigt ihn mit einer Totenkrone auf dem Kopf ganz blass im Sarg liegend. Er selbst sowie sein 1618 verstorbener Vater Hans von Uchtenhagen wurden in der Gruft vor dem Altar bestattet.

Das älteste Stück der Kirchenausstattung ist der spätromanische Taufstein aus dem 13. Jahrhundert. Die Taufschale aus Messing ist eine Nürnberger Arbeit des 17. Jahrhunderts, wie sie in vielen Kirchen der Mark Brandenburg anzutreffen ist. Im runden Mittelfeld sieht man Joshua und Chaleb mit der Riesenweintraube, umgeben von Ziermajuskeln, die keinen Sinn ergeben.

Auf der dreiseitigen Empore aus dem 18. Jahrhundert thront der dreiteilige barocke Orgelprospekt. Schon 1505 erhielt die Nikolaikirche ihre erste Orgel. 1728 wurde der berühmte märkische Orgelbaumeister Joachim Wagner in Freienwalde tätig. Seine Orgel besaß 18 klingende Stimmen und 1061 Pfeifen. 1899 baute die Orgelbaufirma Sauer, Frankfurt (Oder), hinter den alten Prospekt ein neues Orgelwerk, das 1976 vom VEB Orgelbau Sauer in den jetzigen Zustand versetzt wurde.

Von den Epitaphien, die an Personen erinnern, deren Gebeine unter dem Kirchenboden ruhen, sei dasjenige für den Generaladjutanten Friedrichs des Großen, Felix von Borcke, genannt. Er war vom König auf den Freienwalder Gesundbrunnen geschickt worden, um hier seine Leiden auszukurieren. Nachdem er 1751 gestorben war, wurde er als Standesperson in der Kirche beigesetzt.

1637 vernichtete ein Turmbrand alle fünf Bronzeglocken. Im 17., 18. und 19. Jahrhundert sind mehrmals neue Glocken gegossen oder umgegossen worden. Vom bronzenen Dreiergeläut hat man im Herbst 1917 die beiden größeren Glocken zerschlagen und an die Heeresverwaltung abgeliefert. 1924 erfolgte die Anschaffung zweier neuer Bronzeglocken, die 1942 erneut zu Kriegs-

Die Nikolaikirche mit der alten Turmspitze um 1865. Oderlandmuseum Bad Freienwalde

zwecken abgeliefert werden mussten. Nur die kleinste der drei Glocken von St. Nikolai aus dem 18. Jahrhundert überlebte als Läuteglocke das Kriegsende. Am Reformationstag 1957 konnten zwei neue Glocken der Fa. Schilling in Apolda in Dienst genommen werden. Seitdem erklingt das alte Dreiergeläut wieder über die Stadt.

Kirche Altranft

Die Altranfter Kirche gehört zu den wenigen massiven Gotteshäusern auf dem Barnim, die zu Zeiten Friedrichs des Großen errichtet wurden. Doch bereits vor 800 Jahren, als das Dorf Ranft gerade gegründet war, wird es hier eine Kirche gegeben haben. Für die Siedler war es in der neuen Heimat besonders wichtig, ihren Glauben zu leben, aus ihm Kraft zu schöpfen und eine Stätte für den Gottesdienst zu haben. Aus diesem Drang heraus entstand die erste Kirche, von der wir gar nichts wissen. Archäologische Untersuchungen in anderen Dörfern haben ergeben, dass manche mittelalterliche Kirche einen hölzernen Vorgängerbau hatte, was in Ranft durchaus ebenso der Fall gewesen sein könnte. Im Jahre 1375, als das Dorf mit dem Namen „Ramft" im Landbuch Kaiser Karls IV. zum ersten Mal erwähnt wird, gab es am Ort einen Pfarrer, der von den 28 Ackerhufen immerhin vier besaß. Und wo ein Pfarrer mit einem gut ausgestatteten Pfarrgehöft wohnte, gab es selbstverständlich auch eine Kirche. Das ganze Dorf hatte der brandenburgische Markgraf einem Ritter Betkin von Pfuel als Lehnsbesitz übertragen. Diese Adelsfamilie war auf dem Barnim reich begütert und besaß das Dorf Ranft mit Unterbrechungen von 1375 bis 1665. In der Besitzfolge reihten sich anschließend die Familien von Bomsdorf (bis 1739), von Marschall (bis 1820), von Hacke (bis 1916) und Eschenbach (bis 1945) aneinander. Sie alle übten ihre Patronatspflichten zum baulichen Erhalt der Kirche über Jahrhunderte hinweg mehr oder weniger fürsorglich aus. Einige

Angehörige dieser Familien liegen nach altem Brauch auch in der Kirche begraben.

Es wird vermutet, dass bis Anfang des 17. Jahrhunderts in Ranft nur ein einfaches Gotteshaus aus Fachwerk stand. Dieses Kirchlein wurde 1607 vollständig neu erbaut und erhielt, als die Zeiten wieder besser geworden waren, 1689 auch einen Turm.

Dieses rechteckige, massiv aus Feld- und Mauersteinen errichtete Gebäude war 23 Meter lang und gut 10 Meter breit. Um 1750 war es derart baufällig geworden, dass es einzustürzen drohte.

Die damalige Patronin und Witwe des 1749 verstorbenen Staatsministers von Marschall, Caroline Marianne von Marschall, ließ die marode Kirche abreißen und an derselben Stelle den schlichten, rechteckigen Putzbau errichten, wie er heute noch dasteht. Im Herbst 1752 wurde er in Benutzung genommen. Aus der Bauzeit sind noch das große Himmelfahrtsgemälde an der Decke sowie der Kanzelaltar, die dreiseitige Empore und die Patronatsloge erhalten.

Die Orgel ist 1861 in der Werkstatt des Orgelbaumeisters Kienscherf in Eberswalde entstanden. Zwei der drei Glocken sind 1917 zur Verwendung als Kriegsmaterial abgeliefert worden. Die ältere, 1679 von Martin Heintze in Berlin gegossen, hatten die Herren von Bomsdorf gestiftet. Die jüngere, von den Gebrüdern Fischer aus Königsberg 1792/93 gegossen, war eine Stiftung des Gutsadministrators Cremer. Sie wurde 1910 in Apolda bei Heinrich Ulrich umgegossen und ruft noch heute die Altranfter Christen zum Gottesdienst. Ulrich hatte 1910 noch eine zweite Glocke für Altranft gegossen, die zusammen mit der älteren 1917 abgeliefert werden musste.

Mit dem 1752 gebauten Kirchturm kann es nicht zum Besten gestanden haben, denn er wurde 1795 und

Herrschaftsempore und Kanzelaltar der Altranfter Kirche um1920. Sammlung R. Schmook

Die Altranfter Kirche mit dem 1901 angebauten neuen Turm. Oderlandmuseum Bad Freienwalde

1829 jeweils einem ziemlich umfassenden Umbau unterzogen.

1901 schließlich stiftete Gräfin Veronica von Hacke 20.000 Mark für den noch jetzt stehenden Turmneubau, für den 1926 der damalige Gutsherr Carl Eschenbach anlässlich seiner Hochzeit im Jahre 1926 der Gemeinde eine Turmuhr schenkte. Die Kirche selbst wurde im Innern 1826, in den 1880er Jahren, 1901, 1906 und 1973 umgebaut oder durchgreifend renoviert.

Wie in anderen Dorfkirchen auch gibt es in der Altranfter adlige Grabgewölbe. Das ältere liegt im Westen unter dem Kirchenboden in der Nähe des Turmes. Es enthielt Bestattungen aus der Pfuel- und Bomsdorf-Ära sowie die älteren Hacke-Särge. 1973 wurden die noch vorhandenen Särge im Fußboden des Gruftgewölbes vergraben und aus dem Gewölbe selbst eine Winterkirche bzw. ein Gemeinderaum gemacht. Bereits 1906 war der seitliche Eingang zu diesem Gewölbe vermauert und unter dem Kirchenfußboden beim Altar eine neue Gruft angelegt worden. Als sie 1973 bei der genannten Kirchenrenovierung geöffnet und anschließend wieder vermauert wurde, standen mehrere Särge darin, denen keine Namen zugeordnet werden konnten. Hier wurde im Mai 1914 die „alte Gräfin“ Veronica von Hacke (1836–1914) beigesetzt. Im selben Monat wurden drei weitere Prunksärge in dieses Gewölbe überführt. In ihnen ruhen drei Angehörige der Familie von Hacke, die ursprünglich in Frauenhagen bei Angermünde bestattet waren. Es handelt sich um den preußischen General Hans Christoph Friedrich Graf von Hacke (1699–1754), dessen Frau und dessen Tochter. Als Generaladjutant zweier Preußenkönige war er mehr als 20 Jahre lang im Zentrum der Machtausübung im Staate tätig. Als Kommandant von Berlin veranlasste er in der Stadt zahlreiche bauliche Veränderungen. Fast 250 Jahre nach seinem Tod erinnern an ihn noch heute der Hackesche Markt und die Hackeschen Höfe in Berlin.

Im Zuge der Sanierungsarbeiten am Dachstuhl und an der Turmspitze der Altranfter Kirche wurde im April 2004 die aus Holmstange, Turmknopf, Wetterfahne und Stern bestehende Bekrönung herabgeholt. Sie ist beim Neubau der Kirche im Jahre 1752 angefertigt worden und zierte dann auch den Turmneubau von 1901. In der durchlöcherten Turmkugel, dem so genannten Turmknopf, fanden sich zwei große Kupferkapseln. Bei ihrer Öffnung am 5. Mai 2004 im Beisein vieler Altranfter kamen interessante Dinge zum Vorschein. Neben der Originalurkunde von 1795, der Abschrift einer nicht erhaltenen Denkschrift von 1826 sowie der Turmknopfurkunde von 1901 fanden sich 24 säuberlich eingewickelte Münzen.

Die im Frühjahr 2004 begonnene Sanierung des Dachstuhls und die Erneuerung der Turmspitze waren in dem notwendig gewordenen Umfang eigentlich nicht geplant. Äußerlich machte die Kirche keineswegs einen so desolaten Eindruck. Nur das Mauerwerk im Sockelbereich sollte saniert werden, weil es feuchte Stellen gab und der Zement abbröckelte. Im Rahmen der Prüfung der Antragsunterlagen für die Förderung hatten sich Bausach-

Inneres der Altranfter Kirche mit Blick zur Orgel. Foto: H.-J. Beeskow

verständige des Konsistoriums auch den Dachstuhl angeschaut. Dort wurde Schwammbefall festgestellt. Außerdem entdeckte man gravierende Schäden am Dachstuhl, dessen Gefüge sich als instabil herausstellte. Das Mauerwerk wurde durch diese Mängel nach außen gedrückt. Einzelne Balken lagen bis zu zehn Zentimeter von ihrem angestammten Platz entfernt. Sehr schnell wurde klar, dass die Sanierung viel mehr kosten würde als die veranschlagten 250.000 Euro.

Bis Ende Juli 2004 ist es gelungen, den Dachstuhl, der auseinander zu brechen drohte, wieder zusammen zu zimmern. Die Beton-Dachsteine aus der DDR-Zeit wurden anschließend durch Biberschwänze ersetzt. Dann wurde der erst 1991 aufgebrachte Putz von den Außenwänden entfernt und neu aufgebracht. Im Oktober 2004 waren die Arbeiten abgeschlossen.

Kirche Wölsickendorf

Die Dorfkirche ist ein rechteckiger Feldsteinbau mit eingezogenem Chor. Aus der Erbauungszeit sind noch zwei rundbogige Südportale erhalten und erkennbar.

Während des 30jährigen Krieges nahm die Kirche schweren Schaden und wurde bis auf die Grundmauern zerstört. Im Jahre 1698 wurde sie wieder aufgebaut. Über dem Westgiebel hat die Kirche einen seit den 1950er Jahren verbretterten Dachturm mit geschlossener Laterne, der im Jahre 1769 errichtet und 1839 erneuert worden ist. Früher war das Fachwerk des Turmes sichtbar und prägte das Gesamtbild der Kirche mehr als es in der Gegenwart der Fall ist. Im Turm hängen zwei Stahlglocken, die im Jahre 1959 gegossen wurden. Die alte Glocke von 1572, gegossen von Meister Joachim Teskendorf, ist schon im Ersten Weltkrieg abgegeben worden, die andere aus dem 18. Jahrhundert im Zweiten. Abgeschlossen wird der Dachturm durch eine Kugel, eine Wetterfahne und ein Kreuz. Mit den Initialen L (Ludwig) H (Heidborn) und der Jahreszahl 1910 versehen zeigte die alte Wetterfahne den Zeitpunkt der letzten Kirchenrenovierung an. 2005 musste die Turmbekrönung mit der Kugel und der Wetterfahne herabgeholt werden, weil sie abzustürzen drohten. Durch einen Einschuss war das Glas, in dem sich die 95 Jahre alte Turmknopfurkunde und noch ältere Dokumente befanden, zersplittert. Durch den jahrzehntelangen Einfluss von Wind und Wetter ist der Text der Urkunde nicht mehr lesbar gewesen und das Papier bei der ersten Berührung zerfallen. Anschließend folgte eine

durchgreifende Sanierung des hölzernen Turmes, die mit der Wiederaufsetzung der Turmbekrönung im Oktober 2006 beendet war. Die Wetterfahne trägt seitdem die Jahreszahl 2006. Anschließend musste noch der Dachstuhl saniert werden, weil auch er vom Schwamm befallen war.

Im Jahre 1922 ließ der Patron Ludwig Heidborn elektrisches Licht in der Kirche legen, das am Heiligabend desselben Jahres zum ersten Mal den Kirchenraum erhellte. Der Lehrer schrieb dazu in die Schulchronik, dass nun endlich „die ewige Kerzenstummelbrennerei an der Orgel aufgehört“ habe.

In der Mitte vor einer Trennwand des Chorraumes steht der aus Ziegelsteinen gemauerte Altar. Er wird von einem Kruzifix aus dem 19. Jahrhundert geschmückt. Über dem Altar befindet sich in der Trennwand die Kanzel. Ihre verputzte Brüstung ist leicht geschwungen.

Diese um 1960 errichtete Trennwand verkürzt den Chorraum und hat im östlichen Teil des Chorraumes eine Sakristei entstehen lassen. Zwei Türen links und rechts in der Trennwand führen in die Sakristei der Kirche.

Die Trennwand zeigt seit dem Jahre 1993 ein modernes Wandbild, das der zuletzt in Wölsickendorf beheimatete Berliner Künstler Peter Hoppe († 2010) gemalt hat. Links wird die Kreuzabnahme Jesu dargestellt. In der Mitte, über der Kanzeltür und auf der Kanzelbrüstung sowie rechts wird das Auferstehungsgeschehen Christi thematisiert. Es war die bewusste Absicht des Künstlers, dem Betrachter „Spielraum für seine eigenen Gedanken, Assoziationen und Visionen“ zu lassen.

Im spitzbogigen Triumphbogen links steht die Taufe. Sie ist, wie der Altar, um 1960 aus Ziegelsteinen gemauert und vierseitig.

Im Innern der westlichen Vorhalle steht eine weitere steinerne Taufe. Sie ist rund und stammt aus dem 19. Jahrhundert.

Die Kirche hat eine Westempore und eine Balken/ Bretter-Decke. Die Orgel auf der Westempore hat ein Manual, Pedal und zehn Register. Sie wurde im Jahre 1885 von der Berliner Orgelbaufirma Gebrüder Dinse gebaut.

Zu den wertvolleren Ausstattungstücken gehören ein zinnernes Leuchterpaar aus der Zeit um 1700 (Stifterinschrift: „JOHAN: SIEGEMUND HERING ANO: 1700“), ein vergoldeter Silberkelch von 1771, der nicht in diese Kirche gehört, und ein großes Kreuzigungsgemälde (Altarbild) aus dem Jahre 1723.

Blick von Südwesten auf die Wölsicken-dorfer Kirche im Jahre 1911. Oderlandmuseum Bad Freienwalde

Kirche Steinbeck

Am 25. Juni 1897 wurde die alte Feldsteinkirche von Steinbeck infolge Blitzeinschlags ein Raub der Flammen. Dieser Bau scheint zumindest in Teilen noch mittelalterlichen Ursprungs gewesen zu sein. Die jetzige Kirche wurde in den Jahren 1899/1900 erbaut. Der quer zum Schiff stehende rechteckige Westturm hatte eine schlanke Spitze, die wiederum durch Blitzeinschlag zerstört wurde. 1928 war der Turm lediglich mit einem flachen Dach abgedeckt, bis er in den 1950er Jahren sein jetziges Fachwerk-Glockengeschoss mit dem Zeltdach erhielt. Das Kirchenschiff ist rechteckig und hat einen eingezogenen quadratischen Chor im Osten. Dieser neoromanische Sakralbau wurde aus Granitquadern errichtet. Augenfällig ist die Gestaltung der Nordseite des Kirchenschiffs. Hier hat die Kirche eine Giebelwand mit zwei großen Fenstern, die durch zwei Rundungen und je zwei kleineren Fenstern besonders akzentuiert werden. Links von der nördlichen Giebelwand ist der Kirche ein Anbau angefügt.

Der gemauerte Altar steht, drei Stufen erhöht, im Chorraum. Der Altar wird durch einen hölzernen Aufsatz geschmückt. Auf ihm befindet sich in der Mitte ein hölzernes Kreuz mit Christusmonogramm. Im unteren Teil des Altaraufsatzes ist die Einladung „KOMMET, DENN ES IST ALLES BEREIT!“ zu lesen.

Die Ostwand des Chorraumes hat ein rundes, buntbleiverglastes Fenster, das den biblischen Text in Offenbarung 22, 13 („Ich bin das A und das O“) bildlich zur

Darstellung bringt: Jesus Christus hält in seinen Händen die griechischen Buchstaben ‚Alpha' und ‚Omega' (= A und O) als Herr dieser Welt und ihrer Menschen. Dieses Fenster wurde 1958 von der Berlin-Mahlsdorfer Glaskünstlerin Katharina Peschel geschaffen.

Links vom Altar, im Chorbogen, steht die Kanzel. Sie ist aus Holz gearbeitet und hat einen polygonen Kanzelkorb.

In der nordöstlichen Ecke des Kirchenschiffs hat die Taufe ihren Standort. Sie ist ebenfalls aus Holz gearbeitet und achtseitig. Die Westempore wird von einfachen

Holzpfosten getragen. Das Kirchenschiff hat farbige, bleiverglaste Fenster.

Alle Ausstattungsgegenstände, einschließlich des Gestühls, stammen aus der Erbauungszeit der Kirche. Im Turm hängen zwei Stahlglocken von der Firma „Bochumer Verein", die 1899 für die neue Kirche gegossen wurden. Eine Orgel gibt es zurzeit in der Steinbecker Kirche nicht. Die zinnernen Pfeifen und was sonst noch vorhanden war, wurde nach 1945 gestohlen.

Bis zum Jahre 2000 befanden sich das Äußere und Innere der Kirche schon seit Jahrzehnten in einem ziemlich desolaten Zustand. Gottesdienste konnten in ihr nicht mehr gehalten werden.

Anfang 2000 wurde ein „Aufruf zur Rettung der Steinbecker Kirche" veröffentlicht, der um Spenden und andere Unterstützungen bat. Aus der Steinbecker Kirche sollte eine „Offene Kirche – Raum zur Einkehr" werden. Diese erste Initiative ging vom damaligen Pfarrer Heino Winkler und von Barbara von Eckardstein aus. Schließlich gründeten die Vorsitzende des Gemeindekirchenrates, Frau von Eckardstein, und Pfarrer Martin Müller am 18. Februar 2002 den „Förderverein Kirche Steinbeck", der bald auch Rückhalt bei den Dorfbewohnern fand. Die neue Pfarrerin Marit von Homeyer hielt auch wieder Gottesdienste in der Kirche, um sie lebendig zu halten. Bis 2004 gelang es dem Förderverein, den Turm zu sanieren. Es folgte das Dach der Sakristei und eine Notsanierung des einsturzgefährdeten Dachstuhls. Erst im Sommer 2009 gelang es, das gesamte Dach nachhaltig zu sanieren. 2010 wurde dann die gesamte Außenfassade saniert und auch bei der Sanierung des Innenraumes einige Fortschritte erzielt. Seit auch das Turmdach neu eingedeckt ist, bietet die Kirche allen auf der stark frequentierten B 158 Vorbeifahrenden wieder einen gepflegten Anblick. Mit verschiedensten Veranstaltungen bemüht sich

Der Steinbecker Kirchturm in seiner ursprünglichen Gestalt auf einer Ansichtskarte aus dem Jahre 1920

der Förderverein auch weiterhin, neben den Gottesdiensten die Kirche mit Leben zu füllen und Geld für die weitere Sanierung des Gotteshauses zu sammeln. Es geht jetzt um die endgültige Wiederherstellung des Kircheninnern, an der im Rahmen der Möglichkeiten laufend gearbeitet wird.

Kirche Wollenberg

Wollenberg und Wölsickendorf sind Schwesterdörfer, die kirchlich schon mindestens seit der Reformation zusammengehören. Dabei ist die Wollenberger Kirche stets Filiale von Wölsickendorf gewesen. Sie ist ein rechteckiger Feldsteinbau aus dem 13. Jahrhundert, eine Saalkirche mit im 18. Jahrhundert herausgebrochenen größeren Fensteröffnungen. Ein massiver Sockel mit spitzbogigem Portal trägt den hölzernen Turm, der mit Schiefer verkleidet ist. In ihm hängt eine der ältesten Glocken unserer Heimat, gegossen im Jahre 1488 (Inschrift: „0 rex glorie xpe veni cum pace m°cccclxxxviii"). Im Jahre 1930 war sie gesprungen und konnte drei Jahre später durch sachgerechtes Schweißen wieder in Dienst genommen werden. Darüber hinaus wussten wir über die Geschichte der Kirche gerade der letzten 200 Jahre bislang recht wenig. In der völlig vom Rost zerfressenen Wetterfahne waren einmal die Jahreszahlen 1790, 1891 und 1918 zu lesen. Also musste in der Turmkugel nach altem Brauch eine Nachricht wenigstens aus dem letztgenannten Jahr liegen. Weil an der Turmbekrönung der Wollenberger Kirche der Zahn der Zeit kräftig genagt hatte, musste sie im Juni 2007 von Bergsteigern herabgeholt werden. Die Zinkkapsel im Turmknopf war intakt. Darin befand sich die sehr gut lesbare Turmknopfurkunde, geschrieben am 20. September 1918 vom damaligen Pfarrer Zachert in Wölsickendorf.

Darin berichtet er, dass am 31. Oktober 1916 die erst 1891 bei einer Turmreparatur aufgesetzte Holmstange

mit Turmknopf, Wetterfahne und Stern herabgestürzt sei. Wegen kriegsbedingten Mangels an Arbeitskräften habe die Turmbekrönung nach erfolgter Erneuerung erst 1918 wieder aufgesetzt werden können.

Schließlich erfahren wir, dass das Äußere der Kirche noch kurz vor dem Krieg gründlich renoviert wurde und dass das Gotteshaus „nun in seinem Äußeren wie in seinem Inneren einen würdigen Eindruck macht."

Das kirchliche Leben im Dorf gibt dem Pfarrer kaum Anlass zur Klage, „doch fehlt es leider auch an solchen Einwohnern nicht, bei denen das vom Herrn getadelte ‚Sammeln irdischer Schätze' oder unnötige ängstliche irdische Sorgen ein Anlaß ist, daß sie den Sonntag zum Wochentag machen und so dem kirchlichen Leben fremd werden."

Von der älteren Ausstattung sind noch die drei Kiefernholzrahmen der Chorostfenster vorhanden. Der hölzerne gefasste Altaraufsatz entstand im Jahre 1608. In der Predella befindet sich ein querrechteckiges gemaltes Bild, das das Abendmahl Jesu mit seinen Jüngern thematisiert. Das Bild im Hauptfeld, das seitlich von je einer Säule flankiert ist, zeigt die Kreuzigung Jesu. Über diesem Bild ist der biblische Vers „Sihe daß ist Gottes Lamm daß der Welt Sünde trägt. Joh. 1. V. 29“ in goldener Schrift aufgemalt. Innerhalb des gesprengten Giebels ist das gemalte Auge Gottes zu sehen. Darüber befindet sich die gemalte Darstellung der Auferstehung Christi. Am oberen Rand des Bildes ist das Entstehungsjahr des Altaraufsatzes – „1608“ – angegeben. Links und rechts hat der Altaraufsatz seitliche Wangen mit gemaltem Rankenwerk. Halblinks vor dem Altar steht die aus dem Jahre 1891 stammende Terrakotta-Taufe.

Dazu gehört eine zinnerne Taufschale mit der Inschrift „MARGARETA GÖTZEN GEBOHRNE VON SCHLIBEN 1705“

An der Nordwand hat die hölzerne Kanzel ihren Platz. Sie ist, wie der Altaraufsatz, ebenfalls im Jahre 1608 entstanden. Der Kanzelkorb zeigt in seinen Brüstungsfeldern die gemalten Darstellungen der vier Evangelisten. Am Zugang zur Kanzel befindet sich das Pfarrgestühl aus der 1. Hälfte des 17. Jahrhunderts. An der Südwand sind zwei Patronatslogen aufgestellt. Die Brüstungs- und Rückfelder sind mit 17 Wappen bemalt. Beide Patronatslogen stammen aus der 1. Hälfte des 17. Jahrhunderts. Die Kirche hat eine Westempore, auf der die Orgel ihren Standort hat. Die Orgel hat ein Manual, Pedal und zehn Register. Sie wurde von der Firma Dinse in Berlin im Jahre 1885 gebaut.

Unter der Westempore befindet sich die so genannte Winterkirche. Im Innern hat die Kirche eine Balkendecke.

Kirche Neulietzegöricke

Im Zuge der Oderbruch-Trockenlegung und Neubesiedlung entstanden 40 Koloniesiedlungen, von denen die erste das 1753 angelegte Neulietzegöricke war. Durch den Siebenjährigen Krieg war der Bau von Kirchen in den neuen Siedlungen arg in Verzug geraten. Am weites-

ten fortgeschritten war um 1766 das auf steinernem Fundament errichtete kleine Bethaus in Neulietzegöricke, dem nur noch der Innenausbau fehlte. Erst als 1768 König Friedrich der Große 30.000 Taler zur Vollendung der Bauten des Oderetablissements bewilligt hatte, konnten die Kirchen in den königlichen Dörfern fertig gestellt werden. 1769 war als erste die Kirche von Neulietzegöricke als einfacher Fachwerkbau mit einem zentralen Dachtürmchen fertig geworden. Schon nach wenigen Jahren war 1782 die aus minderwertigem Holz errichtete Kirche „aus dem Lot gewichen". Für eine Reparatur war kein Geld vorhanden und 1832 brannte das Bethaus auch noch ab.

Die Pläne für einen Neubau schuf der Wriezener Bauinspektor Karl August Schwieger. Zwischen 1836 und 1840 entstand auf dem Anger erneut ein Fachwerkbau, der jedoch durch Verblendung und Verputz in klassizistischen Formen den Anschein eines soliden Massivbaus vermittelt. Im Westen erhielt der Saal einen Turmanbau auf quadratischem Grundriss. Seit der Indienstnahme am 25. Oktober 1840 ist diese Kirche nahezu unverändert geblieben.

Im Innenraum wurde das Fachwerk sichtbar belassen. Unter der geraden Balkendecke findet sich eine einheitliche Ausstattung aus der Erbauungszeit. Die Brüstungsfelder der dreiseitigen Empore tragen eine schlichte florale Malerei. Auch der Kanzelaltar und die hölzerne Taufe mit einer inschriftlosen kupfernen Taufschale machen einen eher schlichten Eindruck. Die 1846 von dem Berliner Orgelbauer August Ferdinand Dinse geschaffene Orgel ist reparaturbedürftig, aber durchaus spielbar. Im Turm hängt eine Glocke, die 1840 von Johann Wolff aus Königsberg/Neumark gegossen wurde. Eine von der Fa. Schilling in Apolda 1911 für Neulietzegöricke gegossene Glocke musste im Ersten Weltkrieg abgeliefert werden.

Im Laufe der Jahrzehnte nach 1945 hatte der Zahn der Zeit an dem Kirchengebäude deutliche Spuren hinterlassen. Die letzte Innenrenovierung erfolgte 1909. In den 1970er Jahren drückten die Umfassungswände nach außen und wurden 1975/76 mit eisernen Zugankern stabilisiert. Im Zuge der Gesamtrenovierung konnten 2003/04 zunächst für 45.000 Euro die Fundamente gesichert werden. Dann wurden die Fenster denkmalgerecht erneuert und durch Begasung des Innenraumes dem Holzwurm zu Leibe gerückt.

Im Jahre 2010 ermöglichte eine umfangreiche finanzielle Förderung aus EU-Mitteln des Landwirtschaftsministeriums, am 18. Mai des Jahres mit der umfassenden Reparatur der Kirche zu beginnen. Grundlage dafür war ein Vertrag zwischen Kirchgemeinde und politischer Gemeinde über gemeinsame Nutzungen.

Am 20. November 2010 wurde im Rahmen eines Festgottesdienst in Anwesenheit von Landesbischof Markus Dröge mit über 300 Festgästen das 170jährige Jubiläum der Neulietzegöricker Dorfkirche gefeiert. Bis dahin waren das Dach erneuert und auch das Fachwerk hergerichtet worden. Bei letzterem, vor allem am Turm, mussten etliche, von Holzschädlingen zerfressene Balken ausgetauscht werden. Auch die wichtigsten Innenarbeiten am Mauerwerk, am Innenputz und am Fußboden waren bis zum Festgottesdienst fertig gestellt. Im Mai 2011 waren die Arbeiten am Außenputz in vollem Gange. Gleichzeitig erhielt die Kirche eine neue Elektroinstallation einschließlich einer elektrischen Sitzbankheizung. Ende September 2011 war der marmorierte Altar fertig restauriert. Es folgte nun die farbliche Restaurierung der Decke, der Wände und der Emporen. Die Malereien in hellem Beige, Ocker und hellem Blau stammen noch aus der Erbauungszeit.

An der Außenfassade ist teilweise der alte Putz erhalten worden. Zuerst erstrahlte der Turm in neuem

Glanz. Dann folgten die Außenwände des Schiffes, die seit Sommer 2011 in einem hellen Ockerton in das Dorf leuchten.

Zum Erntedankfest am 30. Oktober 2011 erfolgte durch Superintendent Roland Kühne und Generalsuperintendent Martin Herche die Wiederindienstnahme der Neulietzegöricker Kirche. Bis dahin waren knapp 500.000 Euro in die Sanierung der Kirche investiert worden, eine Summe, die von der Kirchgemeinde, von privaten Spendern, der Deutschen Stiftung Denkmalschutz, dem Kirchenkreis Oderbruch, der Landeskirche, dem Förderkreis Alte Kirchen und der Stiftung zur Bewahrung kirchlicher Baudenkmäler und nicht zuletzt vom Land Brandenburg und der EU aufgebracht wurden.

Kirche Altwustrow

Im Jahre 1789 haben sich die damals 13 Besitzerfamilien der Oderbruchgemeinde Wustrow aus eigenen Mitteln diese Kirche erbaut. Der Bau geschah ohne den Segen des Rentamtmannes in Kienitz, der sich hintergangen fühlte und auf Wiederabriss bestand. Die Gemeinde aber konnte dies nach einigem Hin und Her verhindern. Dar-

auf bezieht sich die Inschrift an der Brüstung hinter dem Kanzelaltar: „Gott zu Ehren hat eine Christliche Gemeine nehmlich Allt Wustrow. Anno 1789 dieses Gottes Hauß aus ihren eigenen Mitteln Neu erbauet."

Dem kleinen, im Jahre 1875 verputzten Fachwerkbau mit Krüppelwalmdach wurde 1832 ein Turm aus geputztem Mauerwerk angebaut. In ihm hängt eine Glocke mit der Inschrift: „Der Gemeine zu Alt_Wustrow gegossen den 6ten July 1832 von E. L. W. Thiele in Berlin".

Die Altwustrower Kirche zählt zu den wenigen Oderbruchkirchen des 18. Jahrhunderts, deren reizvolle Innenausstattung nahezu vollständig erhalten ist. Sie besteht aus einem Kanzelaltar mit vorgestellten Säulen und rückwärtigen Pilastern. Die mittig auskragende Kanzel ist verziert mit Schnitzereien aus Girlanden, floralen und figürlichen Darstellungen. Am Kanzelkorb zeigt eine Rocaillekartusche das Lamm Gottes, während den Schalldeckel auf dem Giebelaufsatz zwei stehend musizierende Posaunenengel zieren.

Das barocke Kastengestühl wird oben abgeschlossen durch ein umlaufendes, bordürenartiges Schnitzwerk mit durchbrochenen Ranken. Es ist in drei Reihen aufgestellt.

Die auf ionischen Säulen ruhende Empore umschließt dreiseitig den Kirchenraum. Auf ihrer Brüstung finden sich Rosetten, Vasen, Blumengehänge und Girlanden. Zu den Ausstattungsstücken gehört auch ein schwebender, farblich gefasster Taufengel.

1845 baute die Berliner Orgelbauwerkstatt Lange und Dinse eine Orgel mit 11 Registern.

Die Holzdecke des Kirchenraumes trägt zwei Farbfassungen. Direkt auf die Holzbohlen der Decke wurde in barocker Malweise ein Himmel mit strahlender Sonne und rötlichen Wolken aufgemalt. Um 1890 wurde die Decke mit Zeitungspapier überklebt, das als Träger für die zweite Malschicht dient. Sie zeigt ein Medaillon im Sternenkranz, eine goldene Sonne mit einer von Ranken-

Inneres der Altwustrower Kirche mit dem Kanzelaltar und der bemalten Decke um 1936. Oderlandmuseum Bad Freienwalde

werk umgebenen weißen Taube, einen gemalten Adler und zwei Kreuze an den Stirnseiten. Wegen einiger Wasserschäden wurde diese Decke im Jahre 1960 mit Presspappe verschalt.

Das Kirchengebäude senkte sich in den Folgejahren immer mehr ab. Die Reparaturen in den 1980er und zu Beginn der 1990er Jahre konnten diesen Prozess leider nicht aufhalten.

Bis Ende 1999 waren ca. 420.000 Mark in die Restaurierung der Kirche geflossen, zunächst vor allem in die Restaurierung des Altars und des Taufengels. Unter der Regie des „Fördervereins Kirche Altwustrow“ und seinem rührigen Vorsitzenden Claudio Jarczyk wurden weitere Mittel gesammelt, mit denen der Untergrund stabilisiert und die Kirche schließlich im Jahre 2001 mit Hydraulikpressen um 15 cm angehoben wurde.

Mit Mitteln der Landeskirche, des Kirchenkreises Oderbruch, der Kirchengemeinde, des Fördervereins sowie der Deutschen Stiftung Denkmalschutz, der Reemtsma-Stiftung und der Robert-Bosch-Stiftung konnte die Altwustrower Kirche bis 2004 weitgehend restauriert werden. Zuletzt erfolgte bis Ende 2006 die Restaurierung der bemalten Papierdecke. Am Karfreitagsgottesdienst des Jahres 2007 erstrahlten auch die Wandflächen des Kircheninnenraumes wieder in ihren blauen Farbtönen. Nach und nach soll das Innere der Kirche weiter vervollkommnet werden.

Im Zuge der laufenden Restaurierungsarbeiten an der Altwustrower Kirche wurde am 25. August 2003 die Bekrönung von der Turmspitze herabgeholt. Nach altem Brauch steckte in der Kugel eine Metallhülse, in der zwei sogenannten Turmknopfurkunden von 1832 und 1875 sowie acht Geldstücke von 1802 bis 1855 steckten. Interessant sind die Nachrichten, die 1832 von dem Gerichtsmann Martin Schüler und 1875 vom Schulzen Julius Schüler aufgezeichnet wurden. Voller Stolz wird berichtet, dass sich die Gemeinde 1789 aus eigenen Mitteln eine Kirche erbaute, der man 1832 auch noch einen Turm anfügte. Die Rede ist ferner von dem schlimmen Dorfbrand des Jahres 1811, von einer erfolgreichen Deichverteidigung im Jahre 1830 und von zwei weiteren Bränden 1812 und 1827. Deichbrüche und Feuer waren für die Oderbrücher stets existenzbedrohende Ereignisse, weswegen darauf ausdrücklich Bezug genommen wird. In der Urkunde von 1875 wird mitgeteilt, dass die Kirche abgeputzt und die Bekrönung samt dem Turmknopf vergoldet wird. Enthalten ist auch die Mitteilung, dass das Schulzenamt seit der 1874 in Kraft getretenen Kreisordnung nicht mehr erblich ist, sondern der Schulze fortan von der Gemeinde gewählt wird. Wichtig war den Altwustrower auch, dass sie ab 1873 Gemeindekirchenräte wählen konnten. Die alten Urkunden und die Geldstücke kamen im Original wieder in den erneuerten Turmknopf, zusammen mit den Euromünzen unserer Tage, einer Märkischen Oderzeitung und einer Turmknopfurkunde mit aktuellen Nachrichten, u.a. über die Erneuerung der Altwustrower Kirche.

Kirche Neulewin

Im Jahre 1766 war die für Lutherische und Reformierte vorgesehene Simultankirche in Neulewin gerichtet, aber schon zwei Jahre lang ohne Dach, so dass die Balken des Fachwerks zu faulen begannen. Erst nach der Bewilligung von 30.000 Talern durch Friedrich den Großen zur Vollendung der Bauten im königlichen Teil des Oderbruchs

Das Innere der 1945 völlig zerstörten Neulewiner Kirche um 1900 mit dem Kanzelaltar. Oderlandmuseum Bad Freienwalde

konnte 1769 auch die Neulewiner Kirche fertig gestellt werden. 1770 erhielt sie einen Turmanbau in Fachwerk mit Bretterverkleidung und Schindeldach. Bereits 1791 musste dieser Turm wegen Einsturzgefahr abgestützt werden. 1776 wurde eine Glocke angeschafft, die von dem Berliner Glockengießer Johann Christian Meyer gegossen wurde. Sie musste im Ersten Weltkrieg an die Heeresverwaltung abgegeben werden. An ihre Stelle traten 1920, mit Spenden finanziert, zwei Gussstahlglocken aus Bochum. Sie läuten noch heute in einem hölzernen Glockenschauer, der auf dem Friedhof steht.

1831 war die Neulewiner Fachwerkkirche so baufällig, dass sie baupolizeilich gesperrt werden musste. In den Folgejahren hielt die Neulewiner Gemeinde ihren Gottesdienst vorübergehend in der Kirche zu Carlsbiese. Nach langen Verhandlungen zwischen der Gemeinde und der Regierung wegen der Kosten kam es zehn Jahre später zu einem Neubau, der am 19. Dezember 1841 feierlich in Dienst genommen wurde. Diese schlichte Fachwerkkirche mit Ziegelausfachung ging auf einen Grundentwurf des Wriezener Bauinspektors Karl August Schwieger zurück.

Die Fachwerkkirche von Neulewin. Oderlandmuseum Bad Freienwalde

1862 erhielt die neue Kirche eine Orgel von dem Frankfurter Orgelbaumeister Wilhelm Sauer.

Diese Fachwerkkirche und auch das an der Dorfstraße stehende Pfarrhaus sind im Frühjahr 1945 völlig zerstört worden. Außer einer Messing-Taufschale aus dem 17. Jahrhundert mit dem Motiv der Verkündigung Mariä, die nicht aus der alten Neulewiner Kirche stammt, und den beiden Stahlglocken ist nichts weiter erhalten geblieben.

Eine neue Kirche bekam Neulewin nach 1945 nicht mehr. Es ist ein Verdienst des Pfarrers Kurt Thieme (von 1948 bis 1969 Pfarrer in Neulewin), dass 1950 mit dem Bau eines neuen Pfarrhauses begonnen werden konnte. Dieses Pfarrhaus konnte 1952 bezogen und in Nutzung genommen werden. In ihm werden seither auch die Gottesdienste gehalten. Der Andachtsraum neben der Pfarrwohnung und dem Dienstzimmer des Pfarrers ist mit schlichten Möbeln ausgestattet und wird regelmäßig genutzt. Seit dem Ruhestand von Pfarrer Jürgen Furchert, der hier von 1970 bis 2004 amtierte und im Pfarrhaus wohnen blieb, wird die Pfarrstelle nicht mehr besetzt. Trotzdem ist Kirche in Neulewin lebendig und wird Gottes Wort gepredigt.

Kirche Neubarnim

Im Oktober 1754 waren in der friderizianischen Koloniesiedlung Neubarnim von 54 geplanten Häusern schon 22 abgebunden, im Juni des Folgejahres alle 54 Häuser gerichtet. Die meisten wurden mit österreichischen Kolonisten besetzt. Der am 5. November 1755 zum Dorfschulzen ernannte Kolonist Adam Helgenberger aus Hessen-Darmstadt berichtete neun Jahre später an das Bruchamt Wriezen, dass eine Kirche im Dorf nicht vorhanden ist, demnächst aber erbaut werden soll.

Erst 1769/70 kam es zum Bau einer stattlichen Fachwerkkirche, die eigentlich hier gar nicht geplant war. Sie bestand aus einem einfachen viereckigen Langhaus mit davorgesetztem Fachwerkturm. Der Turm verjüngte sich nach oben in einem achteckigen Bretteraufbau, auf dem eine geschweifte Haube mit Turmknopf und Wetterfahne saß. Nach einem Blitzeinschlag im Jahre 1788 kam es zwei Jahre später zu einer großen Kirchen- und Turmreparatur. Auch die extreme Hochwasserkatastrophe des Jahres 1785 hatte die Kirche fast schon baufällig werden lassen.

1838 erhielt die Kirche eine Orgel, gebaut von Meister Landow in Wriezen. Anlässlich einer größeren Kirchenerneuerung im Jahre 1852 wurden die vielen Totenkronenkonsolen aus der Kirche entfernt. Im Jahre 1866 bekam das Walmdach über dem Schiff anstelle des Schindeldaches ein Ziegeldach in Kronendeckung. Im Turm hingen zwei Glocken, die 1776 von Johann Christian Meyer, Berlin, und 1823 von Ernst Ludwig Thiele, Berlin, gegos-

sen wurden. Beide wurden 1917 an die Heeresverwaltung abgeliefert. Als Ersatz erhielt die Kirche im Jahre 1920 zwei Bochumer Gussstahlglocken.

Die Kirche von Neubarnim hatte von allen friderizianischen Fachwerkkirchen im Oderbruch am längsten Bestand. Der erstmals im Jahre 1866 von der Oberbarnimer Kreisbauinspektion erwogene Abriss war auf den vehementen Widerstand der Gemeinde gestoßen. Als in den 1930er Jahren erneut Abrisspläne laut wurden, griff die brandenburgische Denkmalschutzbehörde ein. Der damalige Provinzialkonservator Erich Blunck begründete 1937 sein Eintreten für die „künstlerisch und historisch wertvolle Kirche" mit der „hervorragenden Wirkung des stattlichen Gebäudes, die ein Neubau, … auch wenn er gut gelungen ist, nicht erreichen wird". Außerdem mahnte er die „Ehrfurcht vor der Geschichte des Dorfes, die nur in der friderizianischen Kirche verkörpert wird", an.

Von dieser schönen Kirche war nach 1945 nicht mehr viel übrig. Während der Kämpfe an der Oder brannte das Gebäude im April 1945 fast vollständig aus. Nur die Glocken überstanden die totale Zerstörung und klingen seit 1950 in einem zuerst hölzernen, dann stählernen Glockenstuhl.

Die Neubarnimer Kirche, ein friderizianischer Fachwerk-Ständerbau, fotografiert um 1940. Oderlandmuseum Bad Freienwalde

Um einen neuen Gottesdienstraum zu bekommen, sammelte die Kirchgemeinde bis 1961 so viel Geld, dass man in Bad Saarow eine Baracke erwerben konnte. Sie wurde von den Neubarnimern auf dem Friedhof selbst aufgebaut und 1962 zu Ostern feierlich als neue Kirche in Nutzung genommen. Bis dahin wurden die Gottesdienste im alten Schulhaus gehalten, aber Staat und Kirche unter einem Dach vertrugen sich auf die Dauer nicht. Für die Behelfskirche nutzte man das Fundament der alten Kirche und was noch an Steinen brauchbar war. In den 1980er Jahren baute die LPG an die Kirchenbaracke einen massiven Eingangsraum mit kleiner Küche an, durch den man heute den Betsaal betritt.

Beim Bau der Behelfskirche vor über 50 Jahren hat niemand damit gerechnet, dass sie so lange genutzt werden würde. Jetzt gibt das Fundament nach, weil die Baracke nur zum Teil auf festem Grund steht. Unter diesen Umständen hat der Gemeindekirchenrat im März 2011 den Neubau einer Kirche in Neubarnim beschlossen. Das Geld für eine neue kleine Kirche, die nach dem Vorbild in Sophienthal errichtet werden soll, sei vorhanden.

Kirche Neuküstrinchen

Die heutige Neuküstrinchener Kirche wirkt, besonders von Süden her gesehen, wie eine mächtige Burg des Glaubens, weswegen man sie gelegentlich auch „Dom des Oderbruchs" nennt. Doch sie hatte einen wesentlich bescheideneren Vorgänger, der im Zuge der Oderbruch-Besiedlung nach 1753 errichtet wurde. Die neuen Dörfer

im Bruch zwischen Alter Oder und dem „Neuen Oder Canal“ sollten ursprünglich nach Altreetz eingepfarrt werden, was sich aber aus verschiedenen Gründen nicht verwirklichen ließ. So kam es zum Entschluss, für diese Dörfer drei Kirchen errichten zu lassen: zwei kleine hölzerne in Neulietzegöricke und Neutornow und eine große massive in Neuküstrinchen. Letztere war als geistlicher Anlaufpunkt für die Kolonien Königlich und Adlig Neureetz, Neuküstrinchen, Neumädewitz und Neukietz gedacht. Beim Bau dieser drei Kirchen, der noch vor 1763 begonnen wurde, gab es erhebliche Verzögerungen. 1766 war die Neuküstrinchener Kirche noch immer ohne Dach, so dass das gerichtete Fachwerk zu faulen begann. Erst königlicher Druck und neue finanzielle Mittel ermöglichten nach 1769 die Fertigstellung. Massiv allerdings wurde nur die Kirche in Neutornow erbaut. Neuküstrinchen hingegen erhielt einen Fachwerkbau, dessen Gefache einen halben Stein ausgemauert und im Innern mit Lehm verputzt waren. Im September 1771 war dieser Bau endlich vollendet und benutzbar. Es handelte sich um eine Simultankirche, in der ein Pfarrer die überwiegend lutherischen Kolonisten, ein zweiter die reformierten betreute. Ihre Gottesdienste hielten beide in Neuküstrinchen ansässigen Geistlichen im Wechsel der Wochenenden.

Die leichte Bauweise und die an den Tag gelegte äußerste Sparsamkeit beim Materialeinsatz führten dazu, dass schon zehn Jahre später das Gotteshaus als baufällig bezeichnet wird und besonders der Turm wegen verfaulter Schwellen einzustürzen drohte. Außerdem regnete es in den Kirchenraum hinein. Die dauernd anfallenden kostspieligen Reparaturen förderten bei Gemeinden und Behörden den Wunsch nach einem massiven Ersatzbau. Es dauerte dann aber noch fast 100 Jahre, bis der immer wieder zusammen geflickte, marode Fachwerkbau abgebrochen werden konnte. Auf derselben Stelle entstand nach Plänen des Münsteraner Architekten Wilhelm

Die 1771 fertig gestellte Fachwerkkirche von Neu Cüstrinchen, fotografiert um 1875. Sammlung R. Schmook

Ludwig Salzenberg ein massiver kreuzförmiger Ziegelbau mit markantem Westturm. Das Kirchweihfest fand am 31. März 1880 in Anwesenheit des bekannten Generalsuperintendenten D. Büchsel statt. Die neue Kirche hatte ursprünglich 1.400 Sitzplätze. Da die damalige Kirchengemeinde mit allen zugehörigen Dörfern etwa 3.000 Seelen zählte, rechneten die Kirchenältesten damals wohl mit einem zahlreichen Kirchgang und setzten als selbstverständlich voraus, dass jedes zweite Gemeindeglied den Sonntagsgottesdienst besuchen würde.

Eine Glocke aus dem Jahre 1904, gegossen von Franz Schilling in Apolda, trägt die Inschrift: „Friede auf Erden und den Menschen ein Wohlgefallen“. Die andere musste im Zweiten Weltkrieg abgeliefert werden. 1905 erhielt die Kirche eine spätromantische pneumatische Orgel aus der Werkstatt von W. Sauer in Frankfurt (Oder), die 2000/2001 gründlich überholt und repariert wurde.

Inneres der Neuküstrinchener Kirche mit Blick nach Osten auf einer Ansichtskarte um 1940

Die schweren Kämpfe im April 1945 überstand die Kirche mit einem stark zerschossenen Dach und zersplitterten Fenstern. Schwere Schäden am Gestühl verursachte die Hochwasserkatastrophe im Jahr 1947, als das Wasser mehrere Wochen lang 1,50 m hoch in der Kirche stand. 1952 kamen die ersten von 38 neuen Fenstern in das Haus, farbige Stifterfenster, gestaltet von Katharina Peschel aus Berlin-Mahlsdorf. Das zerschossene Ziegeldach wurde 1960 durch ein Schieferdach ersetzt. Derzeit wird der marode Dachstuhl saniert und erhält das ursprüngliche Ziegeldach zurück. Mit Unterstützung vieler freiwilliger Helfer gelang es 1996, das Innere in freundlichen Pastelltönen komplett farblich neu zu fassen.

Seit 1959 ist Joachim Schneider Pfarrer am Ort. Seine Lebensgeschichte ist eng mit der Geschichte der Neuküstrinchener Kirche verbunden, obwohl er bereits seit 1996 im offiziellen Ruhestand ist. Seine Kirche bietet heute noch 1.000 Menschen Platz, 500 im Hauptschiff, je 200 in den Querschiffen und 100 auf der Orgelempore. In den zur Kirche Neuküstrinchen gehörenden Dörfern gibt es aber nur noch etwa 350 Gemeindeglieder. Richtig voll wird die Kirche immer dann, wenn im Rahmen der Brandenburgischen Sommerkonzerte viele Musikbegeisterte den Weg ins Oderbruch finden.

Kirche Altreetz

Wie die Altsiedlungen Mädewitz, Alt Wriezen, Klein- und Groß Barnim, Trebbin, Lewin und Wustrow im Niederoderbruch gehörte auch das alte Reetz seit dem Mittelalter zur Kirche in Wriezen. Auf dem dortigen Kirchhof beerdigten die Reetzer bis Ende des 17. Jahrhunderts auch ihre Toten. Eine eigene Kirche besaßen sie allerdings schon 1577, in der der Wriezener Pfarrer gelegentlich Gottesdienste hielt. Dazu musste er jedes Mal mit dem Kahn aus Wriezen abgeholt werden. Diese Kirche soll im Drei-

ßigjährigen Krieg 1641 abgebrannt sein. Aus einer 1747 gefundenen Turmknopfurkunde ging hervor, dass Altreetz spätestens 1664 wieder eine benutzbare Kirche hatte, und zwar mit einem Turm von 106 Werkschuh (Fuß) Höhe, das sind etwa 33 Meter. Bei einem Dorfbrand im Jahre 1764 ging auch diese Kirche in Flammen auf. Der anschließende Neubau aus Holz und mit einem schindelgedeckten Turm wurde am 27. November 1768 in Nutzung genommen. Im Turm hingen drei Glocken und noch eine vierte für das Schlagwerk der Uhr. 1783 schaffte sich die Gemeinde dann noch eine Orgel an.

Auch dieser Kirche sollte kein langes Leben beschieden sein. Bei dem verheerenden Großfeuer am 7. April 1824 sank sie in Schutt und Asche.

Die vierte, bis heute erhaltene Kirche wurde in den Jahren 1827/28 an der alten Stelle errichtet. Die feierliche Innnutzungsnahme fand an 2. November 1828 statt. Dazu läutete die neue Glocke aus der Werkstatt des Berliner Glockengießers Johann Carl Hackenschmidt. 1848 kamen noch zwei weitere Glocken hinzu, die ein Jahr zuvor bei Cornelius Rubon in Berlin gegossen wurden. Die kleinere davon dient noch heute als Uhrschlagglocke. Schließlich goss Meister Rubon 1855 noch eine weitere Glocke mit einem Durchmesser von 1,30 m.

Die Altreetzer Kirche ist ein rechteckiger Putzbau mit einem quadratischen Turm. Im Innern hat sie eine dreiseitige Empore mit bis zur Decke durchlaufenden Stützpfeilern. 1840 konnte sich die Gemeinde auch wieder eine Orgel leisten. Der hohe Kanzelaltar zwischen vier Kolossalpilastern kam in der Mitte des 19. Jahrhunderts in die Kirche.

Im Ersten Weltkrieg büßte das Gotteshaus die beiden großen Glocken von Hackenschmidt (1825) und Rubon (1855) ein, die 1917 bei der Heeresrohstoffverwaltung abgeliefert werden mussten. Im Streben nach Vervollständigung des einstigen Dreiergeläuts konnte 1925

Tuschzeichnung der Altreetzer Kirche aus dem Jahre 1897. Oderlandmuseum Bad Freienwalde

eine erste, von Christian Störmer in Erfurt gegossene Bronzeglocke beschafft werden. Die Beschaffung der dritten verhinderte der Kriegsausbruch 1939. Im März 1940 begann die größte, dem Kriege dienende, industriell betriebene Glockenvernichtung in Deutschland. Ihr fielen nicht weniger als 80.000 Glocken zum Opfer. Während dieser Aktion holte man 1943 die kleine Glocke von Rubon vom Altreetzer Kirchturm, so dass 1945 lediglich die alte Uhrglocke und die Glocke von Störmer aus dem Jahre 1925 übrig waren.

Bei den Kampfhandlungen im April 1945 trug die Kirche nur geringe Schäden davon. Die reparierte Stelle eines Granattreffers im Dachstuhl und diverse Einschusslöcher im Putz zeugten noch bis 1995 von den schweren Kämpfen. Seitdem gab es immer nur notdürftige Reparaturen. Ab 1956 wurde die Gemeinde vom Pfarramt Neuküstrinchen aus betreut. In den 1970er Jahren bekamen Kirche und Turm ein neues Dach.

Nach der Wiedervereinigung Deutschlands war es möglich geworden, eine Generalsanierung des klassizistischen Gotteshauses in Angriff zu nehmen. Anfang 1992 begannen die Arbeiten mit der Einrüstung des Kirchturms, der in den folgenden Monaten neu verputzt und gestrichen wurde. Im Sommer 1994 erfolgte die Erneuerung des Kirchendachstuhls samt Neueindeckung des Daches. Kurz vor Weihnachten 1994 sind die neuen Fenster eingebaut worden, wonach die Innenrenovierung beginnen konnte. 1996 erhielt die sanierte Kirchendecke eine neue Farbfassung. Im selben Jahr ist auch der gesamte Außenputz am Kirchenschiff erneuert worden, so dass am 12. Oktober 1996 in einem Festgottesdienst der vorläufige Abschluss der Sanierungsarbeiten gefeiert werden konnte. Generalsuperintendent Dr. Wischnath würdigte in seiner Predigt das überdurchschnittliche Engagement der Altreetzer bei der Erneuerung ihres Gotteshauses und hob dabei besonders die persönlichen Verdienste des Baubeauftragten der Kirchengemeinde, Karl-Heinz Steffen, hervor. Schon vorher war beim Gemeindekirchenrat der Entschluss gereift, in die beiden leeren Glockenstühle neue Glocken zu hängen. Als die Mittel dafür aufgebracht waren, beauftragte man die Kunstgießerei Lauchhammer, zwei neue Glocken zu gießen. Der erste Gussversuch am 5. September 1997 schlug jedoch fehl, weil eine Gussform explodierte. Bis zum November 1997 war aber der Schaden behoben, so dass beide Glocken am 28. 11. 1997 nach Altreetz gebracht werden konnten. Die größere trägt die Inschrift: „Friede sei ihr erst Geläute. Gegossen zur Zeit der großen Flut Sommer 1997“. Auf der kleinen stehen die Worte: „Gott mit uns“. Nach der feierlichen Einsegnung der neuen Glocken erscholl nach 54 Jahren wieder der wunderschöne Dreiklang in die still daliegende Oderbruchlandschaft.

Mit der Restaurierung der 1840 von dem Berliner Meister Karl August Buchholz gebauten Orgel fand im Herbst 1998 die komplette Erneuerung der Kirche ihren Abschluss.

Marienkirche Wriezen

Als Wriezen 1247 zum ersten Mal urkundlich erwähnt wurde („oppidum wrecene"), hat der Ort als deutsche Ansiedlung schon mindestens 50 Jahre bestanden. Dazu gehörten zwei Kirchen: die 1919 abgerissene Laurentius-Kirche und der im Laufe des 13. Jahrhunderts

erbaute Feldsteinbau der Nikolaikirche am großen Markt. Von diesem Gebäude, einer Basilika mit einschiffigem Chor, stecken noch einige Reste in den heutigen Kirchenmauern sowie in der östlichen Turmwand, an der sich der aus Feldsteinen gemauerte alte Westgiebel abzeichnet. Bei Ausgrabungen im Jahre 1995 wurden außerhalb des bestehenden Turmes die Fundamente eines mächtigen Querturms gefunden, der ebenfalls zum Ursprungsbau gehörte.

Ab der zweiten Hälfte des 14. Jahrhunderts wurde der Chor in Backstein um ein Joch erweitert, erhielt einen polygonalen Schluss und zwei ungleiche Seitenschiffe. 1454 sollen diese Arbeiten beendet gewesen sein. 1415 wird die Kirche erstmals urkundlich genannt und nunmehr als Marienkirche bezeichnet.

Um 1500 begann der Neubau des Langhauses als dreijochige, dreischiffige Backsteinhalle. Um den Chor und das neue Langhaus unter einem gemeinsamen Dach ver-

Wriezener Marienkirche von Südosten, fotografiert um 1914. Sammlung R. Schmook

Mittelalterliche Glocke aus Werblitz bei Soldin (Neumark) im Kirchturm von St. Marien. Foto: R. Schmook

einen zu können, mussten die Chormauern erhöht werden. Der polygonale Chorschluss erhielt ein eigenes Dach. Ihren Abschluss fanden die Bauarbeiten wahrscheinlich im Jahre 1513.

Vermutlich ab 1536 erhöhte man den weitgehend aus Backstein bestehenden Turm um ein Geschoss. Bis 1609 erhielt er noch vier Renaissance-Giebel und 1618 eine neue Turmspitze. In den folgenden 200 Jahren wurde der Turm mehrfach durch Feuer zerstört, so z. B. in den Jahren 1638, 1639, 1664 und 1732. Nach dem letztgenannten Brand erfolgte 1735/36 der Wiederaufbau des Turmaufsatzes nicht im Verband mit dem Mauerwerk des Unterbaues, sondern als hölzerner Turm auf hölzernem

Innengerüst. Nach erneuten Blitz- und Sturmschäden waren wieder etliche Reparaturen nötig, bis 1785 ein neuer Turmaufsatz errichtet worden war. 1853 erhielt er diejenige Gestalt, die er bis 1945 zeigte.

Am 17. und 18. April 1945 brannte die Marienkirche während der schweren Kämpfe an der Oderfront bis auf ihre Grundmauern aus. Dabei ging auch ihre gesamte Innenausstattung verloren. 1948 wurde die Kirchenruine enttrümmert und 1950/51 begann die Umgestaltung des südlichen Chorschiffes zum neuen Kirchenraum.

Im angrenzenden Südschiff des Langhauses entstanden in einem flachen Notbau Gemeinderäume. Am Zweiten Advent 1951 konnten diese Räume neu in Nutzung genommen werden. Hier finden seitdem auch die Gottesdienste statt.

An der Ruine selbst gab es während dieser Zeit nur notdürftige Sicherungsmaßnahmen. Zwischen 1954 und 1960 erhielt der Turm zur Stabilisierung seines Mauerwerks vier Betondecken. Staatliche Behörden erwogen bis in die 1970er Jahre mehrmals den Abriss der gesamten Kirchenruine, der aber aus Kostengründen unterblieb.

1994 bis 1998 erfolgte die umfassende Sanierung des Turmes, der einen nach altem Vorbild aufgebrachten Putz sowie ein flaches Walmdach erhielt. In der Glockenstube hängt seitdem auch ein neues Geläut aus drei Glocken. Die ältere von ihnen ist mittelalterlich (1480) und stammt aus Werblitz bei Soldin in der Neumark. 1998 und 1999 vervollständigten zwei weitere Bronzeglocken aus der Gießerei Lauchhammer das Dreiergeläut. Seit 1991 kümmert sich der Förderverein Marienkirche Wriezen e. V. erfolgreich um die komplizierte und kostspielige Sicherung der Bausubstanz und um den schrittweisen Wiederaufbau der Kirche.

Kirche Altmädewitz

Am 23. März 1838 gab die Königliche Regierung in Potsdam, Abteilung für die Kirchenverwaltung und das Schulwesen, öffentlich Folgendes bekannt: „Die Gemeine zu Alt-Medewitz im Oberbarnimschen Kreise hat mit einem Kostenaufwande von 4.000 Thalern für sich eine Kirche erbaut, wozu jedes Gemeindeglied einen Beitrag von Zweihundert Thalern hergegeben hat, was wir hiermit belobigend zur öffentlichen Kenntniß bringen."

Diese Kirche ist 1837 gebaut und am 19. November jenes Jahres feierlich in Nutzung genommen worden. Ein

Kranz, den die Jungfrauen des Dorfes zu diesem Tage geflochten haben, befindet sich noch heute unter einem hohen Glassturz links am Kanzelaltar.

Bis zu jener Zeit waren aus den einst armseligen Mädewitzer Fischern in der dritten Generation reiche Bauern geworden. Erst jetzt fiel ihnen auf, dass sie als letzte Altsiedlung im Bruch noch keine eigene Kirche hatten. Ein eigenes Gotteshaus sah man als wichtiges Statussymbol und Ausdruck des neu gewonnen Wohlstandes an. Da 1828 ein Versuch scheiterte, der Obrigkeit das nötige Geld für den Bau zu entlocken, griffen sie schweren Herzens in die eigene Tasche, rissen das in der Dorfmitte stehende Brauhaus ab und ließen sich von dem Wriezener Maurer- und Zimmermeister Friedrich einen Situationsplan des Dorfes, die Bauzeichnungen und die Kostenanschläge fertigen. Den Bau selbst besorgte ebenfalls Meister Friedrich. Auch die Tischlerarbeiten erledigte ein Wriezener Handwerksmeister namens J. F. Graßhof.

Das Dorf Altmädewitz gehört bis heute zur Kirche in Wriezen. Als die neue Kirche fertig war, kam regelmäßig einer der drei Wriezener Pfarrer ins Dorf, um hier den Gottesdienst zu halten.

Das Kircheninnere ist äußerst bescheiden gehalten. An dem rechts vor dem Altar stehenden Pfeiler ist der höchste Wasserstand der schweren Flutkatastrophe vom 16. März 1838 angezeichnet. Das Wasser stand in der Kirche damals 75 cm hoch.

Die von der Berliner Orgelwerkstatt Lange und Dinse für 1.100 Taler gekaufte Orgel wurde am 1. Weihnachtstag des Jahres 1845 in Betrieb genommen.

1870 erhielt die Kirche zwei von C. Voß in Stettin gegossene Glocken, die aber im Ersten Weltkrieg abgeliefert wurden. Seit 1920 hängen zwei Stahlglocken vom Bochumer Verein im Turm, die folgende Inschrift tragen: „Im Weltkrieg verschwand ich zu Deutschlands Wehr.

Die Altmädewitzer Kirche, fotografiert um 1955. Oderlandmuseum Bad Freienwalde

Aufs neue erstand ich zu Gottes Ehr. Im Jahre 1920. Dorfgemeinde Altmedewitz."

Eine Gedenktafel für die im Ersten Weltkrieg gefallenen Altmädewitzer wurde während der Jubiläumsfeier zum 100-jährigen Bestehen der Kirche am 28. November 1937 enthüllt.

Mit ihrer sparsamen klassizistischen Einrichtung, dem Kanzelaltar und den Emporen für die Bauernsöhne und die Knechte hat die Kirche fast unverändert und auch nicht vom Kriegsgeschehen des Jahres 1945 betroffen die Zeiten überdauert. Doch der Zahn der Zeit nagt unablässig an der Bausubstanz und den hölzernen Einbauten. Erste Sanierungsarbeiten am Turm begannen 1987 und von außen macht das Kirchlein mit dem niedrigen Turm noch einen ganz passablen Eindruck. Als 2004 klar wurde, dass umgehend der Dachstuhl und das Dach repariert werden müssen, um die Kirche vor dem schleichenden Verfall zu retten, gründete sich noch im selben Jahr der „Förderverein Dorfkirche Altmädewitz". Der kümmert sich im Zusammenwirken mit der Kirchengemeinde seitdem um die Beschaffung der nötigen Mittel zur Erhaltung dieses für die Identität des Dorfes und seiner Bewohner so wichtigen Bauwerks.

Kirche Altwriezen

Altwriezen ist eine alte Fischersiedlungen inmitten des Niederoderbruchs, direkt am Hauptstrom der Alten Oder gelegen. Der Ort wird 1412 als „villam Alde Writzen" erstmals erwähnt. Sein altslawischer Name bedeutet „Dorf, wo Heidekraut wächst". Den seit jeher zu Wriezen eingekirchten Dorfbewohnern wurde vermittels eines Rezesses im Jahre 1606 erlaubt, sich von ihrem Geld eine eigene Kirche zu bauen. Den Wriezener Predigern wurde es freigestellt, nach Altwriezen zu kommen, um dort Trauungen, Taufen oder Beerdigungen zu halten.

Um 1630 scheint dieser erste Kirchenbau realisiert worden zu sein. Diese Kirche war 1684 bereits stark baufällig. Vor allem der Turm musste ersetzt werden. Er wurde bis 1692 nach dem Vorbild des Kirchturms von Rathstock neu erbaut. Zur Innenausstattung dieser Kirche gehörten ein Kanzelaltar von 1708 und ein Taufengel von 1703. 1735 erhielt die Kirche eine Orgel von dem berühmten Orgelbaumeister Joachim Wagner, deren Prospekt von dem Bildschnitzer Johann Bernhard Hattenkerell aus Mohrin angefertigt wurde.

In den Jahren 1744/45 wurde wiederum ein neuer Turm gebaut. Schließlich ist 1769 bis 1771 das Kirchenschiff als einfacher Fachwerkständerbau neu errichtet worden. Im Turm hingen eine mittelalterliche Glocke mit einem Durchmesser von 68 cm, eine Glocke von 1811 (E. L. W. Thiele, Berlin) und eine Glocke von 1814 (J. C. Hackenschmidt, Berlin). Die beiden ersteren mussten im Ersten Weltkrieg an die Heeresverwaltung abgegeben

werden. Als Ersatz beschaffte sich die Gemeinde 1922 zwei Bronzeglocken von der Gießerei Ulrich in Apolda. Die drei Glocken von 1814 und 1922 hängen heute in einem stählernen Glockenstuhl neben der Kirchbaracke.

Ein letzter großer Umbau im Jahre 1842 gab der Kirche das Aussehen, das sie bis 1973 hatte. Im Innern machte die Kirche einen freundlichen und anheimelnden Eindruck. 1866 erfolgte durch den Wriezener Orgelbauer Carl Ferdinand Landow ein Umbau der alten Wagnerorgel.

Diese schöne Kirche hatte den Zweiten Weltkrieg mit geringen Schäden überstanden, wurde weiter instand gehalten und genutzt. In den 1960er Jahren aber begann der fortschreitende Verfall, nicht zuletzt unter dem Einfluss der zunehmenden Auflösung der alten Dorfgemeinschaft. Die klein gewordene Kirchgemeinde konnte größere Reparaturen nicht mehr bezahlen, für die es außerdem kein Material gab. Im November 1972 fügte ein schwerer Sturm dem Gebäude weitere Schäden zu, die mit den eingeschränkten Möglichkeiten der Kirchgemeinde nicht mehr zu beheben waren. Mit Datum vom 5. Januar 1973 teilte die Staatliche Bauaufsicht dem Gemeindekirchenrat die sofortige Sperrung der Kirche mit und nötigte ihn, eine Abbruchgenehmigung zu beantragen. Im

Blick zur 1973 abgerissenen Fachwerkkirche von Altwriezen, fotografiert um 1955. Oderlandmuseum Bad Freienwalde

August 1973 machte das Kirchliche Bauamt dem Gemeindekirchenrat den Vorschlag, anstelle der Kirche eine Kirchenbaracke zu errichten. Im November/Dezember 1973 erfolgte schließlich der vollständige Abriss , dem leider auch fast die gesamte Innenausstattung zum Opfer fiel. Schon am 28. April 1972 sind eine Christusfigur vom Altar, der Taufengel, zwei Messingleuchter und Zierteile von Altar und Orgel aus der Kirche gestohlen worden.

Heute steht an der Stelle der alten Kirche die bis 1977 errichtete Notkirche. Sauber hergerichtet dient sie der kleinen Gemeinde nun schon 35 Jahre lang als Versammlungs- und Gottesdienstraum. Von der alten Kirche sind neben den drei genannten Glocken nur noch vier Apostelfiguren, wohl vom Altar, übrig. Sie wurden 1977 restauriert und stellen u. a. die Apostel Johannes, Simon den Wanderer und Thaddäus mit der Keule dar. Außerdem existieren noch ein vergoldeter Silberkelch aus dem 16. Jahrhundert (Inschrift: „PETER HAKE VXOR SUA“) und eine Patene mit Meistermarke und graviertem Kreuz.

Kirche Haselberg

Der massive, rechteckige Feldsteinsaal stammt im Kern aus dem 13. Jahrhundert und hat im Laufe der letzten 625 Jahre mancherlei Veränderungen erfahren. Am Johannistag des Jahres 1633 brannte die Kirche bis auf die Umfassungsmauern nieder. Wahrscheinlich stand sie infolge des Dreißigjährigen Krieges lange wüst, bis gegen

Kirche in Haselberg auf einer Ansichtskarte von 1918

Ende des 17. Jahrhunderts der damalige Patron Generalmajor Otto Arnold von Paykul den Wiederaufbau ohne Turm veranlasste.

Das Mauerwerk besteht aus regelmäßigen Feldsteinquadern. In die Mauerfugen wurden viele Ziegel eingefügt. Das qualitativ beste Mauerwerk befindet sich auf der Südseite. Die Ostwand wird an den Kanten von zwei massiven Stützpfeilern aus unregelmäßigen Feldsteinen und Ziegeln abgestützt.

Im Laufe des 18. Jahrhunderts geriet die Kirche erneut in Verfall. 1824/25 erfolgte eine gründliche Sanierung des Gebäudes. Nach Plänen von Landbaumeister Neubarth aus Wriezen, der auch den Altar nebst Kanzel lieferte, wurde auf alten Fundamenten der quadratische verputzte Westturm errichtet.

Nach schweren Kriegsschäden – das Dach, der Turm, alle Türen und Fenster waren zerstört – konnte das Kirchengebäude erst 1959 in veränderter Gestalt wieder aufgebaut werden. Die damals eingebaute Orgel ist das 844. Werk der Firma Jehmlich in Dresden.

Im Turm hängt eine Glocke von Christian Daniel Heintze-Berlin aus dem Jahre 1733 mit dem Kameke'schen Wappen und der Inschrift: „Friedrich Paul von Kameke,

Kolorierte Schnittzeichnung vom Altarraum der Haselberg Kirche, Mitte 19. Jh. Oderlandmuseum Bad Freienwalde

Erbherr zu Strachmin, Strippow, Tucheband, Prädikau, Proetzell und Haselberg. Joachim Christoph Hindenberg, Pastor zu Haselberg und Harnekopf. George Grim, Kirchenvorsteher". Eine zweite Glocke, gegossen von Joh. Chr. Meyer-Berlin im Jahre 1789, wurde 1917 an die Heeresverwaltung abgeliefert.

Zur Ausstattung der Kirche gehört ein vergoldeter Abendmahlskelch aus Silber aus dem Jahre 1713. Er trägt die Inschrift: „Anna Sabina von Oppel gebohrne von Sitzscher eignet diesen Kelch und Pathen der Kirche zu Haselberg vor ihrer Ruhestätte 1713").

1989 ist der komplette Innenputz des Kirchenschiffes erneuert worden.

Kirche Frankenfelde

Die Frankenfelder Kirche steht auf einer Anhöhe inmitten des Friedhofes. Das Kirchenschiff in Form eines einfachen Rechtecksaales besteht aus sauber behauenen Feldsteinquadern.

Die Kirche wurde im 13. Jahrhundert errichtet und im 15. Jahrhundert offensichtlich umgestaltet. Aus dieser Bauphase stammen wohl die bei der Restaurierung im Jahre 2000 freigelegten Wandmalereien. Von besonderer Bedeutung ist auch das durch dendrochronologische Datierung ermittelte Alter der Sakramentsnischentür, die aus dem Jahre 1566 stammt. Eine Erneuerung dieser Tür weist darauf hin, dass die Nische auch nach Einführung der Reformation weiter genutzt wurde.

An der Westseite des Feldsteinsaales baute 1776 der damalige Patron Paul Benedikt von Wolff den barocken Turm an. Vorher hat es in Frankenfelde keinen gegeben.

Im Innern hat sich die Ausstattung aus der Zeit um 1600 in seltener Vollständigkeit erhalten. Die Jahreszahl 1610 an der Westempore könnte ein Hinweis auf das Alter der übrigen Renaissanceausstattung sein. In der Predella des Altaraufsatzes findet sich ein Abendmahlsrelief, im Mittelfeld eine Kreuzigung, darüber die Auferstehung und eine Gerichtsdarstellung. In einem Fenster der Südseite sitzt ein kleines Glasfenster mit einer Inschrift, die sich auf eine Pestepidemie des Jahres 1598 bezieht. Im Turm hängt eine Glocke, die 1569 von Joachim Teskendorf aus Stettin gegossen wurde. Er hatte für Frankenfelde noch eine zweite Glocke gegossen, deren Schicksal aber unbe-

kannt ist. Die alte Glocke wurde im Frühjahr 2002 bei der Firma Hans Lachenmeyer in Nördlingen repariert. Dazu wurde im April 2002 in Passau für Frankenfelde eine zweite Glocke gegossen, die einen Durchmesser von 65 cm hat und klanglich auf die alte Glocke abgestimmt ist.

Die Orgel lieferte im Jahre 1851 der Freienwalder Orgelbaumeister Georg Mieklev. Nach 1945 fehlten ihr die Prospektpfeifen, so dass sich der Prospekt viele Jahre mit Stoffbahnen verhängt zeigte. Sie ist im Zuge der Gesamtkirchensanierung 2001/02 durch den Orgelbauer Markus Roth aus Goyatz restauriert worden.

Im Jahre 1999 begann eine gründliche Verjüngungskur für die Frankenfelder Kirche.

In nur drei Jahren wurde das gesamte Gotteshaus mitsamt dem Turm baulich saniert. Unter der ehrenamtlichen Bauleitung des Frankenfelders Friedhelm Zapf hat sich die Kirchengemeinde dieser schwierigen Aufgabe

Wandmalerei an der inneren Südwand der Frankenfelder Kirche. Foto: H.-J. Beeskow

unterzogen. Insgesamt flossen 511.292 Euro in die Restaurierung der Kirche. Davon brachten die Frankenfelder 64.934 Euro an Eigenleistungen und 31.710 Euro an Spenden auf. Die meisten Mittel aber steuerten die Landeskirche, die Deutsche Stiftung Denkmalschutz und der Landkreis Märkisch-Oderland bei.

Zuerst wurde das Fundament gesichert, dann der Dachstuhl erneuert und ein neues Dach gedeckt. Der sanierte Kirchturm erhielt seine Stukkaturen zurück und strahlt seitdem mit seiner freundlich-hellen Farbfassung weit ins Land. Auf seiner Spitze dreht sich die restaurierte Wetterfahne über dem vergoldeten Turmknopf. Bei der Innenrestaurierung wurde ein Wandmalereizyklus entdeckt, der die obere Wandhälfte der ganzen Kirche bedeckt. Am besten sind die Malereien an der Südseite erhalten. Sie zeigen wohl eine Darstellung des Verhörs von Christus durch Pilatus. Außerdem erhielten die Fenster eine neue Schutzverglasung. Die alte Bleiverglasung wurde ausgebessert.

Im Mai 2002 wurde die restaurierte Kirche während eines festlichen Gottesdienstes neu in Nutzung genommen. Inzwischen wurde von dem in Biesdorf lebenden,

Inneres mit Blick nach Westen zur Orgelempore. Foto: H.-J. Beeskow

Patronatsinsignien am Tragebalken der Orgelempore. Foto: H.-J. Beeskow

2009 verstorbenen Bildhauer Norbert Blum in Zusammenarbeit mit der Restauratorin Marlies Genßler auch das zuvor äußerst marode Altarrelief restauriert. Kanzel und Altar warten in der Werkstatt der Restauratorin noch auf ihre Fertigstellung und werden erst wieder in die Kirche zurückkehren können, wenn eine Finanzierungsmöglichkeit gefunden ist.

Kirche Harnekop

Die sehr schlichte turmlose Harnekoper Kirche mit rechteckigem Schiff hat einen leicht eingezogenen Chor. Ob das Mauerwerk aus regelmäßig behauenen Feldsteinen besteht, ist nicht genau sichtbar, weil die Wände verputzt sind. An der Südseite des Schiffes saß früher eine Pforte. An der Westseite ist das Mauerwerk großflä-

Kanzelaltar in der Harnekoper Kirche aus der zweiten Hälfte des 18. Jhs. Foto: H.-J. Beeskow

chig mit unregelmäßigen Feldsteinen und Ziegeln ausgeflickt. Spätestens seit 1542 war Harnekop Tochterkirche von Haselberg.

Im Innern ist die Kirche flach gedeckt und von den 1831 sowie 1956/58 erfolgten Umgestaltungen geprägt. Alte Ausstattungsstücke haben sich bis auf den Kanzelaltar aus der zweiten Hälfte des 18. Jahrhunderts nicht erhalten. Die Schrifttafeln am Kanzelkorb enthalten fünf Bibelverse. Die Orgel wurde 1907 vom Patron Generalfeldmarschall Graf von Haeseler gestiftet. Sie stammt von der Orgelbau-Anstalt Gustav Heinze in Sorau (Opus 23) und hat fünf Register, ein Manual und Pedal. 1917 mussten ihre Prospektpfeifen aus Zinn für Kriegszwecke abgeliefert werden. In den Nachkriegswirren nach 1945 wurde das gesamte Pfeifenwerk gestohlen. Orgelbaumeister Karl Gerbig, Eberswalde, machte die Orgel 1953 wieder spielbar. Bei dieser Erneuerung erhielten die

Außenfelder des Prospekts statt der fehlenden Zinnpfeifen solche aus Holz. Gegenwärtig ist sie stark beschädigt und nicht spielbar. Die 1776 von Johann Christian Meyer, Berlin, gegossene Glocke hängt noch heute auf dem Kirchenboden. Sie trägt die Inschrift: „SOLI DEO GLORIA. GRAFF VON GOLAFKIN 1776. GOSS MICH JOHANN CHRISTIAN FRIDERICH MEYER". Die kleine Glocke von 42 cm Durchmesser wurde wahrscheinlich im Zweiten Weltkrieg abgeliefert. Sie trug ebenfalls die Inschrift „Soli Deo Gloria", war aber nicht datiert.

Das älteste Kirchenbuch beginnt im Jahre 1684, das Kirchenrechnungsbuch 1777.

Der berühmte Patron dieser Kirche, Generalfeldmarschall Gottlieb Graf von Haeseler (1836–1919) starb nach seiner beispiellosen Militärkarriere hier in Harnekop auf seinem Schloss Monchoix im 84. Lebensjahr am 25. Oktober 1919. Kurz vorher musste er noch mit ansehen, wie die alte Welt des preußisch-deutschen Kaiserreiches, von der er ein untrennbarer Bestandteil gewesen ist, unterging. Die Beisetzung fand am Donnerstag, den 30. Oktober 1919 statt. In der Gruft vor dem Altar der Harnekoper Dorfkirche wurde Graf Haeseler zwischen seinen Eltern beigesetzt. Über der Gruft befand sich eine Gedenktafel. Keine 30 Jahre später wurde alles beseitigt, was oberirdisch an den einst so berühmten Generalfeldmarschall erinnerte.

Die Kirche ist seit Mitte der 1980er Jahre baupolizeilich gesperrt. Am 6. August 2010 wurde der Förderverein Dorfkirche Harnekop e. V. gegründet. Er ist bestrebt, gemeinsam mit der Kirchgemeinde Geld einzuwerben und damit die Harnekoper Kirche, die wieder das geistige und kulturelle Zentrum des Dorfes werden soll, zu sanieren.

Im Jahr 2012 soll eine Notsicherung der Kirche erfolgen, damit sie wieder begehbar wird.

Kirche Lüdersdorf

Im Jahre 1271 hören wir das erste Mal von diesem Dorf, das damals aber schon einige Jahrzehnte bestand. Auch eine Kirche wird es schon gegeben haben, aber nicht diejenige, die heute in Lüdersdorf steht. Erste verbürgte Nachrichten über die Kirche datieren aus dem Jahre 1577. Von den Vorgängerbauten der heutigen Lüdersdorfer Kirche ist nichts bekannt. Wir wissen nicht, wie groß sie

waren und woraus sie errichtet wurden. Genauso wenig wissen wir, auf welche Weise die Kirche im 16. Jahrhundert zerstört wurde, ob sie einfach nur abbrannte oder aus Mangel an Geld verfallen war. Zu Beginn des 17. Jahrhunderts muss sie aber so desolat gewesen sein, dass eine grundlegende Erneuerung notwendig wurde.

Herr über Lüdersdorf war zu jener Zeit Ehrentreich von Roebel, der das Rittergut wohl noch vor 1600 von seinem Vater, dem Feldmarschall Joachim von Roebel auf Friedland überlassen bekommen hatte. Ehrentreich wohnte aber hier nicht, sondern in Biegen im Lebuser Land. Begraben liegt der 1630 Verstorbene weder hier noch dort, sondern in der Marienkirche zu Berlin, wo ein prächtiges Grabmal an ihn erinnert.

Ehrentreich von Roebel ist seinen Patronatspflichten in rühriger Weise nachgekommen, indem er 1611 die Kirche neu herrichten ließ. Dieser Wiederaufbau hat mit Sicherheit viel Geld gekostet und geschah in erster Linie zur Ehre Gottes aus seinem starken Glauben heraus, dem Lüdersdorf wohl auch die herrliche Stuckdecke verdankt.

Dass es 1611 eine durchgreifende Erneuerung der Kirche gegeben hat, war den Glasfenstern zu entnehmen, die der Gutsherr Emil Koegel 1866 durch den Berliner Glasmaler Louis Müller wiederherstellen ließ. Diese kleinen Scheiben mit den Wappen der Stifter trugen folgende Inschriften:

„Ehrentreich von Roebel auf Biegen 1611 MGVK (dieses und das folgende Kürzel stehen auch unter den entsprechenden Stifterwappen an der Stuckdecke)

Peter von Göllnitz auf Sauwen 1611 MHZG

Jochim von Roebel der Elter auf Friedland 1611
Hedewich von Krummensee 1611 Peter von Schliebens eheliche Hausfrau“

Das ehemalige Pfarrhaus von Lüdersdorf, ein repräsentativer Backsteinbau. Foto: H. Drewing

Ob in diesem Jahr der Erneuerung auch die Stuckdecke in die Kirche gekommen ist, kann man nur vermuten. Es muss aber um diese Zeit gewesen sein, denn das Doppelwappen der Stifter, Ehrentreich von Roebel und seine Frau Anna von Goellnitz, soll früher ebenfalls die Jahreszahl 1611 gezeigt haben.

Die Lüdersdorfer Stuckdecke ist von hervorragendem künstlerischem Rang und hoher kunstwissenschaftlicher Bedeutung. Die einzelnen Kassetten zeigen stukkierte Hochreliefs mit biblischen Szenen aus dem Alten und Neuen Testament (vermutlich als Illustration zu Röm 5, 12–21: Adam-Christus-Typologie). Sie gruppieren sich um die zentrale Darstellung der Kreuzigung, die nicht wie die anderen Bilder von runden oder achteckigen Rahmen, sondern von einem rechteckigen umschlossen wird.

Das Wort Gottes ist in dieser brandenburgischen Dorfkirche auf Veranlassung des Patrons besonders reich bebildert worden, und zwar aus reformatorischer Absicht, wie man vermuten kann. Die Anfangsbuchstaben des Schöpfers dieser Decke lauten „W. S." und standen ehemals auf dem Rand der Himmelfahrt-Darstellung. Wer sich hinter diesem Monogramm verbirgt, woher er kam und was er sonst noch geschaffen hat, bleibt im Dunkeln. Bei der Himmelfahrt ist im Amtskleid und auf Knien betend der Pfarrer Bartholomäus Schultze (Praetorius) dargestellt.

Die Reihe der Darstellungen beginnt im nordöstlichen Feld mit der Erschaffung der Welt, rechts davon befindet sich der Sündenfall, weiter rechts an der Südostecke die Verkündigung Mariae. Der mittlere Streifen zeigt von links nach rechts die Anbetung der Hirten, die Kreuzigung und die Auferstehung. Die westlichen Felder enthalten die Himmelfahrt, das Doppelwappen in der Mittelachse und die Ausgießung des Heiligen Geistes.

Kunstwissenschaftlich ist 1611 ein sehr frühes Datum für die Entstehung dieser Decke.

Die einzige stilistische Parallele finden wir in Brandenburg im Schloß Boitzenburg in der Uckermark. Dessen Stuckdecken sind aber erst aus dem Jahre 1655. Andere hervorragende Zeugnisse dieses Kunststils finden wir aus dieser Zeit erst wieder in Thüringen.

Schon im vorigen Jahrhundert waren Reparaturen der empfindlichen Decke notwendig. Damals hatte man die gesamte rechte Hälfte der Verkündigung, da wo der Engel stehen müsste, durch eine flache Putzergänzung ersetzt.

Nach 1945 scheiterten dringliche Reparaturen zunächst immer wieder am Geld. 1953/54 kam es dann zu Arbeiten an Dach und Dachstuhl sowie zu Ergänzungen großer Stuckdeckenbereiche, die der Restaurator W. Schenk aus Frankfurt (Oder) ausführte. Er orientierte sich an Fotografien aus der Vorkriegszeit. Auf Grund der

Kriegseinwirkungen waren Teile der Decke herabgefallen und mussten wieder ergänzt werden.

Damals wurde aber das Dach nur behelfsmäßig repariert, so dass eindringendes Wasser immer wieder den Stuck durchfeuchten konnte. 1973 fiel am Wappenfeld wieder eine größere Stuckfläche herab, wonach dann erst 1975 das Dach neu gedeckt und die Decke erneut repariert wurde. Damit waren aber die Ursachen für die Schäden noch nicht bescitigt. Nach einigen Jahren fielen wieder Stuckteile herab, so dass die Kirche baupolizeilich gesperrt werden musste. 1993 hatten gerade die Bauarbeiten begonnen, als erneut ein großes Stück der Decke herab fiel und zwar genau auf die Taufe, die dabei zerstört wurde. Die Arbeiten zur Rettung der wertvollen Decke und zur Sanierung der Kirche konnten dann bis 1998 mit einem respektablen Ergebnis zu Ende geführt werden.

Im Jahre 1821 fand eine umfassende Erneuerung des im Kern mittelalterlichen und turmlosen Gemäuers statt, von der der westliche Erweiterungsbau und auch der Orgelprospekt mit der restaurierten Orgel von 1876 stammen. Die Kanzel ist von 1836. Außen an der Südseite steht ein Inschriftgrabstein von 1797. Im freistehenden gemauerten Glockenstuhl von 1853 hängt eine Glocke vom Ende des 15., Anfang des 16. Jahrhunderts. Eine zweite Glocke aus dieser Zeit ist wahrscheinlich im Zweiten Weltkrieg abgeliefert worden. Die Messingtaufschale stammt aus dem 17. Jahrhundert und trägt die Stifterinschrift: „ANNA CATHARINA VATERNAMIN WITTWE LEISTEN HAT SOLCHES ZUM ANDENCKEN VEREHRT 1743“.

Unter der Orgelempore liegt die harmonisch in den Kirchenraum integrierte Winterkirche, eine raffinierte Konstruktion aus Stahl und Glas

Kirche Biesdorf

Als im Jahre 1272 die brandenburgischen Markgrafen das Dorf Biesdorf dem Zisterzienserinnenkloster Friedland schenkten, erhielten die Nonnen auch das Patronatsrecht über die Kirche. Bei der soll es sich um einen einfachen Feldsteinbau gehandelt haben, der im 30jährigen Krieg ausbrannte. Erst gegen Ende des 17. Jahrhunderts konnte der Wiederaufbau unter Einbeziehung von Teilen des alten Mauerwerks begonnen werden. Putzreste an mehreren Stellen der Fassade zeugen von einer schlichten Putzfassung mit feiner Gliederung durch Faschen, Traufgesims und Putzlisenen an den Gebäudeecken. 1719 war der Wiederaufbau beendet, worauf sich die Inschrift an der Kanzel bezog: „Fr. von Seydell hat diese Kirche und Kanzel erbauen lassen 1719". Auch der Kanzelaltar, die Empore und das Gestühl stammten aus jener Zeit. 1823 wurde der Turmaufsatz bis unter die Dachhaut abgebrochen.

Wie es sich gehört, steht die Kirche mitten im Dorf auf einer kleinen Anhöhe. In den letzten 40 Jahren wurde sie allerdings kaum noch genutzt und begann zu verfallen. Anfang der 1970er Jahre räumte man die wurmstichige Ausstattung heraus, wobei manches verloren ging. Nur die zwei zinnernen Altarleuchter aus dem Jahre 1691, die 500 Jahre alte Glocke und die Mickley-Orgel blieben erhalten. Die Glocke hat dieselbe Inschrift wie die im Jahre 1508 für Alt Rosenthal gegossene Glocke: „Maria. Hilf Got und berat".

Im Juli 2002 setzte eine Initiativgruppe engagierter Biesdorfer um Ursula Meister mit einem Nachmittag der offenen Tür ein erstes Zeichen für den Erhalt des Got-

teshauses. Mit der Zeit ließen sich immer mehr Menschen begeistern, an der Erhaltung des Bauwerkes mitzuwirken, auch solche, die dem christlichen Glauben fern stehen.

Nach sechs arbeitsreichen Jahren war es 2008 endlich geschafft. Mit einem Festgottesdienst konnte am 22. Juni die in neuem Glanz erstrahlende Biesdorfer Kirche wieder in Nutzung genommen werden. Insgesamt wurden 260.000 Euro verbaut. Fußboden, Dach und Fenster wurden erneuert, ebenso das Innere der Kirche mit den noch vorhandenen hölzernen Einbauten. In seiner Predigt nahm Landesbischof Wolfgang Huber direkten Bezug auf das gemeinsame Engagement von Christen und Nichtchristen. Er habe Respekt vor jenen, die nicht durch ihren Glauben angespornt wurden, sondern von dem Bewusstsein, dass die Kirche den Mittelpunkt des Dorfes darstellt und als Ortsbild prägendes Gebäude nicht weiter verfallen durfte. Pfarrer Christian Kohler dankte allen,

Die marode Biesdorfer Kirche im Jahre 1981. Foto: R. Schmook

die an dem großen Sanierungsprojekt mitgewirkt hatten, ganz besonders aber Frau Erika Thamme und den Herren Werner Hoppenheit, Uwe Barsch und Karl Schröder, die sich schon zu DDR-Zeiten mit den damaligen Möglichkeiten engagiert für den Erhalt ihrer Kirche eingesetzt hatten. Während sie sich alle über das gelungene Werk freuen durften, konnte Christian Meister, der Ehemann der Hauptinitiatorin, diesen großen Tag nicht mehr miterleben. Er verstarb überraschend im April 2008, doch sein Andenken lebt im neuen Altar weiter, für den er im Biesdorfer Wald das Holz schlagen ließ. Den Entwurf für den Altar steuerte Kirchenoberbaurat Matthias Hoffmann-Tauschwitz bei.

Kirche Schulzendorf

Die Schulzendorfer Kirche ist ein rechteckiger Feldsteinsaal mit Turm aus dem 13. Jahrhundert. Das zweistufige Westportal war festlichen Anlässen vorbehalten, das Nordportal diente als Gemeindeeingang und die südliche Pforte als Priestertür. In einer zweiten Bauperiode wurde der Turm aufgestockt, was man an der ausschließlichen Verwendung von unregelmäßig geformten Feldsteinen sieht. Gleichwohl war man bemüht, die Steine möglichst gleichmäßig zu setzen. Eine dritte Bauperiode

fällt in die nachreformatorische Zeit. Ab etwa 1610 wurden der nördliche Anbau errichtet und der heutige Hochaltar aufgestellt. Im Turm hängen zwei Glocken. Die ältere stammt von Joachim Teskendorf und trägt die Inschrift: „DER SEGEN DES HERN MACHT RICH“ und „ANNO 1569 GOS MICH IOCHIM TESKENDORF“. Auf dem Mantel steht: „CHRISTOFEL PFVL“ mit Wappen. Eine zweite mittelalterliche Glocke musste im Ersten Weltkrieg abgeliefert werden. Die zweite Glocke wurde 1654 von Michael Jakob Neuwert, Berlin, gegossen.

Im April 1945 wurden das Dach zerstört und das Turmmauerwerk schwer beschädigt. Auch die Orgel, die Fenster, die Kirchenschiffdecke und der Altar hatten erhebliche Schäden davongetragen. Unter großer Beteiligung der Kirchengemeinde erfolgte ab 1950 der Wiederaufbau der Kirche. Im Jahre 1962 wurde eine Innenrenovierung vorgenommen, und in den Jahren 1987 und 1989 erhielt das Außenmauerwerk eine Neuverfugung.

Im Innern befindet sich eine gemauerte Altarmensa aus Ziegeln und Feldsteinen, die wohl noch aus dem Mittelalter stammt. Die Altarwand vom Anfang des 17. Jahrhunderts weicht in ihrem Aufbau etwas von den Renaissancealtären der Umgebung ab. In der Predella findet sich seit der Neufassung von 1974 der Spruch: „Nehmet einander an wie uns Christus hat angenommen zu Gottes Lob. Römer 15,7“. Darüber steht die Kreuzigungsszene: unter dem Kreuz der Totenschädel Adams, links unten drei würfelnde Soldaten, vorn rechts ein Soldat zu Pferd, dahinter drei Frauen. Der Hintergrund der Szene trägt einen goldenen Grund. Darüber erhebt sich der auferstandene Christus mit Siegesfahne. Links und rechts neben dem Kreuz stehen wohl der Jünger Johannes und Maria. Die Christusfigur wird gerahmt von je zwei Evangelisten, erkennbar an ihren Attributen. Die Bekrönung trägt zwei weitere Figuren. Auch neben der Herrschaftsempore stehen zwei Figuren an der Wand, die mit denen des Altars stilistisch zusammen gehören. Alle Altarfiguren wurden zwischen 1964 und 1974 restauriert. Sie dienten während der Kriegshandlungen 1945 als, „Zielscheiben", wobei sie schwer beschädigt wurden.

Die Pfuels stifteten das Altarretabel und ließen sich gleichzeitig an der Nordseite des Chores eine Herrschaftsempore mit Kamin einrichten, unter der sich die Sakristei befindet.

Hinter dem Altar befindet sich an der Nordseite der Ostwand eine Sakramentsnische mit spätgotischer Tür, deren Beschläge aus reichem Blattwerk bestehen.

Rechts vor dem Altarraum steht an der Südwand die hölzerne gefasste Kanzel. Der polygonale Kanzelkorb wird von einem Volutenfuß getragen. Die Kanzel wurde im Jahre 1742 in der Kirche aufgestellt (Inschrift: „26. July 1742. renov. 1900"). Die Taufe, halblinks vor den Altarstufen stehend, ist aus Stein gearbeitet. Sie ist achtseitig und stammt aus dem 19. Jahrhundert.

An der Südwand der Kirche ist ein hölzernes Wandepitaph angebracht, das im Jahre 1747 in diese Kirche kam. Ursprünglich hatte es seinen Platz in der Kirche von Quilitz (heute Neuhardenberg).

Die Familie von Pfuel erwarb Schulzendorf im Jahre 1450, und zwar durch Heyne von Pfuel, „zu Ranft gesessen". Sein Sohn und Besitznachfolger Nickel († 1492) war einer der hervorragendsten Vertreter seines Geschlechts. Zunächst finden wir ihn am kurfürstlichen Hof, dann als Doktor beider Rechte und mit mehreren Ämtern versehen als Besitzer auch von Leuenberg, Tiefensee, Werftpfuhl, Steinbeck, Jahnsfelde, Quilitz und Quappendorf. Hier zeichnet sich schon die Verbindung zwischen Schulzendorf und Quilitz ab, die durch das Epitaph dokumentiert wird. In Schulzendorf saßen die Pfuels bis 1846.

Das einige Jahre nach 1571 gearbeitete Epitaph ist 3,70 x 2,25 m groß und zeigt im Hauptfeld die von Pilastern gerahmte Kreuzigungsszene, während in der Bekrönung die Auferstehung Christi dargestellt ist. In den vier Ecken finden wir links oben das Pfuelsche, rechts oben das Bredowsche, links unten das Krummenseesche und rechts unten das Arnimsche Wappen. Das bedeutet, dass Christophs Ehefrau eine Geborene von Bredow war und dass zu den Vorfahren beider auch die im Barnim begüterten Familien von Krummensee und von Arnim gehörten. Christophs Mutter war eine von Krummensee, die Mutter seiner Frau eine von Arnim.

Die schwierig zu lesende Inschrift im oberen Feld lautet: „ EPITAVIUM des Edlen und Ehrvesten Christoff Pfuhll welcher ihn dem Ehestand gelebet 9 jar und Got der her so … ihn mit drey Söhnen und mit drei Töchtern begabet … und ist ihm 1548 Jahre am freitage nach Christi Himmelfart alhier Seliglichen entschlaffen und begraben. Dem Got genade.

Ao. 1560. ist der edler und Ehrenvester Melchior Pfuhll gemeldter Christoff Pfuhll Sohn zu Friedersdorf in Got verstorben.
Ao. 1571. ist der Ehrnvester Elias Melchior Pfuhll des Christoff Pfuhll Sohn allhier in Gwilitz verstorben und hier begraben. Dem Got genädig Sey. Amen.“

Unter dem Bild ist folgendes zu lesen:
„Dis EPITAVIUM Ist von Dem
Edlen und Erenvesten Jürgen Pfulenn
Seinem seligen Vatern gedechtnis gesetzt
worden. Welchem auch der Allmechtigerr
Gott ihm Wahren Erkenntniß Seineß
Allerliebesten Sons Jesu Christi
biß an sein Ende erhalten Wolle. AMEN.“

Pfuelsches Epitaph aus dem 16. Jh. in der Schulzendorfer Kirche. Foto: R. Schmook

Danach folgen einige Bibelsprüche. Aus den Inschriften ergibt sich für die bildliche Darstellung, dass Christoph von Pfuel, nachdem er 1548 verstorben war, in seiner Rüstung den Gekreuzigten anbetet in der Hoffnung auf seine eigene Auferstehung. Hinter dem alten Pfuel knien seine Söhne Melchior und Elias Melchior. Der kleine Junge davor ist Jürgen von Pfuel, sein dritter Sohn, der dieses Epitaph zum Gedenken an den Vater hat anfertigen lassen. Rechts stehen die drei Töchter und hinter ihnen die Ehefrau des Christoph von Pfuel.

Unter dem Epitaph ist 1747 eine verzierte Schrifttafel befestigt worden, die folgende Inschrift trägt: „Aus Schuldiger Hochachtung vor den Stam Vatter: Dehrer anitzo in Seegen Löbenden dreyen gebrüdern: Als Heine Fridrich Wilhelm. Georg Ludwig Ditloff: und Carll Christoff August von Pfuhll, Königlicher Preußce. Lüitnambts, Ist Dieses Epitavium Von Ihnen aus der Quilitzschen Kirche erkauffet, und alhier zum beständigen Andenken aufgerichtet worden den 20. Sept: 1747."

Die Tatsache, dass vor 265 Jahren dieses seltene und in unserer engeren Heimat einmalige Epitaph von Quilitz nach Schulzendorf überführt wurde, hat seine frühe Vernichtung verhindert. 1801 nämlich ist die Quilitzer Dorfkirche mitsamt dem ganzen Dorf abgebrannt.

Auf der Westempore, die von Pfosten gestützt wird, hat die Orgel ihren Standort. Sie wurde im Jahre 1859 vom Orgelbaumeister Mickley Bad Freienwalde erbaut. Auch die Orgel nahm während des Zweiten Weltkrieges Schaden und wurde in den Jahren 1953/54 durch die Eberswalder Orgelbauwerkstatt A. Kienscherf / Karl Gerbig wiederhergestellt. Die Orgel hat ein Manual, Pedal und elf Register. Die Prospektpfeifen an den Seiten fehlen.

Kirche Sternebeck

Schon im 14. Jahrhundert gab es in Sternebeck eine Kirche, die um 1600 eine Filia von Prötzel war. Im Dreißigjährigen Krieg wurde diese Kirche bis auf die Grundmauern zerstört. Erst in den Jahren 1709/1710 war der Patron und Salzfaktor Philipp Franz Laging in der Lage, die wüste Kirche neu erbauen lassen. Sie ist massiv er-

baut, hat Spitzbogenfenster und ein Ziegeldach. Der Putz trägt eine Lisenengliederung. Mitte des 19. Jahrhunderts erfolgte eine durchgreifende Erneuerung. Im Westen wird die Kirche von einem massiven Dachturm mit Glockengeschoss überragt. Im Turm hängt eine sehr alte Glocke, die vermutlich um das Jahr 1300 gegossen wurde. Sie wurde über alle Kriegswirren und Zerstörungen der Kirche hindurchgerettet und ist ein Kunstdenkmal ersten Ranges. Noch heute lässt sie ihren Klang hören. Nur ihre sonderbare Inschrift gibt den Spezialisten bei verschiedenen Leseversuchen immer noch Rätsel auf. Eine zweite mittelalterliche Glocke mit einem Durchmesser von 51 cm ist wahrscheinlich im Zweiten Weltkrieg abgeliefert worden.

Die flache Decke, die sich auf sechs Holzpfosten stützt, stammt aus dem Jahr 1951, als das Innere der Kirche erneuert wurde. Der schlichte Kanzelaltar von 1710 wurde um 1956 restauriert. Am Kanzelkorb finden sich Bilder von Christus und den vier Evangelisten, über dem Schalldeckel eine Strahlenglorie. Die Patronatsloge mit vergittertem Oberteil ist wahrscheinlich in den 1970er Jahren herausgenommen worden und nicht mehr vorhanden. Von seltener Art ist die Gedenktafel für den Füsilier Wilhelm Christian Winning aus Sternebeck, der 1813 in der Schlacht bei Lüneburg verwundet wurde und in Wismar am 27. April 1813 im Alter von 25 Jahren seinen Verwundungen erlag. Daneben gibt es zwei gleichgestaltete Gedenktafeln mit den Namen der gefallenen Sternebecker in den Befreiungskriegen von 1813/14 und im Ersten Weltkrieg 1914–18.

Jahrelang wurde die Kirche nicht mehr oder nur noch sporadisch genutzt. Ihr Bauzustand war Besorgnis erregend. Um den zunehmenden Verfall aufzuhalten, begann 1994 ihre umfassende Instandsetzung. Gleich zu Beginn der Arbeiten wurden Schäden festgestellt, die das erwartete Maß erheblich überstiegen. Damit musste auch mehr

Inneres der Sternebecker Kirche nach Osten mit dem Kanzelaltar, fotografiert um 1930. Oderlandmuseum Bad Freienwalde

Geld für die einzelnen Baumaßnahmen eingeplant werden. Als erstes wurde das Turmdach instand gesetzt. Am 24. November 1994 konnte die neue Holmstange mit Turmkugel und Wetterfahne aufgesetzt werden. In der Wetterfahne finden sich die Jahreszahl 1709 und die Initialen des Salzfaktors Laging, dem Wiedererbauer der Kirche nach dem Dreißigjährigen Krieg. Nach dem Herabholen der Turmkugel fand sich in ihr eine Glasflasche mit sieben Münzen des 19. Jahrhunderts und einem doppelseitigen Schriftstück in fünf Fragmenten. Soweit sie noch lesbar waren, ging aus ihnen hervor, dass Turmdach und Turmknopf bereits in den Jahren 1838 und um 1900 repariert werden mussten. Weiter steht in dem Dokument zu lesen, dass man die alten Turmknopfurkunden, die sich im Turmknopf fanden nicht mehr hatte lesen können, weil sie durch Witterungseinflüsse fast gänzlich verblasst waren. Auch habe man wegen der schlechten Lebensverhältnisse und der angespannten Wirtschaftslage nur wenige Münzen in den Turmknopf legen können. Man wolle aber den Nachkommen über die gegenwärtigen Verhältnisse und Umstände eine Nachricht hinterlassen.

Mit der Sanierung des Dachstuhls begann Ende 1997 der zweite Bauabschnitt der Kirchenerneuerung, der im

Glocke im Sternebecker Kirchturm, gegossen um 1300. Foto: R. Schmook

Sommer 2002 beendet war. Schon im Herbst 2001 hatten Gemeindeglieder in Eigenleistung eine gespundete Holzdecke eingezogen und das Mobiliar neu aufgestellt.

Im Jahre 2010 bereiteten sich die Sternebecker auf das 300-jährige Bestehen ihrer Kirche vor. Während des Festgottesdienstes konnte Pfarrer Christian Kohler auf 15 Jahre intensive und erfolgreiche Kirchenrestaurierung zurückschauen. 2001 wurde mit großem finanziellem Aufwand, auch von der weniger als 50 Seelen zählenden Kirchgemeinde, das Dach des Kirchenschiffes erneuert. 2006 erfolgte die Ausbesserung des Innenputzes, der einen neuen Kalkfarbenanstrich erhielt. 2007 wurden die Weihekreuze restauriert und der Eingangsbereich in Ordnung gebracht. Jetzt fehlen noch die Fassadensanierung am Kirchenschiff und die Restaurierung der Orgel. Dazu gibt es neben den Gottesdiensten auch Konzerte und andere kulturelle Veranstaltungen, bei denen Geld für den Fortgang der Kirchenerneuerung gesammelt wird.

Kirche Reichenow

Die Reichenower Kirche ist ein turmloser, frühgotischer Feldsteinbau mit kurzem Schiff und eingezogenem, gerade geschlossenem Chor. Einst hatte sie einen kleinen Turm, der auf einem Kirchensiegel aus dem Jahre 1779 abgebildet ist. Er wurde 1694 noch erneuert, fiel aber 1753 einem Sturm zum Opfer. Als Ersatz wurde 1784 ein Glockenstuhl auf den Dachboden gestellt, in dem ursprünglich drei spätmittelalterliche Glocken hingen. Heute sind noch eine mit 101 cm Durchmesser (Inschrift: „osana o rex glorie Christe veni cum pace“) aus dem 15. Jahrhundert und eine zweite mit 71 cm Durchmesser aus

dem 15./16. Jahrhundert vorhanden. Die dritte (51 cm Durchmesser) wurde im Zweiten Weltkrieg abgeliefert. Um das Dreiergeläut wieder zu vervollständigen, wurde 1996 in der Kunstgießerei Lauchhammer eine neue Glocke für Reichenow gegossen.

Die beiden Lanzettfenster am östlichen Chorgiebel und das Südportal stammen noch aus der Bauzeit der Kirche. Teile des Dachstuhls bestehen aus sekundär verbauten Kiefernhölzern. Sie konnten dendrochronologisch auf 1438/39 datiert werden und wurden wohl im Sommer 1439 verbaut. Ebenso konnten zwei Eichenstangen in der Rückseite des Altarblocks, die wahrscheinlich einen Altar abstützten, dendrochronologisch auf 1486 datiert werden.

An der Südseite des Schiffes befindet sich noch immer die ursprüngliche spitzbogige Tür. Die stumpfspitzbogige Tür an der Westseite ist vermauert und ebenfalls in die Bauzeit zu datieren. Im Jahre 1865 wurden bei einer Renovierung die Seitenfenster vergrößert.

In den letzten Kriegstagen erlitt die Kirche schwere Schäden am Dach, die aber in den Nachkriegsjahren so gut es ging behoben wurden.

In den Jahren 1961/62 gab es eine weitere gründliche Renovierung, bei der u.a. der Fußboden, die Bänke und die Kanzel erneuert worden sind. Nach Herausnahme der Herrschaftsempore wurde der Altar bei dieser Gelegenheit wieder in die Mitte gerückt.

Schließlich konnten 1995 bis 1997 der Dachstuhl erneuert und das Dach neu eingedeckt werden.

Im Innern hat die Reichenower Kirche eine schlichte Westempore und eine flache Putzdecke. An der Nordwand des Chores gibt es noch eine mittelalterliche Sakramentsnische mit eisenbeschlagener Tür. Auch der gemauerte Altarblock dürfte mittelalterlichen Ursprungs sein.

Der hölzerne Altaraufsatz (Inschrift: „Anno Christi. 1622“) ist in vier Geschosse gegliedert und zeigt die typische Ikonographie der nachreformatorischen Zeit. In der Predella befindet sich eine Reliefdarstellung des Abendmahls, darüber die Kreuzigung, darüber die Auferstehung und ganz oben eine Gerichtsdarstellung. An den Seiten stehen die Evangelisten. Auf dem in der Bekrönung befindlichen Nest saß vielleicht ein Pelikan, der verschwunden ist. Sämtliches Beschlagwerk ging verloren. Die ursprüngliche Farbfassung wurde bei der Restaurierung des Altaraufsatzes zwischen 1962 und 1965 in den Werkstätten der Staatlichen Museen zu Berlin rekonstruiert.

An der Nordwand des Chorraumes steht die hölzerne Kanzel, deren Entstehung in neuerer Zeit liegt. Rechts vor dem Altar hat die Taufe ihren Platz. Sie ist rund und wurde 1961/62 aus Pirnaer Sandstein gefertigt.

In der nordwestlichen Ecke der Westempore steht anstelle der 1945 schwer beschädigten alten die neue Orgel. Sie hat ein Manual, Pedal, sechs Register und wurde im Jahre 1970 von den Gebrüdern Jehmlich (Orgelbau Dresden) als „Opus 906“ erbaut.

Kirche Batzlow

Die Geschichte der Batzlower Kirche reicht bis in das frühe 14. Jahrhundert zurück. Sie ist ein Feldsteinbau in Rechteckform mit gleichbreitem rechteckigem Turm. Nach der Zerstörung im Dreißigjährigen Krieg erfolgte in den Jahren 1655 bis 1664 der Neuaufbau. 1712 brannte die Kirche teilweise ab und wurde bald wieder hergestellt. 1865 war eine Gesamtreparatur nötig, die aber nicht lange vorhielt. 1876 ist das Schiff bis auf die untersten Mauerwerksteile abgebrochen und von der Fa. Christoph in Wriezen neu erbaut worden. Nur der gedrungene Turm mit steilem Satteldach hatte noch die Fas-

sung von 1712. Er besitzt je zwei doppelte Schallfenster nach Ost und West und je ein doppeltes nach Nord und Süd. Auch der Ostgiebel ist im 19. Jahrhundert neu aufgemauert worden und mit Blenden und Pfeilern gegliedert.

1945 erlitt das Gotteshaus von Batzlow schwere Kriegsschäden. Der Ostgiebel und der Turm hatten mehrere Artillerietreffer bekommen. Das Dach war zerstört, auch die Fenster. Durch Witterungseinfluss ging auch die Orgel verloren. In den 1950 und 1960er Jahren wurden alle Schäden am Bauwerk wieder repariert. Der obere Teil des Turmes erhielt dabei seine jetzige Gestalt mit dem etwas niedrigeren Walmdach. In ihm hingen ursprünglich drei spätmittelalterliche Glocken (15. Jh.), von denen die kleinste im Zweiten Weltkrieg abgeliefert werden musste. Die größte mit einem Durchmesser von 95 cm trägt am Hals eine Inschrift in gotischen Minuskeln: „o rex glorie, veni vum pace anno". Auf dem Hals der zweiten Glocke von 73 cm Durchmesser steht zu lesen: „ ave + maria + gracia + plena + dominus + tecum."

Der gemauerte Altar wird von einem Kreuz geschmückt. Links vom Altar (an der Nordwand) steht die hölzerne Kanzel, die aus dem 19. Jahrhundert stammt. Die Kirche hat eine Westempore, unter der sich die so genannte Winterkirche befindet. Westempore und Kirchengestühl entstanden ebenfalls im 19. Jahrhundert. Im Innern hat die Kirche eine flache Putzdecke.

Zur Ausstattung der Kirche gehören zwei silberne Altarleuchter mit der Inschrift: „ Zur Erinnerung an Kühne Leberecht Hugo von Barfuss, geb. d. 18. Juli 1811, gest. d. 23. Juli 1892."

Die Batzlower Kirche besitzt eines der wertvollsten Kunstgüter im gesamten Kirchenkreis. Es handelt sich um ein Tafelbild mit einer Darstellung der Kreuzabnahme Christi. Es war eine Stiftung der Frau von Barfus an die Batzlower Kirche, und zwar als Gegenleistung für die Erlaubnis, den Säbel ihres als Kadett 1877 in Berlin ver-

Die Batzlower Dorfkirche in ihrer ursprünglichen Gestalt, fotografiert 1925 von Südwesten. Oberbarnimer Kreiskalender 18.1929, S. 140

storbenen Sohnes Hans Otto in der Kirche aufhängen zu dürfen. Das Ölbild wird dem niederländischen Maler Jan Mostaert (um 1475-1556) zugeschrieben, der es Anfang des 16. Jahrhunderts gemalt haben soll.

Das wertvolle Bild hatte die erheblichen Beschädigungen der Kirche überstanden.

1950 kam es leihweise in das Oderlandmuseum, auf dessen Kosten es restauriert wurde. 1971 erhielt die Kirchengemeinde Batzlow ihr Bild wieder zurück. Seitdem hing es im Pfarrhaus in Reichenow. Nach dem Weggang von Pfarrer Neumann hängte man das Bild wieder in die Kirche, wo es aus verschiedenen Gründen gefährdet war. Im Jahre 2000 beschloss der Gemeindekirchenrat, das Kunstwerk als Dauerleihgabe erneut im Oderlandmuseum zu deponieren. Damit die Gemeinde nicht ganz auf das Andachtsbild verzichten muss, wurde in der Batzlower Kirche eine originalgetreue Kopie aufgehängt.

Derzeit zeigen die Kirchenwände innen starke Feuchtigkeitsschäden. Der Putz und die davor befindliche Hartfaserverkleidung wurden zum besseren Abtrocknen entfernt. Weitere Arbeiten zur Behebung dieser Schäden scheiterten bisher an fehlenden Finanzmitteln.

Kirche Möglin

Die Kirche ist ein rechteckiger Feldsteinbau, dessen ältere Bausubstanz aus dem Ende des 16. Jahrhunderts stammt. Den mittelalterlichen Kern hatte der damalige Patron Henning von Barfus 1598 ausgebaut. 1823 fand noch einmal eine grundlegende Erneuerung statt. Im April 1945 wurde die Kirche bis auf drei Umfassungsmauern zerstört und die gesamte Innenausstattung vernichtet.

Dabei gingen u. a. der einfache Kanzelaltar, ein Totenschild mit Wappen für Alexander von Barfus (1580–1647) und eine Totenkronenkonsole für M. R. Krüger von 1716 verloren. Auch der vergoldete Silberkelch von 1662 mit der Inschrift „George Henning von Barfus – Cecilie g(eborene) von Wiesen (Wiens)" mit den Wappen beider Familien ist seitdem samt der dazugehörigen Patene verschollen.

Der Wiederaufbau erfolgte von 1955 bis 1962. Dabei wurde ein vollständig neuer Ostgiebel einen Meter vor den alten Giebel vorgezogen. Vor die Tür an der Südseite kam ein Vorbau, der einen kleinen Sakristeiraum und den Vorflur enthielt. In die neue Dachkonstruktion wurde an der Nordwestecke ein Fachwerkturm mit einem Glockenstuhl für zwei Glocken eingefügt. Unter der Empore ist ein elektrisch beheizbarer Gemeinderraum eingerichtet worden. 1971 bis 1973 musste der schadhafte Westgiebel durch eine kombinierte Stahlbeton- und Eisenträgerkonstruktion abgestützt werden.

Möglin hatte noch nach dem Ersten Weltkrieg zwei mittelalterliche Glocken, deren Schicksal nicht genau geklärt ist. Seit 1962 hängen im Turm zwei Stahlglocken.

Der rechteckige tafelförmige Altaraufsatz mit dem Motiv des Fegefeuers datiert aus der zweiten Hälfte des 18. Jahrhunderts. Er befand sich ursprünglich in der Bad Freienwalder Georgenkirche und kam 1978 als Dauerleihgabe der dortigen Kirchgemeinde nach Möglin. Das kartuschenförmige Schnitzrelief, von Rokoko-Ornamentik umgeben, thematisiert die „Fürbitte Mariä für die im Fegefeuer brennenden Seelen".

Links vom Altar (an der Nordwand) steht die Kanzel auf einem kleinen Steinsockel. Die Kanzel ist aus Holz gearbeitet und ungefasst. Sie entstand um 1962. Rechts vom Altar hat die runde steinerne Taufe ihren Standort.

Die Mögliner Kirchenruine, fotografiert im Frühjahr 1947. Oderlandmuseum Bad Freienwalde

Im Laufe der Jahre zeigten sich innen und außen an der Kirche immer mehr Risse, so dass 2004 eine durchgreifende Sanierung des Gemäuers in Angriff genommen werden musste. Die Mittel kamen aus dem Dorferneuerungsprogramm des Amtes für Flurneuordnung. Dabei musste die Südwestecke komplett neu aufgemauert werden. Der Dachstuhl einschließlich des Glockenschauers und der Dacheindeckung konnte erneuert werden. Auch das stählerne Stützgerüst an der Westfassade konnte abgebaut werden, weil die Mauer nun wieder fest steht. Auf Empfehlung des Landesdenkmalamtes wurde auch der südliche Anbau weggerissen. Gut ein Jahr dauerte die Sanierung und hat unter der Regie des Amtes Barnim-Oderbruch insgesamt 436.519 Euro gekostet.

In Zusammenarbeit mit der Albrecht-Daniel-Thaer-Gedenkstätte am Ort wird in der Kirche eine kleine Dauerausstellung über Leben und Werk des Begründers der wissenschaftlichen Landwirtschaftslehre gezeigt.

Kirche Reichenberg

Der rechteckige Feldsteinbau, an den ein Westturm in gleicher Breite anschließt, wurde im 14. / 15. Jahrhundert errichtet. Der Turm hat auf allen Seiten gekuppelte rundbogige Schallöffnungen und ein abgetrepptes spitzbogiges Westportal. Er ist mit einem Walmdach versehen, auf dem auf einer kleinen Rundung (stilisierte Weltkugel) ein Kreuz steht. An der südlichen Außenwand befindet sich in ca. 2,5 Metern Höhe ein vermauerter Einstieg. An der Ostseite hat die Kirche noch aus der Bauzeit eine rundbogige Dreifenstergruppe. An der Südseite

befindet sich ein kleiner Anbau, der der Kirche im 19. Jahrhundert angefügt wurde.

1742 erhielt die Kirche eine Westempore und eine für 200 Taler angeschaffte neue Orgel.

Im Turm hing noch 1937 eine Glocke von Joachim Teskendorf, Stettin, aus dem Jahre 1571. Ihr Schicksal ist unklar. An ihre Stelle traten nach 1945 zwei Gussstahlglocken.

Die Reichenberger Kirche war stets eine Mutterkirche, seit 1812 mit den Töchtern Ihlow und Pritzhagen. Das Pfarrhaus stammt im Kern aus dem Jahre 1798.

Bis 1945 besaß die Kirchgemeinde einen schönen, vergoldeten Silberkelch mit der Inschrift „A(dam) v. B(arfus) – M(aria) v. R(oebel) 1630" und dem unter der Kreuzigungsszene angebrachten Namen des Pfarrers „H. Bartholomäus Martinus". Während dieser Kelch, der bis auf die Kuppa noch aus vorreformatorischer Zeit stammte, verschollen ist, existiert noch die dazugehörige Patene, ein besonders seltenes Stück. Sie trägt auf dem inneren Rand statt des gewöhnlichen Weihekreuzes eine eingravierte Schwurhand.

Am 6. Mai 1945 geriet die Reichenberger Kirche zusammen mit den Kirchen von Buckow und Bollersdorf gleichzeitig in Brand, nachdem sie die unmittelbaren Kampfhandlungen im April 1945 unversehrt überstanden hatte. Dabei ging die gesamte Einrichtung und Ausstattung samt Glocken, Empore und Orgel, Herrschaftsloge, Taufe und klassizistischem Kanzelaltar zugrunde. Auch die wertvolle Tür der Sakramentsnische in der nördlichen Chorwand ist 1945 verbrannt. Von ihr, die einst das Tettenbornsche Wappen zierte, ist nur noch ein Eisenbügel erhalten. Auch im südlichen Teil der Ostwand befindet sich eine ca. 40 Zentimeter über dem Fußboden beginnende, rundbogige Nische. An der nördlichen Innenwand zeigt sich etwas rechts vom westlichen Fenster ein Weihekreuz. 1948 bis 1950 beräumten Pfarrer Szameitat

Verschollener vorreformatorischer Abendmahlskelch aus der Reichenberger Kirche. Sammlung R. Schmook

und dessen Vater das Kirchenschiff und organisierten den Wiederaufbau in der jetzigen schlichten Form.

Der moderne Altar wird geschmückt von einem Kruzifix, dessen Zeitstellung und Herkunft unbestimmt sind. Links vom Altar steht die hölzerne Kanzel, rechts hat die vierseitige Taufe ihren Standort. Beide entstanden in den 1950er Jahren.

Das Innere der Reichenberger Kirche ist bis 2010 zu großen Teilen in Eigenleistung komplett saniert worden. Den Abschluss der Bauarbeiten, zu denen auch neue Dächer, eine elektrische Läuteanlage und eine Sitzplatzheizung gehörten, haben Kirchengemeinde, Kommunalgemeinde und örtliche Vereine gemeinsam zum Erntedankfest 2010 gefeiert. An der Südseite der Kirche befindet sich neben dem Vorbau von 1833 die Grabstätte von Hauptritterschaftsdirektor Albert von Tettenborn (1818–1889), während am Ostgiebel Oberlandforstmeister und Erbherr auf Reichenberg, F. W. G. Baerensprung (1740–1803), begraben liegt.

Kirche Ihlow

Der mittelalterliche Feldsteinbau besteht aus einer halbkrcisförmigen Apsis, dem eingezogenen Chor, dem Schiff und einem Turmunterbau in Schiffsbreite, der von einem neuen Dachreiter bekrönt wird. An der Südseite sieht man am gestörten, ansonsten regelmäßigen Mauerwerk einen alten Aufgang zur Herrschaftsempore.

An der Südostkante der östlichen Chormauer ist ein so genannter Schachbrettstein eingefügt. Von den drei Apsisfenstern hat das südliche seine ursprüngliche Lanzettform bewahrt. An der Chorsüdseite ist eine rundbogige vermauerte Tür erhalten.

Die Kirche soll um 1220/30 entstanden sein. Unmittelbar nach Bauabschluss wurde die prächtige Glocke angeschafft. Die heraldischen Darstellungen auf ihr geben möglicherweise einen Hinweis auf den Stifter. Der Adler dürfte der askanische sein. Stierkopf und Lilienschild stammen womöglich von der Lokatorenfamilie. Insgesamt trägt die Glocke acht Medaillons und eine sehr verwitterte Gießermarke. Eine zweite Glocke aus dem Jahre 1895 musste 1917 abgeliefert werden.

Im Frühjahr 1945 wurden der Turm, das Dach und die Fenster zerstört. Die gesamte Inneneinrichtung ging verloren bzw. wurde ausgeräumt. Dazu gehörte ein Altaraufbau aus dem Jahre 1711, in dessen Mittelstück eine ältere, geschnitzte Abendmahlsdarstellung eingepasst war. Die bemalte Kanzel war zusammen mit dem Altar angefertigt worden. Verschwunden sind die Totentafeln, Totenkronen und Totenkränze, die ringsum an den Wänden hingen. Auch die Orgel und ein alter Beichtstuhl fehlen seit 1945. Erhalten geblieben ist das Altarbild von 1711 mit der Darstellung der Kreuzigung Christi, das heute in der Apsis hängt.

Die Ihlower Kirchgemeinde besitzt einen silbernen Abendmahlskelch mit vergoldeter Kuppa von 1771. Außerdem ist ein zweiter Abendmahlskelch vom Ende des 17. Jahrhunderts vorhanden, dessen Nodus (Mittelstück mit Knauf) neuzeitlich ergänzt wurde.

Zwischen 1950 und 1955 wurde die Kirche in ganz schlichter Form wiederhergestellt. Von den drei vermauerten Apsisfenstern wurden dabei die beiden seitlichen wieder geöffnet.

Ende der 1980er Jahre wurden wertvolle Wandmalereien freigelegt, die noch im 13. Jahrhundert entstanden sein können. An der Chorsüdseite ist teilweise ein Weihekreuz sichtbar. Ein weiteres Fragment findet sich an der Schiffsnordwand und zeigt einen Flötenspieler.

Ruine der Ihlower Kirche, fotografiert um 1949. Sammlung R. Schmook

Chor und Schiff werden durch einen rundbogigen Triumphbogen mit Kämpfern getrennt.

Der aus den 1950er Jahren stammende, gemauerte und verputzte Altar wird von einem 80 cm hohen, gusseisernen Kruzifix von 1771 geschmückt. Leider verdeckt der neuzeitliche Altarunterbau fast völlig den im Boden liegenden Grabstein für den chursächsischen Leutnant Ernst Christian von Ihlo. Dessen Inschrift lautet: „Alhie ruhet in Gott der wohl gebohrene Herr, Herr Ernst Christian von Ilo, gewesener Chur.=Sachsz. Leutnant zu Fusse, Erbherr von Ilo. Ist gebohren in Kirschbaum den 5. Juniy 1648 und verstorben in Ilo den 15. Februar 1697." Der Steinrand trägt 13 Wappen verwandter Familien. Unter der Inschrift steht das Familienwappen mit grünem Kranz und vier weißen Rosen auf dem Schild, darüber ein rot gekleidetes Frauenbild, das in jeder Hand einen zweimal auswärts geästeten Baumstamm hält.

In der Apsiswand ist eine Sakramentsnische erhalten, die aus der Bauzeit der Kirche stammt. Vor dem runden Triumphbogen stehen links die hölzerne polygone Kanzel und rechts die ebenfalls aus Holz gearbeitete sechsseitige Taufe, beide aus den 1950er Jahren. Das darüber hängende Ölbild zeigt die Geburt Jesu, ein Ölbild auf Leinen, unter dem einstmals die Widmung stand: „gestiftet zur Konfirmation von Eberhard und Erica von Bredow März 1910".

In neuerer Zeit zeigt die Kirche starke Bauwerksschäden wie Risse im Mauerwerk und Befall mit Echtem Hausschwamm. In einem ersten Bauabschnitt sind 2011 die Risse geschlossen und mit Edelstahlankern vernadelt worden. Aus finanziellen Gründen können die Arbeiten zurzeit nicht weitergeführt werden. Zu ihrer Weiterführung wird das Jahr 2014 angestrebt.

Kirche Pritzhagen

Die Geschichte der Kirche reicht bis in das 14./15. Jahrhundert zurück. Sie ist ein rechteckiger Feldsteinbau, der im 18. Jahrhundert starke bauliche Veränderungen erfuhr. Der obere Teil des eingezogenen quadratischen Westturms ist barocken Ursprungs, hat auf allen Seiten Schallöffnungen und trägt ein Quersatteldach. 1710 fand eine größere Gebäudereparatur statt. Der Kirchturm in seiner jetzigen Form stammt aus dem Jahr 1841. Der letzte große Umbau datiert in die Jahre 1906/07.

Im Turm hingen ursprünglich eine mittelalterliche Glocke und eine von 1914 (Fa. Fr. Schilling, Apolda).

Letztere musste 1917 abgeliefert werden. Die andere ist wahrscheinlich im Zweiten Weltkrieg geopfert worden. Heute sind drei Stahlglocken vorhanden, die in den 1950er Jahren neu angeschafft wurden.

Durch sofortige Besetzung von Pritzhagen durch die Rote Armee und die Nutzung zu Lagerzwecken wurden die Kirche und fast das ganze Inventar vor Zerstörung bewahrt. Repariert werden mussten lediglich der Christuskorpus und eine der Engelsfiguren des Altars, ein Zinnleuchter und der Zinnkelch. Durch Diebstahl gingen nach dem Abzug der russischen Besatzung das Harmonium, der zweite Zinnleuchter und der Schraubverschluss der Zinnflasche verloren.

Die gemauerte und verputzte Altarmensa, die wohl im 18. Jahrhundert entstand, wird geschmückt durch einen hölzernen gefassten Altaraufsatz aus der Zeit um 1730/40. Im Hauptfeld zeigt er ein geschnitztes Kruzifix, das von je einer gedrehten Säule umgeben ist. Seitlich hat der Altaraufsatz Akanthuswangen und wird bekrönt durch ein sehr reiches Akanthusschnitzwerk, das in der Mitte ein gemaltes „Auge Gottes“ und zwei Kartuschen (links und rechts) hat.

An der Nordwand des Altarraumes stehen die hölzerne gefasste Kanzel und das Pfarrgestühl, beide auch aus der ersten Hälfte des 18. Jahrhunderts. Die Brüstungsfelder des Kanzelaufganges und des polygonen Kanzelkorbes, der von einer Säule gestützt wird, sind mit aufgemalten biblischen Sprüchen versehen. Ebenso ist auf die Innenseite des hölzernen Schalldeckels ein biblischer Spruch (Hes. 3,17) aufgemalt.

Die hölzerne Taufe links vom Altar ist achtseitig und entstand in der gleichen Zeit wie der Altaraufsatz und die Kanzel.

Zur Ausstattung gehören einer der ursprünglich zwei Zinnleuchter und eine Taufschale aus Zinn mit der Inschrift: „Haec Patina A. W. 1702 die 22. Xbris a. FFVRT“.

Altaraufsatz in der Pritzhagener Kirche. Sammlung: R. Schmook

Sie war lange verschollen, tauchte aber 1973 plötzlich wieder auf.

Im Herbst 1986 stürzte die Wetterfahne ab, so dass Holmstange und Kugel herabgeholt und erneuert werden mussten. In der Kugel fanden sich interessante Dokumente. Seit 2005 wurden in Zusammenarbeit mit dem Amt Märkische Schweiz die Dachstühle von Turm und Schiff, die Schallluken, der Putz und der Fassadenanstrich erneuert. Auch die Innenwände sind nach vorangegangener restauratorischer Untersuchung gestrichen worden. In Eigeninitiative wurde die Inneneinrichtung aufgearbeitet. Dazu gehören ein Anstrich der Bänke und die Reinigung von Altar und Kanzel nach Vorgaben des Restaurators. Bei der Untersuchung der Innenwände kam ein Fragment einer Wandmalerei aus dem 19. Jahrhundert zum Vorschein. Noch in diesem Jahr wird die Kirche eine Sitzbankheizung bekommen.

Kirche Ringenwalde

Der rechteckige Feldsteinbau mit eingezogenem Rechteckchor entstand in spätromanischer Zeit, wohl in der ersten Hälfte des 13. Jahrhunderts. In der Ringenwalder Kirche haben sich mehrere alte Hölzer erhalten, von denen einige dendrochronologisch datiert werden konnten. Der Chordachstuhl ist demnach 1408/09 gebaut worden. Der Schwellenbalken an der Trennlinie von Schiff und Chor konnte gar in die Zeit um 1230 datiert werden. Das Alter der Auskleidung in der Altarnische be-

steht aus Eichenbrettern und wurde auf 1181 datiert, während die südliche Chortür aus Eichenholz und mit viel Eisen beschlagen auf 1546 dendrodatiert werden konnte.

In spätgotischer Zeit (15. Jahrhundert) bekam die Kirche einen rechteckigen Westquerturm, der aber 1830 neu gebaut wurde. Er hat die Breite des Kirchenschiffs. Der Turm ist mit einem Satteldach versehen.

Ursprünglich hingen im Turm drei Glocken, von denen zwei mittelalterlich waren. Die größte Glocke hat 1787 Johann Christian Meyer, Berlin, aus einer älteren umgegossen. Zwei Glocken sind 1917 an die Heeresverwaltung abgeliefert worden. Die noch vorhandene Glocke stammt aus dem späten 15. oder 16. Jahrhundert. Am Hals ist sie mit einem deutschen Band verziert und trägt dort die Inschrift „o rex glorie veni cum pace".

An der Ostseite des Chores ist eine Dreifenstergruppe erhalten. Sie stammt aus der Bauzeit der Kirche. Der Anbau an der Südseite des Chores datiert aus dem 18. Jahrhundert. Rechts neben dem zugemauerten Portal an der Südseite befindet sich einer der so genannten Schachbrettsteine, die auch an einigen anderen Kirchen auf dem Barnim vorkommen.

Schwere Kriegsschäden hat die Kirche nicht erlitten. Lediglich das Dach musste wegen starker Beschädigung umgedeckt werden. Die Schäden an der Innenausstattung waren eher durch Schwammbefall und allgemeine Vernachlässigung eingetreten.

Der hölzerne gefasste Altaraufsatz wie auch die Schranken vor dem Altar entstanden in der 1. Hälfte des 17. Jahrhunderts. Das Retabel hat einen viergeschossigen Aufbau mit farblich gefassten Reliefdarstellungen: Abendmahl Jesu mit seinen (hier nur elf) Jüngern (Predella); Kreuzigung Jesu (Hauptfeld); Auferstehung Christi (Giebel) und das Jüngste Gericht (Giebelaufsatz). In den Jahren 1958 bis 1960 wurde der Altaraufsatz in den Werkstätten der Staatlichen Museen zu Berlin restauriert.

Altarretabel der Ringenwalder Kirche. Sammlung: R. Schmook

An der nördlichen Seite des Chorbogens befindet sich die hölzerne Kanzel aus der zweiten Hälfte des 17. Jahrhunderts. Unter der Westempore ist die „Winterkirche“ eingebaut.

Das wertvollste Stück der gesamten noch erhaltenen Ausstattung der Kirche ist der 18 cm hohe Abendmahlskelch aus dem 16. Jahrhundert. Dazu gesellt sich ein Zinnleuchter mit der Inschrift „Dorothea Hedwig, gebohrene von Buchen, Anno 1671“. Der dazugehörige zweite Leuchter wurde 1969 gestohlen. Der Taufengel aus dem 18. Jahrhundert wurde vom Museum Strausberg der Gemeinde zurückgegeben, wird zurzeit restauriert und soll im Herbst 2012 bis zur Grundsanierung der Ringenwalder Kirche in der Reichenberger Kirche aufgehängt werden.

2011 fanden Notsicherungsarbeiten am Turm statt.

Kirche Neutrebbin

Wie die anderen Kolonistendörfer im Oderbruch auch (außer Neutornow) hatte Neutrebbin ursprünglich eine um 1770 errichtete Fachwerkkirche. Deren Gefache waren einen halben Stein stark ausgemauert und innen mit Lehm verstrichen, eine mehr als sparsame Bauweise. Die Kirche wurde, wie den Kolonisten versprochen, auf

Teil der verkleinerten Replik des Isenheimer Altars in der Neutrebbiner Kirche. Foto: R. Schmook

staatliche Kosten errichtet und mit genügend Land ausgestattet, um von dessen Ertrag die bauliche Unterhaltung zu gewährleisten. Die ersten Reparaturen ließen wegen der wenig soliden Bauweise nicht lange auf sich warten. Zu Beginn des 19. Jahrhunderts war die Neutrebbiner Kirche aber so marode, dass man sich zu einem Neubau entschloss. 1810 erhielt der Wriezener Bauinspektor Carl Dornstein einen entsprechenden Projektierungsauftrag. 1813 lieferte er seinen Entwurf in gotisierenden Formen, der vom Wriezener Maurermeister Neubarth in der von Karl Friedrich Schinkel überarbeiteten Fassung ausgeführt wurde. Es entstand in Neutrebbin eine der ersten neugotischen Landkirchen in der Mark Brandenburg, die am 31. Oktober 1817 feierlich in Nutzung genommen wurde.

Im Turm hing die alte Glocke mit der Inschrift „Unter Direktion des Herrn Teichhauptmann Struve und Herrn Bauinspektor Christiani goß mich Joh. Christian Meyer 1776“. Dazu kam 1817 noch eine zweite, auf der „Soli deo Gloria 1817“ stand. Beide Glocken wurden im Jahre 1917 an die Heeresrohstoffverwaltung abgeliefert und eingeschmolzen. Von den 1924 neu beschafften beiden Glocken fiel 1942 die größere der Kriegsrüstung zum Opfer. Die kleinere mit der Aufschrift: „Ein feste Burg ist unser Gott“ und einem Bildnis Martin Luthers blieb erhalten.

Im Zweiten Weltkrieg nahm die Kirche kaum Schaden. 1953 erfolgte eine umfassende Sanierung an den hölzernen Aufbauten des Turmes. Außerdem wurde der Innenraum umgestaltet, Wasserschäden beseitigt, die Fenster und der verwitterte Außenputz erneuert. Dabei entfernte man sämtliche gotische Zierelemente wie das Maßwerk der Fenster und den Spitzbogenfries unter der Traufe. So hergerichtet hielt die Kirche durch bis zum Jahre 2004. Wieder war die Holzkonstruktion des Turmes so schadhaft geworden, dass die Standfestigkeit zu schwinden drohte. Auch das Dach war an mehreren Stellen undicht. Im Zuge der nun folgenden umfassenden Sanierung bekam die Kirche zuerst eine zweite Glocke. Sie wurde in Gescha (Nordrhein-Westfalen) gegossen und mit der Inschrift“ „Friede sei mit Euch – anno domini 2004“ versehen. Nach der Kirchturmsanierung erhielt das Gotteshaus 2005 ein neues Dach. In den Folgejahren wurden dann Schritt für Schritt die Fundamente und die Fassade saniert. Seit Oktober 2005 ziert den farblich wiederhergestellten Innenraum eine vollständige Replik des berühmten Isenheimer Altars in Colmar. Der Kunstliebhaber und Textilfabrikant Alois Fischer hatte die Replik, die ungefähr ein Drittel kleiner ist als das Original, 1982 bei dem Künstler Franz Bannholzer in Auftrag gegeben. Der Absolvent der Kunstakademie in Karlsruhe malte das große Werk in rund 17 Jahren ab. Nach seiner Fertigstellung hing es zunächst in einer Werkhalle der Textilfabrik in Massenbachhausen bei Heilbronn, bis Fischer starb und seine Familie den Altar gerne in gemeindlicher Benutzung sehen wollte. Durch eine persönliche Verbindung entstand der Kontakt zum Kirchenkreis Oderbruch, wo man sich 2004 für die

Inneres der Neutrebbiner Kirche nach Osten. Foto: R. Schmook

Neutrebbiner Kirche als neue Heimat der sieben Einzel- und zwei Doppelflügel entschied.

Die übrige Innenausstattung der Kirche stammt aus den 1960er Jahren. Auf dem westlichen Teil der Hufeisenempore steht die Orgel. Sie wurde im Jahre 1985 als „Opus 2178“ im „VEB Frankfurter Orgelbau Sauer“ erbaut und hat ein Manual, Pedal und acht Register.

Durch aufgestellte Pfosten im Innern der Kirche soll der Eindruck einer Dreiteilung des Sakralraumes (Haupt- und zwei Seitenschiffe) entstehen. Die Kirchendecke ist mit bunt-aufgemalten Kassetten versehen.

Kirche Altlewin

Das alte Fischerdorf Altlewin war vor der Trockenlegung des Oderbruchs nach Wriezen eingekircht und beherbergte 15 Fischerfamilien. Nach der friderizianischen Oderbruchentwässerung änderten sich die Lebensbedingungen für die Altlewiner Fischer gravierend. Im letzten Drittel des 18. Jahrhunderts erbauten sich die Fischergemeinden eigene Bethäuser aus Fachwerk, hier 1783, die wie anderswo auch im Oderbruch mit dem Schulhaus verbunden wurden. Die von Meister Johann Friedrich Thiele in Berlin 1783 gegossene Glocke hing in einem hölzernen Glockenschauer neben dem Kirchenteil. Sie hat alle Zeitenwechsel und Gefährdungen überstanden und hängt seit 1997 in einem vom Baumeister Veit Templin errichteten Glockenstuhl auf dem Altlewiner Friedhof.

Ab dem Jahr 1798 wird für Altlewin ein eigenes Kirchenbuch geführt. Alle vorherigen Eintragungen finden sich in den Wriezener Kirchenbüchern.

1800 ging das erst 17 Jahre alte Schul- und Bethaus in Flammen auf. Zwei Jahre später, am 27. Februar 1802, wurde an derselben Stelle ein Neubau in Nutzung genommen, der 1826 einen Anbau mit Lehrerwohnung erhielt. 1882 wurde dieses Bethaus ganz der Schule überlassen und auf der nordwestlichen Seite der Dorfstraße ein neues, rund 12 Meter langes Gotteshaus erbaut. Der schmucklose Backsteinbau mit Ziegeldach und Turm ist am 6. März 1883 seiner Bestimmung übergeben worden. Die 1882 von C. Voß & Sohn, Stettin, gegossene Glocke war ein

Geschenk des Rentiers Heinrich Haselberger und seiner Gattin Louise.

Am 16. und 17. April 1945 tobten um Altlewin heftige Kämpfe, in deren Verlauf das alte Fachwerk-Schulhaus mit dem einstigen Betsaal völlig zerstört wurde. Auch die Kirche am Ortseingang trug schwere Schäden davon, die erst zwischen 1956 und 1960 behoben werden konnten. Auch der zerschossene Turm wurde damals wiederhergestellt. Man sieht noch heute die mit andersfarbigen Steinen zugesetzten Einschusslöcher. Der Innenraum wurde völlig neu gestaltet. 1964 erhielt die Kirche eine mechanische Schleifladenorgel der Fa. Jehmlich, Dresden.

Altlewiner Kirche von Nordwesten im Jahre 1930. Oberbarnimer Kreiskalender 19.1930, S. 97

Der Altar wird geschmückt durch ein Kruzifix. Das mittlere Apsisfenster ist vermauert bzw. verputzt. Die Apsisfenster (links und rechts) sind mit farbiger Bleiverglasung versehen. Das linke thematisiert das Abendmahl und das rechte die „Ausschüttung des Heiligen Geistes".

Links vor dem Apsisbogen stehen die hölzerne Kanzel und davor die ebenfalls aus Holz gefertigte Taufe. Das schlichte Gestühl stammt noch aus der Bauzeit.

1991/92 erfolgte eine umfassende Restaurierung der baulichen Hülle. Zuständig für die acht Seelen umfassende Kirchengemeinde, die kleinste im Bereich der Evangelischen Kirche in Berlin-Brandenburg/Schlesische Oberlausitz, ist der Pfarrer in Neutrebbin. In der Altlewiner Kirche finden nur vier Gottesdienste im Jahr statt: Neben einem Regionalgottesdienst ein zweiter zum Kalenderfest, ein dritter am Karfreitag und ein vierter am Heiligabend, aber die Gemeinde lebt.

Kirche Altbarnim (Kleinbarnim)

Die alte Fischersiedlung Kleinbarnim war Jahrhunderte lang nach Wriezen zur Marienkirche eingepfarrt, auf deren Kirchhof auch die Toten bestattet werden mussten. Der einzig mögliche Weg auf dem Wasser von Kleinbarnim nach Wriezen war beschwerlich, so dass sich die Dorfbewohner zunächst 1768 einen eigenen Friedhof einrichteten.

1776 schließlich entstand das noch heute stehende Bethaus als Fachwerk-Ständerbau mit dem quadratischen

Vorbau. Letzterer hatte einst ein Walmdach und erhielt erst 1955 seine heutige Bekrönung. Im Innern ist die gesamte barocke Ausstattung aus der Erbauungszeit erhalten, wozu der Kanzelaltar, die dreiseitige Empore und das Kirchengestühl gehören. In der Altarpredella ist ein hölzernes Schnitzrelief eingefügt, das viel älter als der Altar ist und möglicherweise aus der Klosterkirche Altfriedland stammt. Das gilt auch für ein weiteres Schnitzrelief und die drei noch vorhandenen Apostelfiguren, deren Attribute Stier (Lukas), Löwe (Markus) und Adler (Johannes) sie als drei der vier Evangelisten ausweisen.

Auch die versilberte Taufschale aus Messing und zwei Messing-Altarleuchter, alles datiert 1777, haben die Zeiten überstanden. Die erste Glocke dagegen hielt nicht sehr lange und musste 1789 durch Gebrüder Fischer, Königsberg/Neumark, umgegossen werden. Für diese Glocke wurde ein separater Schauer aus Fachwerk errichtet, der etwas abseits in die Kirchhofsmauer einbezogen war.

Nach 1957 war dieser Glockenschauer so baufällig geworden, dass man ihn beseitigte und direkt neben der Kirche einen eisernen Glockenstuhl errichtete, in dem bis 2009 die Kleinbarnimer und die hierher verlagerte Großbarnimer Glocke (gegossen 1786 von Johann Friedrich Thiele, Berlin) hingen. Im Juli 2000 errichtete der Zimmerer Ronald Desem aus Königlich Reetz als Meisterstück einen neuen Fachwerk-Glockenstuhl. An seinem ursprünglichen Standort sollte er aber entsprechend einer Intervention der Unteren Denkmalbehörde nicht bleiben und wurde schließlich 2005 auf den Friedhof umgesetzt. Im Jahre 2009 konnten die beiden Glocken aus dem stählernen Schauer zur Restaurierung gebracht werden. Am 4. Mai 2009 fanden sie dann ihren endgültigen Platz in dem hölzernen Glockenschauer auf dem Friedhof. Ihre Wiederinbetriebnahme erfolgte während eines Festgottesdienstes am 21. Mai 2009.

Kanzelaltar der Kleinbarnimer Fachwerkkirche von 1776. Foto: H.-J. Beeskow

Den Zweiten Weltkrieg überstand die Kirche mit einigen reparablen Schäden, die von den Zimmerleuten Paul und Walter Bellin sowie dem Tischler Helmut Klemer bereits 1948 ausgebessert wurden.

In den 1990er Jahren hatte sich der Zustand des Gotteshauses nach einigen alten Schäden weiter verschlechtert. Der Putz fiel aus den Gefachen, Holzbalken waren von Schwamm und Schädlingen befallen. Mit der Absicht, die Kirche schrittweise zu sanieren und damit zu erhalten, gründete sich 1997 der „Freundeskreis zur Rekonstruktion, Pflege und Nutzung der Kirche von Altbarnim e. V." Eine große Spendenaktion im Jahr darauf erbrachte die ersten Mittel. 1999 und 2000 waren zur Sanierung der Hülle bereits 360.000 Mark verbaut worden. Sogar eine Stiftung mit dem Namen „Erich Karitzky Stiftung" wurde von Prof. Dr. Paul Gert von Beckerath in Brühl errichtet, um Mittel für die Restaurierung zu akquirieren. Von nun an erstrahlt die Kleinbarnimer Kirche wieder in Weiß. An der Wiedererstehung der Kleinbarnimer Kirche ist abzulesen, zu welch beachtlichen Erfolgen das gemeinsame Wirken von Kirchengemeinde und Bürgerinitiative führen kann.

Die Altbarnimer Fachwerkkirche gehört in die Reihe der original überlieferten Oderbruch-Kirchen aus friderizianischer Zeit, die in den ersten Jahrzehnten ihrer Existenz mit der Schule kombiniert waren. Von ihnen hatten sich bis 1945 in ihrer äußeren Gestalt nur die Fachwerkkirchen von Altwriezen, Neubarnim und Wuschewier erhalten. Während in Neubarnim die Kirche 1945 völlig zerstört wurde und in Altwriezen 1973 der Abriss erfolgte, blieben nur noch Altbarnim und Wuschewier übrig. Das Schul- und Bethaus Wuschewier wurde Ende der 1990er Jahre umfassend restauriert. Von der ursprünglichen Innenausstattung ist so gut wie nichts erhalten.

Das Bethaus von Altbarnim ist der letzte Kirchenbau aus friderizianischer Zeit im gesamten Oderbruch, der bis heute in seiner architektonischen Schlichtheit sowohl im Äußeren als auch in seiner künstlerischen Geschlossenheit im Innern erhalten geblieben ist. Als Zeitzeuge der Neubesiedlung des Oderbruchs im Zuge der friderizianischen Binnenkolonisation ist diese Kirche für das ganze Oderland von Identität stiftender Bedeutung. Sie ist gleichermaßen ein hervorragendes Denkmal für die Glaubenspraxis der Oderbrücher vor über 200 Jahren. Damit sie ihre Identität stiftende Kraft behält, ist es wert, auch den historischen Denkmalsbestand der Inneneinrichtung vor dem Verfall zu bewahren.

Kirche Kunersdorf

Im Jahre 1781 vollendete der General Hans Siegismund von Lestwitz sein umfangreiches Aufbauwerk in Cunersdorf mit dem Abriss der baufällig gewordenen Fachwerk-Dorfkirche. An ihre Stelle ließ er einen verputzten Saalbau mit frühklassizistischer Fassade von 70 Fuß

(ca. 23 m) Länge setzen. Der im Westen stehende Turm hatte eine geschweifte Haube. In ihm hingen ursprünglich drei Glocken, eine von 1412 und zwei jüngere, die 1840 von dem Glockengießer Hackenschmidt in Berlin umgegossen wurden. Von diesen beiden musste 1917 eine an die Heeresrohstoffverwaltung abgegeben werden. Das Besondere an dieser Kirche war die Quergliederung des Innenraumes. Der Kanzelaltar stand gegenüber der Patronatsloge an der südlichen Längswand des Kirchsaales. Auf der Westempore erklang seit 1825 eine von Henriette Charlotte Gräfin Itzenplitz geschenkte Orgel. An den Wänden hingen einige bemalte Totenkronenkonsolen sowie Gedenktafeln für die Gefallenen des Dorfes in den Befreiungskriegen 1813/14, für die verstorbenen Veteranen jenes Krieges und für die im Ersten Weltkrieg als Soldat gestorbenen Cunersdorfer.

Die von Lestwitz errichtete Kirche hatte bei den schweren Kämpfen, die um Cunersdorf im April 1945 tobten, stark gelitten. Dabei sind die Totenkronenkonsolen, die Gedenktafeln, die Weinkanne, eine Oblatendose, der durch von Frau von Friedland gestiftete silberne Abendmahlskelch und das Taufbecken verloren gegangen. Auch die 1615 einsetzenden Kirchenbücher sind in dem von Flüchtlingen bewohnten Pfarrhaus untergegangen und wurden vermutlich verheizt.

Die Kirchenruine wäre wiederaufbaufähig gewesen, wurde aber auf Veranlassung des damaligen Bürgermeisters nach 1946 abgerissen. Der im Kern wohl noch aus dem 14. Jahrhundert stammende Kirchturm wurde zwei Jahre später gesprengt. Seine Trümmer verunzierten das Dorf noch bis zum Ende der 1950er Jahre.

Im Februar 1950 stellt das Konsistorium an das Ministerium für Handel und Versorgung der DDR einen Antrag auf Materiallieferung zur Wiedergutmachung der Eingriffe in kirchliches Eigentum zum Bau von Kapellen in Felgentreu, Döberitz, Klein Ziethen, Cunersdorf und

Alte Kirche in Cunersdorf mit frühklassizistischer Fassade, fotografiert 1926. Sammlung R. Schmook

Setzsteig. Dieser Antrag wurde tatsächlich bewilligt. Da es aber mit der Beräumung der Kirchentrümmer in Kunersdorf (seit 1945 mit „K" geschrieben) nicht vorwärts ging, beschloss der Gemeindekirchenrat, die neue Kirche an anderer Stelle, und zwar auf dem nicht benutzten Mittelteil des schon vor 1700 angelegten Friedhofes zu errichten. Lange vor Erhalt der Baugenehmigung wurde am 2. Advent 1950 der Grundstein am neuen Bauplatz gelegt. Der Architekt Curt Steinberg, langjähriger Leiter des Kirchlichen Bauamtes im Konsistorium Berlin-Brandenburg, wurde mit dem Entwurf für den Kirchneubau betraut. Mit der Bauleitung beauftragte man den Bad Freienwalder Architekten Gerhard Bischof, während die Bauausführung von der Wriezener Baufirma Fritz Christoph besorgt wurde. Doch der Kirchenbau zog sich in die Länge. Es fehlte an Holz für die Kuppel, das schließlich durch Holzspenden mehrerer Familien aus Kunersdorf, Metzdorf und Katharinenhof zusammengebracht wurde. Der seit Frühjahr 1952 in Kunersdorf wirkende Prediger Georg Herche schleppte in Westberlin beschaffte Nägel für die Vernagelung der Kuppelbinder im Rucksack durch die Ostberliner Kontrollstellen.

Noch waren nicht alle Arbeiten erledigt, u. a. die Eindeckung des Turmhelms, als die feierliche Indienstnahme am 30. Mai 1955 durch Bischof Dibelius stattfand. Die drei in Apolda gegossenen Stahlglocken konnten noch im selben Jahr beschafft werden. Orgelempore und Treppen wurden 1960 gebaut. 1971 bekam die Kirche eine Kleinorgel, gebaut von den Gebrüdern Jehmlich („Opus 854") in Dresden. Merkwürdig erscheint die Verbindungstür zwischen Turmhalle und Kirchsaal. Sie entstand laut Inschrift 1937 in der Fachschule für Raumtechnik und Raumgestaltung Berlin zum Andenken an die 700-Jahrfeier der Stadt Berlin und trägt in 15 Kassetten die stilisierten Wappen von Berlin und einigen Berliner Stadtbezirken. Es handelt sich um einen Flügel einer ursprünglichen zweiflügeligen Tür, die im Tanzsaal des Kunersdorfer Gasthauses eingelagert war und Auslagerungsgut einer Botschaft in Berlin gewesen sein soll.

Die in rötlich-braunem Klinkerverblendmauerwerk ausgeführte Kirche besteht aus einem zentralen, überkuppelten Rundbau, südlichem Turm mit achtseitigem Knickhelm und kleinem Sakristeianbau mit Walmdach an der Nordseite. Das Äußere ist weitgehend schmucklos, jedoch wirkungsvoll gegliedert durch den Wechsel von kräftig hervortretenden Lisenen und schmalen, scharf in die Wand eingeschnittenen Fensterbahnen. Das mächtige Kuppeldach ist als Halbkugel ausgebildet und trägt eine glattflächige Dachhaut aus Schieferschindeln in englischer Deckung. Der kreisförmige, überkuppelte Innenraum hat im Zenit der Rundkuppel sich vereinende Rippen. Im Norden gibt es eine spitzbogige Nische für den Altar, geschmückt mit einem schlichten Holzkreuz. Das in zwei Blöcken angeordnete Gestühl und die hölzerne Kanzel passen gut zum schlichen Charakter der Architektur. Der

Inneres der neuen Kunersdorfer Kirche nach Osten. Foto: H.-J. Beeskow

Boden ist mit keramischen Fliesen ausgelegt. Die in freundlichen Farben gehaltenen Glasfenster sind 1953 von der Glasmalerin Katharina Peschel aus Berlin-Mahlsdorf geschaffen worden.

Die Kirche gehört zu den wenigen Sakralbauten aus der Zeit nach 1945 im Kreisgebiet. Sie ist ein Spätwerk des Architekten Curt Steinberg, der sich bereits in den 1920er Jahren durch seine qualitätsvollen Sakralbauten in der Mark Brandenburg einen Namen gemacht hatte. Zu seinen Hauptwerken gehört die Georgenkirche in Frankfurt (Oder), die architektonisch große Ähnlichkeit mit der Kunersdorfer Kirche aufweist.

Kirche Bliesdorf

Schon in vorreformatorischer Zeit scheint es in Bliesdorf eine Kirche gegeben zu haben. Davon kündeten die beiden mittelalterlichen Glocken aus dem 15. Jahrhundert, die 1917 an die Heeresverwaltung abgeliefert werden mussten. Das zweite Gotteshaus, ein breitausladendes hübsches Fachwerkgebäude vom Anfang des 18. Jahrhunderts, stand am Nordende der breiten Dorfaue, wo sich später das Schulhaus befand. Als diese Kirche um 1875 baufällig geworden war, musste sechs Jahre lang um einen Neubau verhandelt werden. Er entstand 1881/82 als Rohziegelbau in neugotischen Formen und wurde mitten in die Dorfaue gestellt. Ihr Erbauer war der Ratsmaurer- und Zimmermeister Neubarth in Wriezen.

Im Innern stand die aus der alten Kirche übernommene barocke Kanzel, die mit neun Apostelfiguren geschmückt war. Ab dem 24. März 1928 erklang mit drei von der Firma Schilling & Lattermann in Apolda neu beschafften Gussstahlglocken wieder ein Dreiergeläut vom Turm.

Im Frühjahr 1945 wurde die Bliesdorfer Kirche bei den schweren Kämpfen südlich von Wriezen völlig zerstört. Das Schiff war ausgebrannt, der Kirchturm völlig zerschossen. Zwischen 1949 und 1951 wurde die Kirche in der etwas reduzierten Form, wie wir sie noch heute sehen, wiederaufgebaut. Der Turm erhielt nur ein Pyramidendach. Im Innern ist die Kirche ganz schlicht und ohne Empore und Orgel. 1954 konnte von der Kirchgemeinde zur Vervollständigung des Dreiergeläuts eine neue Glocke aus Eisenhartguss (Schilling & Lattermann, Apolda) beschafft werden. In den 1990er Jahren erhielt die Kirche ein neues Dach.

Das Kirchliche Bauamt schlug damals dem Konsitorium vor, die Neubeschaffung von Altar und Kanzel durch Überlassung des Kanzelaltars aus der Georgenkirche in Bad Freienwalde zu lösen. Daraufhin wurde dieser wertvolle Altar ab 1952 der Kirchgemeinde Bliesdorf leihweise auf unbefristete Zeit überlassen. Nach langwierigen Sanierungsmaßnahmen an der Georgenkirche ging der Altar zunächst dorthin wieder zurück.

Als dann die Georgenkirche 1972 wegen zunehmender Baufälligkeit außer Nutzung genommen werden musste, sollte der Kanzelaltar zunächst nach Ihlow, dann nach Lüdersdorf umgesetzt werden. Nachdem am 1. Mai 1977 vom Dach der Georgenkirche ein Traufbrett herabgefallen war, wurde das Gebäude wegen akuter Einsturzgefahr baupolizeilich gesperrt. Der barocke Kanzelaltar wurde dann im Januar 1978 wieder nach Bliesdorf gebracht. Auch die hölzerne Taufe von St. Georgen kam bei dieser Gelegenheit in die Bliesdorfer Kirche. Beides ist damals in das Eigentum der Kirchengemeinde Kunersdorf-Bliesdorf übergegangen.

Der Kanzelaltar hat die Form eines Säulenaufbaus mit reichem Akanthusschnitzwerk. Der Aufbau mit zwei zierlich gewundenen Kompositsäulen und gekröpftem Gebälk schließt zwischen diesen die etwas steife Kanzelkufe ein. Das seitliche Akanthusornament von freier Linienführung zeigt sehr routinierte technische Behandlung. Die obere Endigung bilden zwei neben dem Schalldeckel stehende Engel und der sich über diese erhebende Christus mit der Siegesfahne. Alles Ornament ist vergoldet, das übrige in Steinton gehalten. Die jetzige Farbfassung stammt von der letzten Übermalung um 1900 und ist bereits die dritte, wie bei der restauratorischen Untersuchung festgestellt wurde. Leider fehlen die Predella und große Teile des Zierrats einschließlich der Siegesfahne, die wohl schon in den Nachkriegswirren oder bei der ersten Umlagerung abhandengekommen sind. Gerade die Predella machte den Altar einst so interessant. Sie trug drei Medaillons, von denen das linke das Abbild eines Mannes in Jägertracht enthielt. Das rechte zeigte folgende Inschrift: „Gott zu Ehre, dieser Kirche zur Zierde, hat diesen Altar und Kantzel von Grund auf neu erbauen lassen. Herr Samuel Liebenwald, Kurfürstl. Brandenb. Leib Laquay 1698, 28. July." In dem mittleren Medaillon

Die Bliesdorfer Kirche in ihrer ursprünglichen Gestalt, fotografiert um 1935. Sammlung R. Schmook

befand sich eine Abendmahlsdarstellung. Das Bild zur Linken stellte den Stifter Samuel Liebenwald dar.

Im Jahre 1998 erfolgte eine nachhaltige konservatorische Behandlung des Holzes und der Farbfassung des Altars durch die Restauratoren Christiane Thiel und Konrad Dazer (Berlin/Potsdam).

Seit April 2001 hängt in der Kirche eine Gedenktafel mit den 69 Namen der im Ersten und Zweiten Weltkrieg gefallenen Bliesdorfer und Vevaiser. Die Initiative dazu ging von den Gemeindekirchenratsmitgliedern Herbert Biebermann und Ullrich Thöns aus. Sie wollten an die Väter, Ehemänner, Brüder und Geliebten erinnern, die in den Herzen der Hinterbliebenen fortleben und deren letzte Ruhestätte kaum jemand kennt.

Ehemalige Klosterkirche Altfriedland

Neben einem Teil des westlichen Konventsflügels hat sich von der Klosteranlage lediglich die Kirche erhalten. Es handelt sich um einen längsrechteckigen Feldsteinbau mit geradem Ostabschluss und Dreifenstergruppe, der im Kern aus dem 13. Jahrhundert stammt. Mehrmalige Umbauten seit dem 18. Jahrhundert haben das Gebäude stark überformt. Einige Reste von den spitzbogigen Fenstern des Mittelalters im Mauerwerk der Südseite sind erhalten geblieben. Aus der Zeit zwischen dem späten 15. und dem beginnenden 18. Jahrhundert gibt es keine Überlieferungen zum Schicksal der Kirche. Größere Umbauten erfolgten erst 1733 im Rahmen des Ausbaus zur Pfarrkirche. Dies war nötig, weil die alte Stadtkirche baufällig geworden war. Damals wurden die heutigen Korbbogenfenster herausgebrochen und ein Fachwerkturm an den Westgiebel angebaut. Im Innern erhielt das Gotteshaus einen Kanzelaltar, der von dem Bildhauer Johann Georg Glume (1679–1765) entworfen worden sein soll. Zur selben Zeit wurde auch das bis ins 18. Jahrhunderte genutzte adlige Erbbegräbnis unter dem Fußboden geschlossen. 1752 bis 1755 musste das hölzerne Tonnengewölbe entfernt werden, weil es einzustürzen drohte. Danach erhielt die Kirche einen neuen Dachstuhl mit einer Ziegeleindeckung. Weitere Umbauten und Reparaturen fielen in die Jahre 1766/67, 1789, 1814–16, 1835–56, 1864, 1875 und 1936–38.

Ein Schinkelscher Entwurf für ein doppeltürmiges Westwerk aus dem Jahre 1814 kam nicht zur Ausführung.

Auf den vorhandenen Sockel wurde lediglich ein neuer Turm gesetzt. 1835 erhielt der Kirchenraum eine Orgelempore und zwei Seitenemporen eingebaut. Beim Auftragen eines weißgrauen Innenanstrichs wurden die letzten bis dahin erhaltenen Wandmalereien übertüncht. 1836 kam eine Orgel auf die Westempore, gebaut von dem Berliner Orgelbauer Carl-August Buchholz. Der heutige neugotische Backsteinturm wurde 1864 auf Veranlassung des Patrons Heinrich August Graf v. Itzenplitz angebaut.

Die letzte Erneuerungs- und Renovierungsphase in den Jahren 1936–38 wurde gemeinsam vom Patron Karl von Oppen und dem damaligen Pfarrer Schliephacke initiiert. Patron und Kirchengemeinde ließen sich diese Aktion 18.000 RM kosten. Aus jenen Jahren stammen auch die Ausmalung der Kirchendecke im Barockstil und die Inschrift an der stark vergrößerten Mittelblende am Ostgiebel. Sie lautet: „O Land, Land, Land, höre des Herrn Wort. – Um das Jahr 1230 wurde das Gotteshaus als Kirche des Klosters der Zisterzienserinnen zu Friedland erbaut und der Jungfrau Maria geweiht. Nach Einführung der Reformation wurde das Nonnenkloster um 1540 aufgehoben und die Kirche geriet in Verfall. Fast zweihundert Jahre später wurde sie wiederhergestellt und am Neujahrstage 1734 fand hier der erste evangelische Gottesdienst statt. Von 1936–1938 wurde sie außen und innen erneuert. – Jahrhunderte hindurch ward Gottes Wort verkündigt in diesen Mauern. Der Herr schenke für weitere Jahrhunderte diesem Hause Schutz und Segen.“

Während des Zweiten Weltkrieges nutzte man die Kirche als Depot für ausgelagerte Akten und Mobiliar des Auswärtigen Amtes. Gegen Ende des Krieges gab es gravierende Schäden durch Beschuss an der Außenhülle und durch Plünderungen im Innern. Das Kirchengestühl diente als Brennmaterial und die Buchholz-Orgel wurde irreparabel beschädigt. Zwischen 1950 und 1957 mussten unter schwierigen Rahmenbedingungen diese Kriegsschäden beseitigt werden. Im Schutt fanden sich bei den Aufräumarbeiten die Taufschale aus dem 17. Jahrhundert, einer der mittelalterlichen Abendmahlskelche, die beiden Altarleuchter sowie eine Bibel aus dem Jahre 1574 wieder an. Nach den Aufräumarbeiten erfolgte 1948/49 die Neuanfertigung von Kirchenbänken durch den Stellmacher Dumke aus Altfriedland. 1954 baute die Firma Schuke in Potsdam für 22.000 Mark eine neue Orgel.

Die Schuke-Orgel in der Altfriedländer Kirche. Foto: H.-J. Beeskow

Zu den wertvollen älteren Kirchengeräten gehört die Messing-Taufschale (Dm. 53 cm), in deren Mitte sich eine Darstellung der Verkündigung Mariä befindet. Es handelt sich um eine Massenarbeit Nürnberger Beckenschläger aus dem 17. Jahrhundert, die nach dem Dreißigjährigen Krieg auch in der Mark Brandenburg viele Kirchen belieferten. Die Umschrift um die Verkündigungsszene besteht aus so genannten Ziermajuskeln, ist also keine echte Schrift.

Von den drei bis 1945 in der Klosterkirche vorhandenen Abendmahlskelchen, die Fontane in seinen „Wanderungen durch die Mark Brandenburg“ beschreibt, stammten zwei noch aus Klosterbesitz. Laut Lagerbuch von 1871 gehörten zu den Kelchen auch drei silberne Patenen und eine Kelchdecke mit der Jahreszahl 1527, die möglicherweise im Kloster angefertigt wurde. Sie bestand aus weißem Leinen, war reich bestickt und zeigte in der Mitte das Kreuz mit den angeschlagenen Marterwerkzeugen Christi. Seit 1945 ist nur noch derjenige Abendsmahlskelch vorhanden, den Fontane als „Reliquienkelch“ bezeichnete. Dieser vergoldete Silberkelch vom Ende des 15. Jahrhunderts trägt auf dem Fuß die Inschrift: „Johanes Welsekendorp Margareta memoriali“. Er wurde von Angehörigen der Eberswalder Patrizierfamilie Welsickendorf gestiftet, die nachweislich bereits um 1375 Beziehungen zum Kloster Friedland pflegte.

Unter der Orgelempore hingen bis 1945 22 bemalte Totenkronenkonsolen aus den 1840er Jahren, von denen heute nur noch vier vorhanden sind. Von den Totenkronen selbst ist nur noch eine einzige erhalten.

1733 wurden die beiden Glocken der Stadtkirche in die Klosterkirche gebracht. Die größere sprang im Dezember 1836 und wurde 1840 von dem Berliner Glockengießer Johann Carl Hackenschmidt umgegossen. 1917 musste sie an die Heeresrohstoffverwaltung abgeliefert werden. Die kleinere ereilte dasselbe Schicksal im Zweiten Weltkrieg. Nur die Glocke von 1735, die Markgraf Carl gestiftet hatte, überdauerte beide Weltkriege. Ihre Aufschrift lautet: „Durch Gottes Gnaden goss mich zu Friedland Christian Heintze von Berlin. Gott sei gelobt, der uns die Kirch und Glocken hat gegeben, der mit seinem Schutz und Huld darüber treulich schweben. 1735 von Gottes Gnaden Carl Prinz von Preußen und markgräflicher Graf zu Brandenburg des ritterlichen Johanniter Ordens. Meistercollator Johannes Christoph Fiedler, Pastor; Martin Fiddecke; Gottlieb Koppe, Kirchenvorsteher.“

1952 goss die Firma Schilling & Lattermann in Apolda eine zweite Glocke für Altfriedland aus Stahl. Diese so genannte Hartguss-Glocke ergänzt den A-Ton im Geläut mit der alten Bronzeglocke durch ihren Cis-Ton.

Seit dem 24. April 2010 gibt es den Förderverein „Klosterkirche Altfriedland e. V.“, der sich zum Ziel gesetzt hat, den Erhalt des Kirchengebäudes zu fördern und aktiv daran mitzuwirken. Die Kirche zeigt großflächige Feuchtigkeitsschäden an den Wänden, deren Ursachen schnellstmöglich beseitigt werden sollen.

Kirche Wuschewier

Wuschewier hieß bei seiner Gründung als Koloniesiedlung im Jahre 1757 zunächst Carlsburg, wurde aber bald nach dem „Wuschewiere" genannten Fließ umbenannt, an dem das Dorf sich entlangzieht. Am Knickpunkt der Dorfstraße steht seit 1764 das Schul- und Bethaus, dessen Ursprungsbau in Fachwerk und mit Rohrdach bis auf den nördlichen Abschluss bis heute erhalten geblieben ist. Es vereinte Betsaal, Schulstube, Lehrer- und Hirtenwohnung unter einem Dach. Das langgezogene Fachwerkgebäude wurde durch Anbauten mehrmals erweitert. Zuerst ist der Betsaal nach Süden verlängert worden. 1850 erfolgte ein Anbau nach Norden zur Vergröße-

rung der Schulstube. Schließlich wurde 1855 der Glockenturm errichtet. In ihm hängt die 1855 von J. C. Hackenschmidt, Berlin, gegossene Glocke. 1907 entstand in unmittelbarer Nähe ein modernes Schulgebäude, worauf leider die Schulstube als Bestandteil des Ursprungsbaus abgerissen wurde.

Man betritt den Kirchsaal durch einen kleinen Vorraum von der Straße aus, die ehemalige Lehrerwohnung vom Garten aus. Der Innenraum mit seinen auf sieben schlichten Stützen ruhenden Emporen überrascht durch seine Großzügigkeit. Der Fußboden ist mit roten Ziegeln belegt, während die Wände weiß und hellgrau gestrichen sind. Die Emporenbrüstungen tragen ein gedecktes Rot. Vor dem einfachen Altar steht der Taufstein, etwas entfernt ein einfaches Lesepult. An den Wänden hängen erneuerte Gedenktafeln für die Gefallenen des deutsch-französischen Krieges von 1870/71 und der beiden Weltkriege. Vor dem Zweiten Weltkrieg hingen an den Emporen teilweise volkskünstlerisch wertvolle, bunt bemalte Totentafeln und kunstvoll geflochtene Totenkronen, die nach dem Krieg leider aus dem Gotteshaus entfernt wurden.

1947 richtete das Oderhochwasser am Schul- und Bethaus schwere Schäden an. Die unteren Lehmgefache waren herausgespült und sind später mit Ziegeln neu ausgefacht worden.

Im Jahre 1958 musste die schadhafte Rohrdeckung erneuert werden. Gleichzeitig wurden die Emporenbrüstungen neben der Orgel durch Brettbaluster, ähnlich wie über dem Altar, ersetzt. Auch die 1850 von Georg Mickley in Freienwalde gebaute Orgel wurde 1959 von dem Cottbuser Orgelbauer Reinhold Klenke repariert und umdisponiert. Zur Vermeidung größerer Schäden renovierten 1975 Gemeindeglieder die Außenhülle samt Ausbesserung des Rohrdaches. 1982 erneuerten Fachleute das Dach und den Außenanstrich. 1987/88 wurde der weggesackte Turm wieder gehoben und instand gesetzt. In den

Straßenseite des Schul- und Bethauses in Wuschewier, fotografiert im Jahre 1957. Oderlandmuseum Bad Freienwalde

1990er Jahren befand sich das Gebäude erneut in einem schlechten baulichen Zustand. Durch das Anwachsen des Bodens waren die Schwellen nahezu verrottet und teilweise nach außen herausgebrochen. Die Außenwände hatten sich gesenkt und zum Hausinnern geneigt. Das Dach war im Umfeld der Gaupe und entlang des Firstes nicht mehr dicht. Zur Fortsetzung der Sanierung fehlten der Kirchengemeinde die Mittel. Um aus dieser ausweglos scheinenden Situation herauszukommen, gründete sich 1995 der „Förderverein Schul- und Bethaus Wuschewier e. V." Man begann mit dem Geldsammeln und hoffte einige Zeit vergeblich auf staatliche Förderung. Der damals 72-jährigen Lehrerin Ursula Hinz aus Neufahrland ist es zu verdanken, dass sich die Hamburger Hermann Reemtsma Stiftung über den Förderverein mit 400.000 Mark an der Wiederherstellung des Innenraumes beteiligte. Insgesamt kostete die Restaurierung des Wuschewierer Schul- und Bethauses 950.000 Mark. Am 27. September 1997 fand die feierliche Wiederindienstnahme des Hauses statt. Mit der Restaurierung der Orgel (durch die Orgelwerkstatt Christian Scheffler in Sieversdorf), die am 10. 05. 1998 feierlich in Betrieb genommen wurde, war die Sanierung dieses eindrucksvollen Baudenkmals beendet.

Kirche Sietzing

Die evangelische Kirchengemeinde Sietzing hielt sich urspünglich zur Pfarre in Neulewin, wurde jedoch 1775 vom Pfarrer in Friedland betreut. Damals gab es im Ort lediglich eine „Stube zum Gottesdienst“, in welcher der Friedländer Pfarrer „von Zeit zu Zeit gottesdienstliche Handlungen verrichtete“. 1803 erbauten sich die Sietzinger Kolonisten anstelle der genannten „Stube“ das noch heute stehende Fachwerk-Bethaus. An den hohen Festtagen jedoch besuchten die Sietzinger die Gottesdienste in Friedland. Später kam Sietzing zur Pfarre Neutrebbin, bis es durch Ministerialerlass vom 1. November 1866 zu einer selbstständigen Pfarrgemeinde erhoben wurde. Schon 1873 wurde man der sieben Jahre früher begründeten Parochie Wuschewier zugewiesen. Nach Auflösung der Pfarrstelle im Jahre 1921 kam Sietzing dann zu Alttrebbin. Heute gehört die Gemeinde zum Pfarrbereich Neutrebbin.

Der einfache Fachwerk-Betsaal erhielt 1883 einen Fachwerkturm, dessen Gefache mit Ziegeln ausgemauert und an den beiden oberen Teilen verbrettert sind. Die beiden Glocken tragen keinerlei Inschrift. Es handelt sich um zwei Stahlgussglocken vom „Bochumer Verein“ aus dem Jahre 1883. Das Innere wird von einem schmucklosen Kanzelaltar bestimmt. Hinter dem Altar befindet sich – durch eine Glaswand abgetrennt – die so genannte Winterkirche. Rechts vom Altar steht die hölzerne Taufe. Sie ist achtseitig und marmoriert. Als Taufschale dient ein Oblatenteller.

An der Orgelempore hängt eine Gedenktafel für den Staatsminister Heinrich Graf von Itzenplitz (1799–1883), dem Begründer und Patron der Pfarre Sietzing. Auf anderen Tafeln stehen die Namen der in den Kriegen von 1870/71 und 1914–18 gefallenen Sietzinger.

Große Kriegsschäden hatte die Sietzinger Kirche nicht. In den 1950er Jahren wurde das Dach umgedeckt, 1988 dann gänzlich erneuert. Auch der Turm wurde in den 1980er Jahren durch die Kirchenhandwerker aus Bad Freienwalde saniert, ebenso die äußere Hülle. Bei diesen Bauarbeiten entfernte man leider das Fachwerk des Turmunterbaus und ersetzte es durch einen massiv gemauerten Unterbau. Schon in den 1950er Jahren musste in den Turm eine Leichenhalle eingebaut werden, weil der Sarg bei Beerdigungen nicht mehr in der Kirche oder zu Hause stehen sollte. In den 1990er Jahren ist die Kirche außen und innen farblich neu gestaltet worden, so dass sie, mitten in dem kreuzförmig angelegten Dorf stehend, einen freundlichen und einladenden Eindruck macht.

Kirche Letschin

Um 1300 war in Letschin bereits eine Kirche vorhanden, die wohl den Zerstörungen des Dreißigjährigen Krieges zum Opfer fiel. An gleicher Stelle wurde 1735 eine neue Kirche errichtet, deren Aussehen nicht überliefert ist. Während des verheerenden Dorfbrandes von 1809 brannte diese Kirche gänzlich ab. Erst am 29. Juni 1812 wurde mit dem Wiederaufbau auf den alten Grundmauern begonnen. Das äußerst schlichte, schmucklose Kirchenschiff entstand als langgestreckter Putzbau mit einem kleinen Vorbau im Norden und einer Sakristei im Süden. Auf einen Turm wurde zunächst verzichtet. Am 31. Januar 1813 fand die feierliche Indienstnahme dieser neuen Kirche statt.

Im März 1818 begann der Turmbau in der Mitte der Westseite. Ihm lagen zwei Entwürfe des Oberbaurates Karl Friedrich Schinkel zugrunde. Darin gab er detaillierte Anweisungen zur Dacheindeckung, zu den Klinkern, zum Kalkmörtel, zur Fugenbehandlung und zur Gestaltung von Tür und Fenstern. Für die qualitätsvolle Bauausführung des massiven Turmes durch den Wriezener Maurermeister Neubarth fand Schinkel lobende Worte. Der Turm hat im Erdgeschoss einen quadratischen Grundriss und ist dort verputzt. Darüber folgt ein Mittelteil mit Achteckgrundriss, ausgeführt in Backstein. Die acht Flächen haben Längsstreben und dazwischen liegende Spitzbogenfenster in drei Etagen und Rosetten darüber. Ein Kranz von Fialen schließt den Mittelteil ab und geht dann in die ebenfalls achteckige Turmspitze über.

Im Turm hingen ab 1825 eine 1810 von Ernst Ludwig Wilhelm Thiele, Berlin, gegossene Glocke sowie eine zweite, 1825 von der Firma Gottlieb Großheim in Frankfurt (Oder) gelieferte. Während die erstgenannte Glocke 1917 an die Heeresverwaltung abgeliefert wurde, ist der Verbleib der zweiten unbekannt. Ab 1951 wurde zunächst mit geliehenen Glocken aus Kienitz und Sophienthal geläutet, bis 1956 drei neue Eisenhartguss-Glocken, gegossen in der Gießerei Schilling & Lattermann, Apolda, beschafft werden konnten.

Das Innere der Kirche war einfach gehalten und stammte aus der Bauzeit. Der Kanzelaltar war in hellen Farben gehalten. Links und rechts neben der Kanzel befanden sich die Bilder zweier Apostel. Die Orgel stammte von der Orgelbauanstalt Sauer in Frankfurt (Oder). Sie wurde 1883 auf die Westempore gebaut und besaß 18 Register.

Im Frühjahr 1945 erlitten Turm und Kirchenschiff schwere Beschussschäden. Noch nach Beendigung der Kampfhandlungen brannte die Kirche aus ungeklärter Ursache mitsamt der Innenausstattung aus. Nach dem Krieg wurde zwar der Turm instand gesetzt, aber an den Wiederaufbau des Schiffes war nicht zu denken. Da aber am Pfarrhaus in der Bahnhofstraße nur der linke Giebel zerstört war, gab es Überlegungen, dort einen Kirchsaal einzubauen. Als Pfarrer Iskraut 1965 den Vorschlag zum Wiederaufbau der Kirche machte, lehnte ihn das Konsistorium wegen fehlender finanzieller Mittel ab. Nun verfiel die Ruine immer mehr, so dass 1973 der vollständige Abriss erfolgte. Der Turm sollte erst auch abgerissen werden, wurde aber dann 1974 mit staatlichen Mitteln restauriert. Seitdem ist der Landkreis für 99 Jahre Besitzer des Turmes.

Im Zuge der Neugestaltung des Marktplatzes im Jahr 1996 markierte man den Verlauf der Außenmauern des Kirchenschiffs durch eine Heckenpflanzung und durch besondere Pflasterung.

In den Jahren 2001/02 erfolgte eine umfangreiche Restaurierung des gesamten Turmes durch den Landkreis Märkisch-Oderland. Die feierliche Übergabe des Wahrzeichens Letschins fand am 1. Dezember 2002 statt. Im verglasten unteren Turmteil wird seit September 2003 eine kleine Dauerausstellung zur Geschichte der Kirche gezeigt.

Das Pfarrhaus für den ersten Pfarrer stand an der Stelle des Altenpflegeheimes „Haus Hanna" in der heutigen Rudolf-Breitscheid-Straße und wurde 1945 völlig zerstört. 1896 wurde in der Bahnhofstraße ein zweites Pfarrhaus errichtet, das 1945 nur wenig beschädigt war

und in das man 1949 mit dem Einbau des Kirchsaales begann. Um genügend Länge für den Kirchsaal zu bekommen, musste das Gebäude nach hinten verlängert werden. 1950 wurde der neue Saal durch Superintendent Siegfried Ringhandt anlässlich des Erntedankfestes in Dienst genommen. 1957 erhielt der Kirchsaal ein Harmonium. 1975 wurden die Holzbänke durch Polsterstühle ersetzt und 1978 kamen die modernen Altarmöbel dazu. 1992 erfolgte eine bauliche Erneuerung der Innenräume im Pfarrhaus und auch die Restaurierung der Außenfassade. Im Jahre 2006 zeigten sich gravierende bauliche Mängel wie der Befall mit Echtem Hausschwamm. Unter diesen Umständen musste die Kirchgemeinde 276.000 Euro aufbringen, um bis Mai 2008 das Gemeindehaus umfassend zu sanieren. Die Gottesdienste werden heute im neu erstandenen Kirchsaal oder aber im Seniorenheim gehalten. Seit 2010 umfasst die Evangelische Kirchengemeinde neben Letschin noch Groß Neuendorf/Ortwig und Kienitz/Sophienthal mit insgesamt 900 Gemeindegliedern. Dass es je zu einem Wiederaufbau der Letschiner Kirche kommt, kann sich in der Kirchengemeinde derzeit niemand vorstellen.

Kirche Wilhelmsaue

In den 1920er Jahren umfasste der Kirchenverband Wilhelmsaue die Gemeinden Wilhelmsaue, Posedin, Solicante und Amt Solicante und gehörte zur Parochie Letschin. Die Gemeinde Wilhelmsaue gibt es seit 1795, hatte aber damals noch keine eigene Kirche. Da der Besuch des Gottesdienstes für die Gemeinden Wilhelmsaue (in Letschin), Posedin und Solicante (Groß Neuendorf) angesichts der problematischen Wegeverhältnisse sehr beschwerlich war, erklärten diese drei Gemeinden, sich im Mittelpunkt der drei Kolonien aus gemeinsamen Mitteln ein Bethaus erbauen zu wollen. Nach entsprechender königlicher Erlaubnis wurde am 24. Juni 1819 der Beschluss gefasst, mit dem Kirchenbau zu beginnen. Am 10. Dezember 1820 fand im Rahmen eines Festgottesdienstes durch Superintendent Dibelius die feierliche Innutzungsnahme statt. Der Letschiner Pfarrer Eccius (bei Fontane Eccelius) hielt die Festpredigt.

Wegen verschiedener Baumängel geriet das Gotteshaus bald in den Zustand der Baufälligkeit und musste umgebaut werden. Am 18. April 1830 nahm es dann Pfarrer Eccius endgültig in Nutzung. Es war ein schlichter turmloser Fachwerk-Ständerbau mit Walmdach und ohne Glocken entstanden, der sich auch im Innern mit einer sehr schlichten Gestaltung präsentierte.

1843 schaffte sich die Kirchengemeinde eine 1751 in Göritz von Daniel Friedrich und Christian Gottlieb Nitzscher erbaute Orgel an, die lange Zeit in der Podelziger Kirche erklang.

Nachdem dieses Instrument gänzlich unbrauchbar geworden war, lieferte die Fa. Sauer in Frankfurt (Oder) im Dezember 1922 eine neue Orgel, die es auch nicht mehr gibt.

1992 schlossen die Kirchengemeinde und die Gemeinde Letschin einen Vertrag, der die Überlassung des Bethauses zur Nutzung durch die Gemeinde regelt. Dadurch wurde die staatliche Gemeinde in die Pflicht genommen, für die Unterhaltung und Sanierung zu sorgen, ohne dass die Eigentumsrechte verändert werden mussten. Lange war das Dach undicht, so dass das Fachwerk, die Deckenbalken und die Sparren an mehreren Stellen vom Schwamm zerfressen waren. Den übrigen Teil des Zerstörungswerkes erledigten Holzschädlinge wie Hausbock und Nagekäfer. In den Folgejahren gelang es, mit Hilfe öffentlicher Förderung den Verfall zu stoppen und das Gebäude durchgreifend zu sanieren. Im Juni 1995 waren die Erneuerungsarbeiten so weit vorangeschritten, dass die Außenhülle wieder im alten Glanz erstrahlte. Dabei hat sich der Förderverein verdient gemacht, der sich

Rückseite des Bethauses von Wilhelmsaue, fotografiert um 1925. Oderlandmuseum Bad Freienwalde

auch weiter um die Wiederherrichtung der denkmalgeschützten Kirche kümmerte. Alljährlich zu den Kunst-Loose-Tagen ist das alte Bethaus in Wilhelmsaue ein Haus der Kunst, das von vielen Interessierten aus nah und fern besucht wird.

Kirche Groß Neuendorf

Die heutige Kirche, ein Backsteinbau, wurde an der Stelle eines Vorgängerbaus aus dem Jahre 1706 nach Entwürfen des Baumeisters Flaminius völlig neu errichtet und am 07. November 1852 in Dienst genommen. Sie hatte einen Westturm, in dem drei Bronzeglocken hingen, die im Jahre 1708 von Johann Jacobi, Berlin, für die alte Groß Neuendorfer Kirche gegossen wurden. Sie konnten in beiden Weltkriegen vor dem Einschmelzen bewahrt

werden und läuten bis heute in einem separaten Glockenstuhl neben dem Kircheingang.

Von der alten Kirchenausstattung ist das prächtige Taufbecken aus versilbertem Kupfer erhalten geblieben. Es zeigt auf dem sechseckigen Rand vier geflügelte Engelsköpfchen und zwei bewegliche Griffe. Es wurde laut Inschrift der Kirche am 26. Februar 1707 von der Ehefrau des verstorbenen Frankfurter Bürgers und Seilers Michael Schreck, Eva, geb. Katzke, geschenkt. Auch die beiden zinnernen Altarleuchter sind noch vorhanden. Sie tragen die Widmung: „Diese Leuchter Schenket Johann Kazke. Krüger In Kiniz. In der Kirchen zu Neun Dorf 1706“.

Um dem Gegner die Orientierung zu erschweren, wurde im Februar 1945 der Turm gesprengt. Dabei erlitt auch das Kirchenschiff große Schäden.

Nach 1945 dachte hier zunächst niemand an den Wiederaufbau der Kirche, bis 1947 eine Pfarrerin in Gestalt von Frau Hannelore Reiffen in das Dorf geschickt wurde. Die gebürtige Bonnerin gehörte zu den ersten ordinierten Pastorinnen in der Berlin-Brandenburgischen Landeskirche. Sie blieb 20 Jahre in Groß Neuendorf. Erst 1960 konnte mit dem Wiederaufbau der Kirche begonnen werden. Das hochliegende Erdgeschoss wurde mit Gemeinde- und Unterrichtsräumen ausgebaut, zugleich als Wohnung für den Kantor Helmut Krüger mit seiner großen Familie. Heute lebt eine Künstlerin in diesen Räumen.

Im Obergeschoss befindet sich der große Kirchsaal mit Altar und Empore. Die Zwei-Zimmer-Pfarrwohnung dient heute als Winterkirche. Nach dem Krieg musste der Westturm komplett abgetragen werden. An seine Stelle trat ein Vorbau mit dem Eingang für Gottesdienstbesucher, auf dem man wieder einen Kirchturm errichten könnte.

Kirchenruine Groß Neuendorf während des Wiederaufbaus, fotografiert um 1955. Ephoralarchiv Seelow

Die Bausubstanz der Kirche ist gut und Sanierungen vorerst nicht nötig. Doch die Kirchgemeinde schrumpft und es fällt zunehmend schwer, das Gotteshaus mit Leben zu erfüllen. Von den Christen wird daher die Gemeinschaft im Größeren gesucht und es findet der Gottesdienst jede Woche in einem anderen Ort der Kirchengemeinde statt.

Kirche Ortwig

Ortwig erhielt 1706 eine Fachwerkkirche, die im Jahre 1849 von dem Schinkelschüler Karl Wilhelm Flaminius neu erbaut wurde. Der Backsteinfachwerkbau bestand aus einem rechteckigen Saal und einem quadratischen Westturm. Schon Anfang des 20. Jahrhunderts wurde dieser Flaminius-Bau zunehmend baufällig. An einem Feiertag soll der Pfarrer beinahe mit der hohen Kanzel abgestürzt sein.

1911 wurde neben der alten der Grundstein für die dritte Kirche gelegt. Der morastige Bruchboden erforderte eine massive Betonplatte, die den Ortwigern teuer zu stehen kam. Da der Boden an der Westseite sehr morastig war, entschloss man sich, den Turm im Osten direkt über der Apsis zu errichten. Von der Dorfstraße her bot die neue Kirche ein imposantes Bild. Über einem markanten Feldsteinsockel erhob sich das rot leuchtende

Backsteinmauerwerk des 1913 in Nutzung genommenen Gotteshauses. Eine Zeitlang standen beide Kirchen nebeneinander, was wegen der unterschiedlichen Stellung der Türme eine Aufsehen erregende Angelegenheit war.

Im Turm hingen die beiden Glocken von Johann Jacobi aus dem Jahre 1708, von denen die größere 1913 umgegossen werden musste.

Seit Ende Januar 1945 kam es vor Ortwig und in Odernähe zu schweren Kämpfen, bei denen die Kirche schwer beschädigt wurde. Nach dem Krieg sind Teile des Gebäudes, wohl zur Gewinnung von Baumaterial, abgerissen worden. Im Trümmerschutt fand sich die kleine Glocke wieder an. 1954 wurde in den Westteil der Ruine eine einfache Notkirche eingebaut. Die beiden Glocken hängte man im selben Jahr in die Laibungen der hohen Fensteröffnungen der erhalten gebliebenen Südwand.

Die neue Ortwiger Kirche, fotografiert 1913. Sammlung R. Schmook

In den Jahren 1990/91 ging man an die Beräumung der noch verschütteten Gebäudeteile. Dabei gelang es dem Maurermeister Detlef Bücker aus Kienitz, die noch vorhandenen Gebäudeteile auf einfühlsame Weise zu sanieren und zu sichern. Im Trümmerschutt fanden sich die beiden gusseisernen Gedenktafeln für die gefallenen Ortwiger in den Kriegen von 1814/15 und 1870/71 wieder an.

Im Sommer finden in der Kirchenruine Konzerte und Gottesdienste statt und man trifft sich unter freiem Himmel und dem Blätterdach der Bäume.

Kirche Kienitz

Die auf den Grundmauern eines Vorgängerbaus im Jahre 1831 errichtete neue Kirche war ein ansehnlicher verputzter Saalbau mit spitzem Westturm, 1894 zuletzt umfassend renoviert. Zur Ausstattung gehörten Emporen sowie und ein wertvoller, silbervergoldeter Kelch von 1579.

Im Turm hingen bis 1917 drei Glocken, eine von 1857, gegossen durch Gebrüder Bachmann, Berlin, und zwei von 1872, gegossen bei Friedrich Gruhl, Kleinwelka. Eine der beiden Kleinwelkaer Glocken musste 1906 bei M. und O. Ohlsson in Lübeck umgegossen werden. 1917 wurde sie zusammen mit der anderen 1872er Glocke an die Heeresverwaltung zum Einschmelzen abgeliefert. Zur Vervollständigung des Dreiergeläutes wurden 1921 von der Firma Schilling & Lattermann in Apolda zwei neue Glocken aus Gusseisen für Kienitz hergestellt. Sie läuten noch heute zusammen mit der 1857er Glocke im Turm.

Die Dörfer Reitwein und Kienitz wurden ab Ende Januar 1945 als Brückenköpfe der vorrückenden Roten Armee äußerst hart umkämpft. Im Keller der Kienitzer Kirche befand sich ein Befehlsstand der Roten Armee. Dadurch wurde der obere Turm durch gezielten deutschen Artilleriebeschuss aus dem Raum Letschin zerstört.

1949 kam Pfarrer Wilhelm Roder nach Kienitz, unter dessen Leitung ab 1951 der schrittweise, äußerst schwierige Wiederaufbau der bereits zum Abriss vorgesehenen Kirchenruine begann. Auf eine Wiederherstellung der Turmspitze musste verzichtet werden, desgleichen auf die Rekonstruktion des letzten Chordrittels. Durch die Errichtung einer Pfarrwohnung im Erdgeschoss sowie des neuen Kirchsaales und zweier Gemeinderäume im Obergeschoss entstand in jenen Jahren die Kienitzer Kirche neu. 1953 wurde sie als baulich gelungenes Provisorium in Dienst genommen.

Nach 1981 wurde auf Initiative der Pfarrfrau Erna Roder und mit ihrem ganz persönlichem Einsatz mit der Sicherung des bis dahin in ruinösem Zustand befindlichen letzten Chordrittels begonnen. Die Sanierungsarbeiten standen unter der Leitung des Maurermeisters Detlef Bücker. 1986 konnte die Ruine abgeputzt werden. Die Mauern wurden mit Dachsteinen eingedeckt. 1991 spendete Frau Roder, die sich weithin auch als Malerin einen Namen machte, eine neue Turmuhr. Die Pfarrersfrau hat durch ihre Bilder „ihre Kirche" vor dem schleichenden Verfall bewahrt. Durch den Verkauf ihrer Landschaften, Blumen und Tiere auf Dachschiefer, Papier,

Die Kienitzer Kirche als Kriegsruine Ende der 1940er Jahre. Sammlung R. Schmook

Pappe und Keramikfliesen, ihrer Figuren aus Stein und Beton und durch die Herausgabe ihrer Kalender von 1991 bis 2001 finanzierte sie die Instandsetzung des Gotteshauses. Damit erfüllte sie auch das Vermächtnis ihres 1981 verstorbenen Mannes, der die Kienitzer in den schwierigen Nachkriegsjahren von 1949 bis 1973 als Pfarrer begleitete. 2007 starb Erna Roder, die die Kienitzer Kirche als ihr Lebenswerk betrachtete, hochgeehrt als Ehrenbürgerin des Ortes und als Brandenburgerin des Jahres 1994.

2010 stand erneut eine umfassende Sanierung des durchfeuchteten Mauerwerks und des Putzes an. Im Mai 2011 begannen die Bauarbeiten. Es wurden zunächst das Gemäuer trockengelegt, das Fundament abgedichtet und die Fassaden saniert. Zinkbleche schützen die Mauerkronen. Die Fenster im Kirchsaal wurden erneuert und zwischen offenem Kirchenschiff und dem intakten Gebäudeteil steht jetzt eine Glaswand, die viel Licht in das Innere einlässt. Im Mai 2012 sollen alle Erhaltungsmaßnahmen abgeschlossen sein. Dann wird die Kienitzer Kirche nach dem Willen aller beteiligter Kirchgemeinden eine so genannte Radfahrerkirche – ein Ort zum Verweilen und Besinnen auf dem Oder-Neiße-Radweg.

Kirche Sophienthal

Die Kirche in dem 1764 angelegten, einstigen Spinnerdorf Sophienthal wurde von 1829 bis 1834 als so genannte Schinkelsche Normalkirche gebaut. Sie bestand aus einem rechteckigen, turmlosen Saal mit Backsteinfachwerk und einfachem Satteldach. Auch die schlichte Ausstattung des flach gedeckten Innern entsprach dem bescheidenen Eindruck, den das ganze Bauwerk schon rein äußerlich hervorrief. Zwei 1831 in der Königlichen Eisengießerei zu Berlin gegossene Glocken aus Gussstahl hingen in einem separaten hölzernen Glockenstuhl. Zur Innenausstattung gehörten zwei zinnerne Altarleuchter sowie eine Zinnkanne, jeweils aus der Erbauungszeit der Kirche stammend. In dieser Gestalt hat die Sophienthaler Kirche das Gesicht der einstigen Wollspinnerkolonie bis in die 1940er Jahre geprägt.

Die Kämpfe im Frühjahr 1945 hatte die kleine Kirche mit geringen Beschädigungen überstanden. Danach nahm man die Dacheindeckung ab. Das Hochwasser führte zu weiteren Schäden, so dass der Bau anschließend dem Erdboden gleich gemacht wurde. An seine Stelle trat 1964 eine bescheidene Kirchbaracke.

1993 wurde als erstes der Glockenstuhl wieder aufgebaut. Die beiden Gussstahlglocken fanden sich im Letschiner Kirchturm und auf dem Hof des Sachsendorfer Pfarrhauses wieder an. Zehn Jahre später plante die Kirchengemeinde, den maroden Ersatzbau durch einen Kirchenneubau zu ersetzen.

Das Fachwerk-Bethaus mit separatem Glockenschauer in Sophienthal, fotografiert um 1930. Mengel, P. F. (Hg.): Das Oderbruch. Zweiter Band, Eberswalde 1934, Tafel 28, Abb. 109

2005/2006 entstand anstelle der alten Kirche der Kirchenneubau mit 54 Quadratmetern Nutzfläche. Gut die Hälfte der Baukosten von 148.000 Euro haben die Dorfbewohner und Ortsnachbarn als Eigenleistung erbracht. Unter Planung und Leitung des Zimmermeisters Dieter Sawall aus Altbarnim bauten ehemalige Meisterschüler in nur drei Tagen das Fachwerkgerüst auf. Unter Anleitung von einheimischen Handwerkern packten viele Sophienthaler und auswärtige Mitstreiter mit an, um die Kirche gemeinsam fertig zu stellen. Es entstand ein Gotteshaus mit 42 Plätzen und vielfältigen Nutzungsmöglichkeiten auch für weltliche Feiern. Die neue Fachwerkkirche ist ein Werk echter Gemeinschaft von Christen und Nichtchristen, die mit eigenen Händen eine Begegnungsstätte schufen, auf die sie stolz sein können.

Kirche Neuhardenberg

Am 9. Juni 1801 zerstörte ein Großfeuer fast das gesamte Dorf, das damals noch „Quilitz" hieß, einschließlich der Kirche. Es handelte sich um einen Barockbau mit hohem, hölzernem Turmhelm, der unter Markgraf Carl Albrecht von Brandenburg-Sonnenburg (1705–1762) in den Jahren von 1737 bis 1747 errichtet worden

war. Diese auffällig große Saalkirche lehnte sich an einen vermutlich noch mittelalterlichen Kirchturm an.

1801 legte der erst 20-jährige Karl Friedrich Schinkel einen ersten Entwurf zum Wiederaufbau der Kirche vor. An der schließlich ausgeführten Bauplanung hatte allerdings sein Lehrer David Gilly als Chef der obersten königlichen Baubehörde einen großen Anteil. Außerdem flossen hier praktische Ideen des Wriezener Maurermeisters Johann Heinrich Neubarth ein. Weitere Veränderungen gab es an der Gestaltung des Turmes durch den Eberswalder Bauinspektor Johann Friedrich Ernst Mellin. Zu jener Zeit ist in den Quellen von einer weiteren Beteiligung Schinkels keine Rede mehr.

Im April 1802 begannen endlich die Wiederaufbauarbeiten. Wegen der knappen Geldmittel, die der Bauherr und Patron Bernhard v. Prittwitz zur Verfügung hatte, folgten sie dem mehrfach vereinfachten Bauplan. 1804 war die Kirche schon fast fertig, doch infolge eines Finanzierungsstreits und des Einmarsches der Franzosen ruhten die Bauarbeiten bis Mitte 1809. Die Indienstnahme des fertigen Baus fand dann am 10. Dezember 1809 statt.

1814 erhielt die Kirche einen neuen Patron in Gestalt des preußischen Staatskanzlers Carl August v. Hardenberg. Dieser ließ, wieder nach Entwürfen Schinkels und unter Hinzuziehung namhafter Künstler, 1817/18 für die beträchtliche Summe von 8.000 Reichstalern die gesamte Innenausstattung erneuern und repräsentativer gestalten. Von der bis Ende 1809 realisierten kargen Ausstattung ist heute nichts mehr zu erkennen. 1815 wurde Quilitz zu Ehren des Staatskanzlers in „Neu-Hardenberg“ umbenannt.

1823/24 wurde als letzte große Veränderung am Baukörper das Hardenberg-Mausoleum angebaut, und zwar in einer von Schinkel entworfenen Sparvariante.

Inneres der Neuhardenberger Kirche nach Westen. Foto: H.-J. Beeskow

Seitdem verstellt der Portikus dieses Mausoleums die Ostseite der Kirche, die ursprünglich drei Fenster hatte.

Im Innern hat die Kirche eine flache Decke, die dunkelblau getüncht und mit Sternen übersät ist. Drei Emporen werden von kannelierten Stützen getragen. Der Chor hat die Form einer halbkreisförmigen Apsis und ist in fünf durch Pilaster voneinander getrennte Wandfelder gegliedert. Links von der Kanzel finden sich die Evangelisten Matthäus und Markus, rechts Johannes und Lukas. Sie sind 1822 von dem Potsdamer Maler Josef Bertini geschaffen worden. Im mittleren Wandfeld ragt halbkreisförmig die Kanzel hervor. Der freistehende Altartisch steht auf einem vierstufigen elliptischen Unterbau. In seiner Rückwand befindet sich eine Nische, in der das Herz des Fürsten Hardenberg unter Glas gezeigt wird. Eine gusseiserne Platte vor dem Altar zeigt die Grabstätte von Joachim Bernhard von Prittwitz und seiner Frau an, die schon in der vorherigen Barockkirche bestand.

Am Reformationstag 1817 wurde die umgebaute Kirche in Dienst genommen. Ihr Innenraum erfuhr später durch verschiedene Bemalungen manche Veränderung.

Die Neuhardenberger Kirche ist eine architektonische Kostbarkeit und zählt zu den schönsten Kirchen der Mark Brandenburg. Der massige Turm mit seinem ovalen Glockengeschoss und dem Kegeldach, das schlichte Kirchenschiff und das Mausoleum an der Ostseite bilden, obwohl zu unterschiedlichen Zeiten errichtet, eine Einheit mit starker Ausdruckskraft.

Im Turm hängt eine der beiden Glocken, die 1874 von C. Voß und Sohn, Stettin, gegossen wurden. Die andere musste 1917 an die Heeresverwaltung zum Einschmelzen abgeliefert werden.

Den Zweiten Weltkrieg hatte die Neuhardenberger Kirche mit nur geringen Schäden überstanden. Doch in den Jahrzehnten nach dem Krieg verschlechterte sich zunehmend ihr Bauzustand. Der Turm war marode, das Dach defekt, das Mauerwerk feucht und die Innenausstattung stark sanierungsbedürftig. In den 1970er Jahren erfolgten Sanierungsmaßnahmen an den Holzbalken und am Mauerwerk, vor allem beim Mausoleumsanbau. Im Schinkeljahr 1981 erhielt die Kirche einen freundlichen Fassadenanstrich in Ocker. Mit den damaligen bescheidenen Möglichkeiten wurden laufend kleinere Schäden repariert.

In den folgenden zwei Jahrzehnten geschah nicht viel zur Erhaltung der Kirche, bis am 22. Oktober 1998 der „Förderverein Kirche Neuhardenberg“ gegründet wurde. Er sah sich vor die Aufgabe gestellt, den Sockelbereich des Außenmauerwerks, das Dachtragwerk und den Innenraum instand zu setzen. Außerdem waren Reparaturen am Dach und am Turm notwendig, alles in allem für 3 Mio. DM. Mit ersten Spenden und auch mit öffentlichen Mitteln begannen im Oktober 1999 die Arbeiten am Mauersockel und am Turmdach.

Nach der Sanierung der Hülle begann 2001 die Innenraumsanierung. Bei der Wahl der Farbfassung entschied man sich für die älteste von 1817. Hilfreich bei der Innensanierung war der symbolische Verkauf der 6260 Sterne an der Kirchendecke, die potentiellen Sternpaten zwischen 150 und 3.000 DM angeboten wurden. Im Januar 2002 war der dritte Bauabschnitt, das Hardenbergsche Mausoleum, abgeschlossen. Seitdem hat der Vorbau auch seinen historischen Schriftzug zurück, der da lautet: „PIO ANIMO POSUIT FILIUS“, auf Deutsch: „Einer frommen Seele vom Sohne gesetzt“. Am Palmsonntag 2004 ist mit einem Festgottesdienst die Kirche wieder in Dienst genommen worden. Noch aber waren nicht alle Erneuerungsarbeiten ausgeführt. Im Dezember 2004 konnte dann auch die Orgel nach aufwendiger Restaurierung wieder in Betrieb genommen werden. Es handelt sich um ein Instrument, das 1817 von Johann Simon Buchholz im Auftrage des Patrons Carl August Fürst von Hardenberg gebaut wurde. Nach der Wiederherstellung der historischen Bleiverglasung an den Emporentüren im Jahre 2006 näherten sich auch die Wiederherstellungsarbeiten im Innern dem Ende. Nach acht langen Jahren, in denen das Gotteshaus fast wieder so hergerichtet wurde wie zu Zeiten des Fürsten von Hardenberg, ist am Reformationstag des Jahres 2007 mit einem Festgottesdienst der Abschluss der Restaurierung gefeiert worden. Insgesamt hat die Erneuerung der Neuhardenberger Kirche 1,5 Mio. Euro gekostet.

Neben vielen kirchlichen Veranstaltungen ist die Kirche durch enge Zusammenwirkung mit der Stiftung Schloss Neuhardenberg auch ein Ort regelmäßig angebotener anspruchsvoller Konzerte, Lesungen und hochrangiger kultureller Ereignisse mit Künstlern von nationalem und internationalem Rang geworden.

Kirche Kiehnwerder

In den Jahren 1758/59 wurde auf der Quappendorfer Feldflur im Auftrage des Johanniter-Herrenmeisters Markgraf Carl von Brandenburg-Sonnenburg die Kolonie Carlswerder angelegt. Bis 1763 waren hier 27 Kolonisten angesetzt worden. 1762 setzte sich der alte Flurname „Kiehnwerder" wieder über den Ortsnamen „Carlswerder" durch. Die Schreibweise des heutigen Ortsnamens variierte von „Kühnwerder" (1763) über „Kienwerder" (1805) zu „Kiehnwerder" (1861). Diese letztere Schreibweise wurde um 1900 amtlich festgelegt und gilt bis heute. Kirchlich gehört Kiehnwerder zum Pfarrsprengel Neuhardenberg. Ein eigenes Kirchgebäude gab es zunächst nicht.

Kirchengeschichtlich stellt der Ort Kiehnwerder im Oderbruch eine Besonderheit dar. Hier befand sich das Zentrum einer Altlutherischen Gemeinde, die unter der Aufsicht des altlutherischen Ober-Kirchen-Kollegiums in Breslau stand. Die Altlutherische Kirche entstand, als König Friedrich Wilhelm III. 1817 in Preußen den Zusammenschluss der lutherischen und der reformierten Gemeinden anordnete. Einigen Lutherischen missfiel diese vereinigte Kirche, die als „Altpreußische Union" bezeichnet wird, weil sie dem Abendmahl als Sakrament eine tiefere Bedeutung als die Reformierten beimaßen. Führender Kopf dieser Separatisten war der Breslauer Theologieprofessor Johann Gottlieb Scheibel, weshalb die Leitung der Altlutherischen Kirche ihren Sitz in Breslau hatte.

1830 schlossen sich die Altlutheraner zur „Evangelisch-Lutherischen Kirche in Preußen“ zusammen (1845 staatlich anerkannt) und eines ihrer Zentren wurde Kiehnwerder. Hier bauten sich die Altlutheraner ein großes Gemeindehaus mit Pfarrwohnung und Kirchsaal.

Auch die unierten Christen besaßen in dem kleinen Dorf ein Gemeindehaus, in dem die Schule, die Lehrerwohnung und ein Betsaal untergebracht waren. Dieses Haus wurde 1898 anstelle des 1891 abgebrannten alten aus Backsteinen neu errichtet. Die darin befindliche Schule ist 1964 geschlossen worden. In dem ehemaligen Schulraum wurde anschließend eine Konsumverkaufsstelle eingerichtet, die es bis zum Ende der DDR gab. Der Betsaal aber ist noch immer in Betrieb und wurde 2011 von aktiven Gliedern der kleinen Gemeinde unter der Leitung des bis heute rührigen Kirchenältesten Rudie Fehrmann liebevoll instand gesetzt und renoviert. Bei dieser Gelegen-

Altlutherisches Pfarrhaus und Kirche in Kiehnwerder auf einer Ansichtskarte um 1914

heit erhielt der Gemeinderaum neue Fenster, eine neue Eingangstür und eine elektrische Heizung. Er hat einen kleinen Altar aus den 1950er Jahren und ist mit Stühlen ausgestattet. Auch wenn hier nicht mehr so oft Gottesdienst gehalten wird, bezeugt der gute Zustand der Predigtstätte, dass Gottes Wort in Kiehnwerder nach wie vor lebendig ist. Dazu trägt auch das gelegentliche Geläut der kleinen Glocke bei, die auf dem Friedhof in einem freistehenden stählernen Glockenstuhl hängt. Diese Glocke wurde zunächst in einem hölzernen Schauer direkt neben dem Betsaal geläutet. Als der Glockenstuhl in den 1970er Jahren baufällig wurde, erhielt sie den Schauer aus Stahl, der aus praktischen Gründen gleich auf dem Friedhof aufgestellt wurde.

Die altlutherische Gemeinde löste sich nach 1945 auf. Die letzten Gemeindeglieder schlossen sich damals der unierten Kirche an und besuchten deren Gottesdienste. Ihr Gemeindehaus verwaiste und wurde bald nur noch als Wohnhaus genutzt. Anfang der 1980er Jahre gab es Bemühungen, das Gebäude zu einem kommunalen Gemeindehaus umzubauen, was aber aus Denkmalschutzgründen nicht realisiert werden durfte. In der Folge setzte der Verfall ein, bis es 1989 die Familie Liebach käuflich erwarb. Bei dem nun folgenden Umbau hat sich das äußere Erscheinungsbild vollkommen verändert.

Kirche Wulkow

Die Umfassungsmauern der Wulkower Kirche bestehen aus Granitquadern und gehen auf die zweite Hälfte des 13. Jahrhunderts zurück. In den Jahren 1678/79 und 1705–1720 haben die jeweiligen Patrone das Gebäude umfassend reparieren lassen müssen. 1830 nahm der Patron Feldmarschall Wilhelm Magnus von Brünneck Verbindung mit dem Wriezener Landbaumeister Neubarth auf. Der sollte die Kirche im Laufe desselben Jahres reparieren, renovieren und erweitern. Der Um- und Ausbau

wurde dann im Juli 1831 vollendet. Dessen Spuren sind noch heute am Außenmauerwerk zu erkennen. Im Jahre 1845 erfolgte eine Erweiterung des Chors um zwei Fensterachsen nach Osten. 1873/74 erhielt die Kirche ihren jetzigen Turm in neugotischen Formen, worauf die Jahreszahl „1874“ in der Wetterfahne hinweist. Gleichzeitig befestigte man den steilen Aufstieg von der Straße. Aus jener Zeit stammte auch die Orgel, die der Carl August Buchholz-Schüler Wilhelm Bergen aus Halberstadt gebaut hatte. Sie wurde infolge Kriegseinwirkung so stark beschädigt, dass sie nach 1945 abgetragen werden musste. Der Innenraum wurde 1914 einer umfassenden Renovierung unterzogen.

Im Turm hingen gegen Ende des 19. Jahrhunderts zwei Glocken: eine mittelalterliche aus dem 16. Jahrhundert mit Minuskelinschrift („o maria hilf meir ven ich biama tv“) und eine von G. Collier, Berlin-Zehlendorf, 1899 aus einer älteren umgegossene, etwas größere. Letztere Glocke wurde 1917 an die Heeresverwaltung zu Kriegszwecken abgeliefert.

1945 trug die Kirche erhebliche Kriegsschäden davon. Bis 1952 hatte die Kirchengemeinde es geschafft, die Nordwand und den Ostgiebel zu reparieren, das Mauergesims zu erneuern, den Dachstuhl auszubessern und das Dach neu einzudecken. Als am Himmelfahrtstage 1952 die Wiederindienstnahme gefeiert wurde, konnte nicht geläutet werden, weil die noch verbliebene alte Glocke gesprungen war. 1954 und 1955 lieferte die Glockengießerei Apolda zwei neue Glocken.

In den nun folgenden Jahren fehlte der Gemeinde die Kraft, dem stetig fortschreitenden Verfall Einhalt zu gebieten. Mitte der 1980er Jahre wurden Schäden am Dach sichtbar. Im hölzernen Tonnengewölbe hatte sich starker Schwammbefall breitgemacht. Noch vor 1989 machte man sich daran, die Schäden zu beseitigen. Als die desolate Schalung gerade abgenommen war, kam das Ende der

DDR und auch das vorläufige Ende der Instandsetzungsarbeiten. Bis Mitte der 1990er Jahre stand nun die Wulkower Kirche mit kaputtem Dach und ohne Decke da und konnte so nicht mehr benutzt werden. Der Kirchengemeinde wurde empfohlen, sich zum Nachbarort hin zu orientieren und die Kirche aufzugeben. Dazu aber kam es zum Glück nicht.

Am 5. Dezember 1995 gründeten die Wulkower einen Förderverein, der sich in der Folgezeit Schritt für Schritt erfolgreich voran arbeitete. Zum Reformationsfest am 31. Oktober 1999 konnte das neue Dach gefeiert werden. Damit ging der erste Bauabschnitt seiner Vollendung entgegen. Diese erste Sicherungsmaßnahme kostete 210.000 DM, wozu der Förderkreis Alte Kirchen und der Verein selbst 70.000, das Land und der Bund zusammen 140.000 DM beigetragen hatten.

Dem Förderverein gelang es, die Rettung der Kirche zu einem Anliegen des ganzen Dorfes zu machen. Die Dorffeste fanden künftig auf der Festwiese hinter der Kirche statt, wobei die Kirche selbstverständlich mit genutzt wurde. Auch Hochzeiten gab es bereits wieder in der noch wenig ansehnlichen Kirche. Es kamen bald kleinere, bald größere Hilfen von außen, und ein Pensionär aus Berlin half mit vielen Ideen für Benefizveranstaltungen.

Unter dem Aspekt, dass sich für die rein kirchliche Nutzung die Mittel zur vollständigen Instandsetzung nicht aufbringen ließen, spielten auch andere kulturelle Nutzungen bei den Planungen stets eine Rolle. Neben den Benefizveranstaltungen arbeitete der Förderverein nun ein Jahresprogramm mit Vorträgen, Bus- und Fahrradexkursionen ab. Gemeinsam beriet man über die nächsten notwendigen Arbeiten.

2002 waren nach fünf Jahren auch das Tonnengewölbe fertiggestellt und die Sockel saniert. Es folgte die farbliche Fassung des Innenraumes nach dem Vorbild der

Ausmalung von 1874. Mittlerweile war das Gotteshaus zu einer beliebten Hochzeitskirche avanciert, doch Hochzeit ohne Begleitmusik wegen des Fehlens einer Orgel fanden alle Beteiligten sehr traurig. Dieses Problem wurde 2003 dadurch gelöst, dass die Orgel, die 30 Jahre lang in der Neuhardenberger Kirche ihren Dienst tat, am 6. Oktober des Jahres dort ausgebaut und nach Wulkow gebracht wurde. Am 1. Advent 2003 erklang nach 45 Jahren zum ersten Mal in einem Gottesdienst in Wulkow wieder eine Orgel. Es handelt sich um eine 1974 im VEB Frankfurter Orgelbau „Sauer" gebaute Schleifladenorgel (Opus 2010), die für die Kirche Neuhardenberg gebaut und dort auf der nördlichen Seitenempore aufgestellt war.

Im Dezember 2005 feierte der Förderverein sein zehnjähriges Bestehen und konnte auf eine erfolgreiche Dekade zurückblicken, in der ihm nichts weniger als die Rettung der Kirche gelungen ist. Inzwischen waren auch viele Details der Innenausstattung wieder hergerichtet, so z. B. die Beleuchtung, die Bänke, die Kanzel und einige Bilder. Pfarrer Krüger sprach im Festgottesdienst in seiner Predigt von der Phantasie, Energie und Einsatzfreude, die Menschen aufbringen können, wenn es um eine Herzensangelegenheit geht. Das könne man an der wiedererstandenen Wulkower Kirche ablesen.

Kirche Gusow

Schon 1405 wird in Gusow eine Pfarrkirche erwähnt. 1666 bis 1670 ließ der Generalfeldmarschall und Patron Georg Freiherr von Derfflinger (1606–1695) die Kirche umbauen und erweitern. Der lang gestreckte, viereckige, verputzte Bau aus Backstein hatte auf der Südseite

einen Anbau für die Patronatsloge und ehedem einen fast quadratischen Westturm. Das östliche Drittel mit der Derfflingergruft ist im 17. Jahrhundert völlig neu angefügt worden. Die reiche Innenausstattung entsprach den Ansprüchen des Bauherrn. Es gab einen Taufengel, einen prächtigen barocken Altar, eine reich geschmückte barocke Kanzel und das aufwendig gestaltete Grabdenkmal des Feldmarschalls. Dieses Epitaph erinnert mit den beiden halbnackten, gefesselten Gestalten, die auf einem sarkophagartigen Unterbau mit Inschrifttafel ruhen, an Arbeiten aus der Werkstatt von Andreas Schlüter. Den Marschallstab, Fahnen und andere Hinterlassenschaften Derfflingers, die vormals bei dem Epitaph deponiert waren, hat man 1895 zum 200. Todestag in das Berliner Zeughaus geschafft.

Die Orgel stammte aus dem Jahre 1889 und wurde unter Verwendung von Gehäuseteilen ihrer Vorgängerin von der Orgelbau-Anstalt W. Sauer in Frankfurt (Oder) erbaut.

Von den beiden Glocken der Gebrüder Bachmann, Berlin, aus den Jahren 1851 und 1857 wurde die eine 1917 abgeliefert und die andere 1945 zerstört. Eine Glocke von M. u. O. Ohlsson, Lübeck, musste 1917 abgeliefert werden. Eine zweite, wohl nach 1918 beschaffte Glocke von Ohlsson wurde 1942 zu Kriegszwecken eingeschmolzen.

Wenn die Kirche auch in ihrer äußeren Gestalt mannigfache Veränderungen erfuhr, so gaben ihr die Formen von Fenster und Türen sowie die Gestalt des Turmes mit seiner achteckigen Haube das Gepräge eines Baues aus dem 17. Jahrhundert. Auch das Innere trug überwiegend den Charakter der Erbauungszeit.

Im Frühjahr 1945 sprengte die Wehrmacht den Turm. Sonst aber blieb die Kirche weitgehend erhalten und unter Dach. In der unmittelbaren Nachkriegszeit wurde sie auf der Suche nach Brennholz und Baumaterial geplündert und verwüstet. Auch die Särge in der Derff-

Die Gusower Kirche in ihrer ursprünglichen Gestalt von Südosten auf einer Ansichtskarte um 1910

lingergruft wurden durchwühlt. In der offen stehenden Ruine, der mehrmals der Abriss drohte, verfiel das seiner Büste beraubte Derfflinger-Epitaph. Nach intensiven Bemühungen durch das Institut für Denkmalpflege gelang es im Oktober 1975, das Grabdenkmal in die Sebastianskirche nach Lietzen umzusetzen.

Im Sommer 1995 stand der Bonner Dr. Wolfgang Nitschke zufällig vor der Ruine. Er sammelte drei Jahre lang Spenden, mit denen bis Juni 2000 die Kirche einen neuen Dachstuhl samt Ziegeldach bekam. Bis 2003 waren Fußboden und Fenster erneuert, so dass in einem Festgottesdienst am 18. Mai 2003 Bischof Wolfgang Huber die Kirche nach 53 Jahren wieder in Nutzung nehmen konnte. Geholfen haben neben vielen Spendern auch die Landeskirche und die Deutsche Stiftung Denkmalschutz.

Schließlich konnte im Mai 2006 unter Mithilfe privater Spender und zweier Stiftungen das Derfflinger-Epitaph aus Lietzen zurückgeführt werden. Es wurde vervollständigt durch eine Nachbildung der Büste des Feldmarschalls.

Altar, Kanzel und Taufbecken sind Dauerleihgaben. Die Holzbänke stammen aus einer Berliner Kirche und der Leuchter aus der in den 1970er Jahren abgerissenen Platkower Kirche.

Die Gottesdienste wurden seit den Nachkriegsjahren in einem schlichten Kirchsaal im der Kirche gegenüberliegenden Pfarrhaus gehalten. 2005 zog der letzte Pfarrer Joachim Neubert aus, um in den Ruhgestand zu gehen. Seitdem ist die Pfarrstelle Gusow aufgelöst. Das Pfarrhaus war dringend sanierungsbedürftig, wozu sich die Kirchengemeinde nicht in der Lage sah und das Haus deshalb in Erbbaupacht in private Hände gab. Mit der neuen Besitzerfamilie wurde ein Nutzungsrecht vereinbart, so dass nach Beendigung der Sanierung des Hauses der Kirchsaal vor allem in den Wintermonaten wieder genutzt werden kann.

In ihm steht die Orgel, die 1980 für den Gemeindesaal im Pfarrhaus vom VEB Frankfurter Orgelbau „Sauer“ (Opus 2105) gebaut wurde.

In einem separaten Glockenstuhl neben dem Pfarrhaus läutet eine Glocke, die aus Friedersdorf stammt. Sie wurde 1673 von Meister Lorenz Kökeritz, Stettin, für die Friedersdorfer Kirche gegossen, musste 1942 abgeliefert werden, blieb aber erhalten und wurde der Gusower Kirchengemeinde überlassen, die nach 1945 keine Glocke mehr hatte.

Kirche Platkow

Über die erste Kirche in Platkow, deren Kern wohl noch mittelalterlich war, ist so gut wie nichts bekannt, außer dass sie 1686 im Auftrage des Kirchenpatrons Generalfeldmarschall von Derfflinger neu ausgemalt wurde. 1737 erhielt sie einen neuen Turm, der eine hölzerne Bekrönung hatte. 1812 musste diese Holzkonstruktion abgetragen und durch ein Provisorium ersetzt werden. Erst 1855/56 waren die Mittel vorhanden, den Kirchturm in massiver Bauweise wiederherzustellen. In den Folgejahren stieg die Seelenzahl am Ort, so dass sich die alte Kirche bald als zu klein erwies. 1877/78 erfolgte dann der imposante, massive Neubau mit 700 Sitz-

Die imposante Platkower Kirche, fotografiert um 1920. Sammlung R. Schmook

plätzen im damaligen Rundbogenstil unter Beibehaltung des Turmes.

Durch Kriegseinwirkung waren das Dach und der Turm beschädigt. Die Schäden waren nicht gravierend, wurden aber nicht nachhaltig behoben, so dass Witterungseinflüsse diese Schäden vor allem am Dach noch vergrößerten.

Die Gottesdienste fanden gleich nach dem Krieg im Gemeindehaus gleich neben der Schule statt, bis es an die Kommune abgetreten werden musste. Dann wurde in den 1950er Jahren eine Winterkirche mit Glasfront unter die Empore gebaut, wo dann bis Ende der 1960er Jahre die Gottesdienste gehalten wurden. Auch der Konfirmandenunterricht hat hier stattgefunden.

In einer Märznacht des Jahres 1969 brach über Nacht unter der Schneelast die gesamte Dachkonstruktion in das Innere des Kirchenschiffes. Schon vorher musste ein Teil des hohen Turmes wegen der nicht behobenen Schäden abgetragen werden. Doch auch weiterhin wurden in dem halb verfallenen Bau Gottesdienste gehalten, bis man ihn baupolizeilich sperrte. Schweren Herzens entschloss sich die Kirchengemeinde nun zur Aufgabe des Kirchengrundstücks. Am 24. September 1974 wurde die Kirche durch Soldaten der NVA gesprengt. Nach langen Verhandlungen mit der staatlichen Gemeinde wurde an der Letschiner Straße ein Stück Land erworben und dort aus den Steinen der alten Kirche ein Gemeindehaus erbaut. Bischof Albrecht Schönherr nahm es am 4. Advent 1975 in den Dienst der Gemeinde.

Das bescheidene Gemeindehaus wurde mit einer Orgel ausgestattet, die 1979 der VEB Frankfurter Orgelbau „Sauer“ lieferte (Opus 2088). Noch 1961 hatte die Gemeinde für die große Kirche eine Sauer-Orgel beschafft und diese nach dem Dacheinsturz nach Seelow verkauft. Jetzt soll sie, nachdem Seelow eine neue Orgel bekommen hat, in der Gusower Kirche ihren Platz finden.

1995 gab es diverse Renovierungsarbeiten am Platkower Gemeindehaus. Dabei bekam der Saal frische Farbe, eine größere Küche und eine moderne Gasheizung. Neue Türen und ein heller Außenanstrich geben dem Haus, in das man gerne geht, ein freundliches Aussehen. Neben dem Gemeindehaus steht ein Glockenstuhl mit der erhaltenen Glocke, die 1839 von G. Großheim in Frankfurt(Oder) gegossen wurde. Die zweite Glocke von M & O. Ohlsson, Lübeck, aus dem Jahr 1901 musste 1917 an die Heeresverwaltung abgeliefert werden.

Zum 1. Mai 1999 sind die bis dahin eigenständigen Kirchengemeinden Gusow und Platkow vereinigt worden. Seit 2005 die Pfarrstelle Gusow aufgelöst wurde, finden die Gottesdienste im Winter in Platkow und im Sommer in Gusow statt. Die Kirchengemeinde Gusow-Platkow gehört nunmehr dem Pfarrsprengel Neuhardenberg an.

Kirche Neuentempel

Kirche und Dorf sind Gründungen des Templerordens im 13. Jahrhundert. Die Dorfkirche ist im Kern ein rechteckiger, flach gedeckter Feldsteinbau. Der der Westfront breit vorgelagerte Turm ist etwas jünger und hatte bis 1945 einen über dem Ziegeldach sitzenden, achteckigen hölzernen Aufbau mit einer schlanken, kupfergedeckten Spitze. Sie stammte aus dem letzten Viertel des 18. Jahrhunderts und wurde von dem Königl. Preuß. Zimmermeister Buchholz in Cüstrin gefertigt. Der Turm ist von der Südseite aus zugänglich. Im Innern der Süd- und Westmauer liegt die alte Turmtreppe. An der Südseite des Schiffes sind ein vermauertes Rundbogenportal und ein spitzbogiges Portal erhalten. 1727 baute der Seelower Maurermeister Johann Christoph Schulze die südliche Vorhalle und vergrößerte auch die Fenster des Kirchenschiffs.

Im Innern hatte die Kirche einen reich geschnitzten farbenprächtigen Kanzelaltar mit dem Schliebenschen Wappen links und dem Wulffenschen rechts in dem Rankenwerk der Seitenverzierungen. Er war 1735 von Julius Schulz, Maler in Berlin ausgestattet und bemalt worden. Die übrige Ausstattung wie Taufe, Empore und Gestühl waren modern.

Die alte Orgel stammte von Dinse in Berlin und ging 1945 in den Flammen unter. Heute steht in der Kirche eine Orgel der Firma E. F. Walcker & Cie., Ludwigsburg/Württemberg (Opus 3305) aus dem Jahre 1954. Diese Orgel ist ursprünglich für die Kirchengemeinde

Neuenkirchen-Vluyn im Rheinland gebaut worden, kam dann 1995 als Geschenk an die Kirchengemeinde Falkenhagen und wurde von dort wegen Neuanschaffung einer größeren Orgel nach Neuentempel abgegeben. Die Umsetzung besorgte 1998 die Orgelbauwerkstatt Christian Scheffler in Sieversdorf.

Im Turm hingen früher drei Glocken. Eine mittelalterliche trug Darstellungen aus dem Leben Christi und wurde 1942 zu Kriegszwecken eingeschmolzen. Die 1776 von Friedrich Gotthold Körner, Küstrin, gegossene Glocke mit Inschrift wurde 1917 an die Heeresverwaltung abgeliefert. Erhalten geblieben ist die sehr wertvolle Glocke von 1421, deren Inschrift in gotischen Minuskeln lautet: „Anno domini milesimo ccccxxi ave maria gracia plena dns.“ Die zweite Glocke, die heute im Kirchturm hängt, hat 1767 Meister Johann Friedrich Thiele, Berlin, umgegossen. Ihre Herkunft ist noch ungeklärt. Sie musste 1942 abgeliefert werden, blieb aber erhalten. Es handelt sich um eine wertvolle Bronzeglocke mit Inschrift.

Diese Kirche wurde Mitte April 1945 von deutschen Truppen auf dem Rückzug in Brand gesteckt und brannte mitsamt der Innenausstattung völlig aus. Anfang der 1950er Jahre bauten die Neuentempler ihre Kirche in vereinfachten Formen wieder auf. Der Turm erhielt ein schlichtes Pyramidendach mit einem Kreuz auf dem First. Gestühl, Empore, Kanzel, Taufe und Altar stammen aus der Tischlerei von Neuentempel und tragen die Handschrift von Tischlermeister Otto Baier.

In der Nazizeit behauptete sich die Kirchengemeinde Neuentempel unter der geistlichen Führung des Pfarrers Friedrich von der Au als Bekenntnisgemeinde gegen die deutschen Christen. 1937 fand in Neuentempel unter großen Schwierigkeiten das Treffen der Bekenntnisjugend Ost-Brandenburgs statt.

Gegenwärtig ist Neuentempel Pfarrsitz der Kirchengemeinden Diedersdorf-Neuentempel und Görlsdorf-Worin-Alt Rosenthal.

Kirche Diedersdorf

Es steht zu vermuten, dass Diedersdorf bereits im Mittelalter etwa an der heutigen Stelle eine Kirche besaß. Nach den Zerstörungen des Dreißigjährigen Krieges haben die Burgsdorffs als damalige Besitzer und Patrone

Anfang des 18. Jahrhunderts eine neue Kirche errichten lassen. Von ihr ist noch der untere Teil des Westturms erhalten. Er weist Reste barocker Putzgliederung auf und hatte bis 1945 einen mit Pilastern und Gesims gegliederten Aufbau mit geschwungener Haube als Bekrönung. Seine Wetterfahne zeigte die Jahreszahl 1739. Um 1870/71 entstand vollkommen neu ein romanisierender rechteckiger Putzbau als einschiffiger Saal mit eingezogenem Chor.

Im Frühjahr 1945 erlitt auch die Diedersdorfer Kirche schwere Kriegsschäden. Turmaufbau und Haube mussten deshalb 1957 durch ein niedrigeres Pyramidendach ersetzt werden. Die Innenausstattung samt Orgel aus dem 19. Jahrhundert ist ebenfalls durch Kriegseinwirkung verloren gegangen. Eine 1844 von G. Großheim in Frankfurt (Oder) gegossene Glocke musste 1917 an die Heeresverwaltung abgegeben werden. 1920 erhielt die Kirche zur Vervollständigung des Dreiergeläuts zwei Stahlglocken, die im Jahre 2000 restauriert wurden. Die 1707 von Johann Jakobi, Berlin, gegossene Glocke ist möglicherweise 1942 abgeliefert worden.

Im Innern hat die Kirche eine flache Holzdecke. Der Altar, das Kreuz mit den Symbolen der Evangelisten, die Leuchter und das Taufbecken aus Messing stammen wie die hölzernen Sitzbänke aus den 1950er Jahren. Nur die Empore aus der Erbauungszeit blieb erhalten.

In der Altarnische befindet sich die Grabplatte des Christoph Friedrich von Burgsdorff (1642–1713) und seiner Frau Anna Hedwig, geborene von Röhren (1658-1722), mit den dazugehörigen Familienwappen. Ursprünglich stand diese Grabtafel zusammen mit einer zweiten für Erdmann von Burgsdorff (1638–1713) an der Westwand.

Kirche und Friedhof sind von einer hohen Backsteinmauer umgeben. Die repräsentativen, Zinnen bekrön-

Inneres der Diedersdorfer Kirche nach Osten. Foto: H.-J. Beeskow

ten Tore und die Umfriedung entstanden mit dem Kirchenbau 1870/71. An der Ostseite gibt es noch ein Stück der ehemaligen Feldsteinmauer. Vor der Südseite der Kirche liegt eine Grabplatte für Ludwig von Seidel (1851–1933).

Ende der 1950er Jahre wurde die Empore verglast, um sie als Winterkirche nutzen zu können. Heute besitzt die Diedersdorfer Kirche eine moderne Heizung, so dass auch im Winter in der großen Kirche Gottesdienst gehalten werden kann.

Kirche Görlsdorf

Noch zu Beginn des 20. Jahrhunderts bestand der Ort aus den Teilen „Ober und Nieder Görlsdorf". Die Dorfkirche lag in Nieder Görlsdorf und ist ein im Kern mittelalterlicher Saalbau mit einem fast quadratischen Westturm in Schiffsbreite. Die obere Hälfte des Turmes ist jünger als das Schiff. Sein ziemlich flaches Pyramidendach war 1836 an die Stelle einer barocken, hölzernen Bekrönung getreten. Der hölzerne Aufsatz aus jener Zeit fiel in den 1920er Jahren einem Blitzeinschlag zum Opfer. Das spitzbogige Westportal ist nach außen dreimal abgetreppt, die ähnliche ausgebildete Südpforte nur zweimal. Bemerkenswert sind die wuchtigen Strebepfeiler links und rechts des Westportals. Auch der Efeu, der sich den Turm emporrankt, macht einen imposanten Eindruck. Drei spitzbogige, schlanke Fenster aus der Erbauungszeit sind noch an der Außenseite der Südwand zu erkennen. Sehr alt ist auch die Sakramentsnische im Innern an der Ostwand.

Im Turm hingen bis 1917 drei Glocken. Damals musste die 1720 von Christian See in Berlin gegossene und mit dem Namen des Patrons Joachim Erdmann von Burgsdorff versehene Glocke an die Heeresverwaltung abgeliefert werden. Die 1559 von Sebastian Preger, Frankfurt (Oder), gegossene Glocke blieb erhalten. Sie trägt die Inschrift „VERBUM DOMINI MANET IN AETERNUM 1559". 1577 goss Preger eine zweite Glocke für Görlsdorf, die 1942 schon abgeliefert worden war, aber nach 1945 in die Kirche zurückkehrte. Beide Glocken gehören zu den wertvolleren im Kirchenkreis.

Im Innern hatte die Kirche einen Kanzelaltar, ein Gestühl sowie die West- und Südempore, die auf den durchgreifenden Umbau im Jahre 1854 zurückgingen. Taufe und Orgel waren noch jünger. Bis auf Teile des Gestühls wurden im Zuge schwerer Kampfhandlungen im April 1945 alle diese Ausstattungsstücke zerstört. Am Dach und am Ostgiebel hatte die Kirche starke Beschussschäden. Nach dem Wiederaufbau um 1950 musste das Dach von unten abgestützt werden. Die Wetterfahne auf dem Turm, der nur noch ein einfaches Pyramidendach trägt, zeigt die Jahreszahlen 1743 und 1950.

Görlsdorf gehörte Anfang des 20. Jahrhunderts noch zur Diözese Müncheberg und war eine selbstständige Pfarrstelle. Eingekircht waren Ober- und Nieder-Görlsdorf, Alt Rosenthal und Worin.

Kirche Alt Rosenthal

Die einfache rechteckige Anlage mit dem halb vor der Westfront stehenden quadratischen Turm bewahrt sicher noch Reste eines älteren Vorgängers in ihren Mauern. Die jetzige Kirche wurde unter Benutzung von Teilen eines wesentlich kleineren Baues 1697 begonnen und 1698 vollendet. Die Wetterfahne von 1698 ist noch erhalten. Patron war damals Jobst Sigismund v. Beerfelde. Als Baustoff ist meist Backstein und nur auf der nordwestliche Seite und im Turmunterbau Granit verwendet worden. Spuren älterer Fenster sind noch auf der Nordseite zu sehen. Auf der Südseite befindet sich eine Vorhalle zum Eingang mit der Patronatsloge im Obergeschoss, die jetzt als Winterkirche genutzt wird. Unter dem Ostteil der Kirche liegt ein adliges Erbbegräbnis.

Die Kanzel war in den Altartisch halbkreisförmig eingelassen. Zu ihr führten auf der Rückseite drei Stufen hinauf. Sie war wie auch das Gestühl Anfang des 19. Jahrhunderts entstanden. Nur der Pastorensitz stammte aus der Zeit um 1700. Eine Messing-Taufschale aus der Zeit um 1600 wird in Görlsdorf sicher aufbewahrt.

Im Turm hängt eine wertvolle mittelalterliche Glocke mit der in spätgotischen Minuskeln aufgetragenen Inschrift: „1508 . Maria . hilf . vnde . berat“. Auch die zweite Glocke ist, obwohl 1942 schon zwangsabgeliefert, erhalten geblieben. Sie wurde 1743 von Johann Friedrich Schramm, Frankfurt (Oder), aus einer älteren Glocke umgegossen und ist eine der wenigen erhaltenen Glocken dieses Meisters.

Im April 1945 nahm auch die Alt Rosenthaler Kirche schweren Schaden. Das Gestühl, die Orgel der Berliner Orgelbauanstalt Lang & Dinse, der Altar und die Kanzel sind damals zerstört worden. In der ersten Hälfte der 1980er Jahre veranlasste die Pfarrerin Wilde eine Erneuerung des Dachstuhls. Die gesamte Kirche wurde von innen neu verputzt, der Holzwurm bekämpft und die Wände ausgemalt. Die feierliche Wiederinnutzungsnahme geschah anlässlich der Konfirmation im Jahre 1984.

Kirche Worin

Worins Kirchlein ist ein rechteckiger Feld- und Ziegelsteinbau aus dem 15. Jahrhundert, der in der Barockzeit durchgreifende Veränderungen erfuhr. An der Südseite sind ein gotisches Portal und Reste schmaler, zugemauerter Fenster erhalten. Das östliche Drittel, ein Anbau aus dem 18. Jahrhundert, dient heute als Altarraum. Der Westturm aus schlecht bearbeitetem Feldsteinmaterial ist durch ein aus Backstein aufgemauertes, spitzbogiges Portal von Westen her zugänglich. Es gibt aber keine Verbindung zwischen Turm und Schiff. Die obere Hälfte des Turmes aus Holz hat als oberen Abschluss eine schindelgedeckte Pyramide.

Zwei Zugänge auf der Südseite führten ins Innere der Kirche. Der westliche hat eine aus Backsteinen gemauerte spitzbogige, abgetreppte Laibung, während der östliche zu dem Pastorenstuhl führte und heute vermauert ist.

Von der Nordseite aus gelangt man durch eine Tür unmittelbar in das Patronatsgestühl, das von innen nur über mehrere Stufen zu erreichen ist. Neben der Nordtür hängt ein Grabstein für Eva Tugendreich v. Hohendorff, gest. 28. März 1713. Am Ostgiebel hängen zwei weitere Epitaphe derer von Hohendorff: das eine von 1709 völlig verwittert und abgetreten, das andere für Barbara Sophie v. Hohendorff, gest. 6. Januar 1699. Die Grabsteine sind stellenweise durch Granatsplitter beschädigt.

Der Kanzelaltar und das Gestühl sind unter Verwendung barocker Reste in der Mitte des 19. Jahrhunderts umgebaut worden. Da die Kirche im Frühjahr 1945 durch Kriegseinwirkung kaum beschädigt wurde, ist die Inneneinrichtung samt den beiden Zinnleuchtern von 1693 erhalten geblieben. Von den beiden Glocken ist nur noch die mittelalterliche ohne jede Inschrift erhalten. Sie stammt wahrscheinlich aus dem 16. Jahrhundert. Die andere, 1735 von Christian Heintze, Berlin, gegossene Glocke wurde 1917 an die Heeresverwaltung abgeliefert.

Als eines der in der weiteren Umgebung durch Kriegseinwirkung kaum in Mitleidenschaft gezogenen Gotteshäuser war die Woriner Kirche vor 10 Jahren am meisten vom Verfall bedroht. Der gesamte Dachstuhl und

die Kirchendecke waren vom Schwamm befallen, die Balkenköpfe regelrecht verfault. Ende der 1980er Jahre kam zwar ein neues Dach auf die Kirche, aber der Dachstuhl darunter wurde nicht saniert. Aus verschiedenen Quellen konnten 2004 endlich die Mittel aufgebracht werden, um Anfang November mit der umfassenden Sanierung beginnen zu können. Zehn Monate nach Beginn der Arbeiten wurde die gelungene Rettung des Ortsbild prägenden Gotteshauses gefeiert. Dazu gehörten die Erneuerung des Dachstuhls samt der Dacheindeckung, ein neuer Schlemmputz und eine neue Turmhaube aus Lärchenholz. Am 11. September 2005 konnte erstmals seit Jahren wieder ein Gottesdienst in der Woriner Kirche gehalten werden. Vom einst wuchernden Efeu befreit strahlt die kleine Woriner Kirche in ihrem hellgelb getünchten Putzkleid, mit dem Dach aus rotbraunen Biberschwänzen und der hellen Lärchenholzverkleidung des Turmes von der Anhöhe inmitten des Dorfes herab. Die Restaurierung von Altar, Empore und Gestühl hat die Kirchengemeinde aus eigenen Mitteln finanziert. Die Farbgebung im Innern entspricht der einstigen Gestaltung nach der Vergrößerung der Kirche in der ersten Hälfte des 18. Jahrhunderts. Die Kirche erhielt eine Lehmdecke, deren rote Balken weiße Gefache abgrenzen. Die Wände sind in zartem Gelb gehalten. Ein schwarzer Strich trennt Decke und Wände.

Kirche Lietzen

Teile der Umfassungsmauern der jetzt verputzten Kirche dürften, soweit sie aus Granitquadern bestehen, aus dem 13. Jahrhundert stammen. 1244 wird die Kirche zum ersten Mal urkundlich erwähnt („capella que in villa Lessnitz est"). Der Turmaufbau aus Backstein über der Westfront ist auf einen Umbau im Jahre 1729 zurückzuführen und zuletzt 1897 erneuert worden. Dabei sind drei

gusseiserne Stützen zur Stabilisierung eingebaut worden. Das Westportal hat ein aus Backstein aufgemauertes, zweimal abgetrepptes Türgewände. Das ist auch beim Südzugang der Fall, vor den 1752 eine Vorhalle mit offenem, verziertem Dachstuhl gestellt wurde.

1729 erfolgte eine Vergrößerung der Fenster und der Einbau der Emporenanlage. Von letzterer sind unter der heute verglasten Empore noch Reste der Tragkonstruktion erhalten. Der Grundriss zeigt, dass es auch eine Seitenempore gab. Sie war seit 1752 von der kleinen Vorhalle aus zugänglich.

Es erscheint angesichts der vielen Glockenverluste im Kirchenkreis wie ein Wunder, dass in Lietzen alle drei Glocken erhalten blieben und bis heute läuten. Die älteste von 1477 trägt in Minuskeln die Inschrift: „anno . dni . LXXVII . ihesvs . maria . filivs . sit . nobis clemens et propicivs . amen“ (Im Jahre des Herrn 1477 sei uns Jesus, Marias Sohn, gnädig und nahe, Amen). Die mittlere zeigt das Schliebensche Wappen und die Buchstaben „A G v S“ sowie „C B G R V C Z L“, was „Churbrandenburgischer Geheimer Rat und Comtur zu Lietzen“ bedeutet. Diese Glocke wurde 1698 von Johann Jacob Mangold, Stettin, gegossen. Auf der dritten Glocke steht die Inschrift „Es goss mich George Hofmann in Franckfurtt Anno 1720.“

Im Frühjahr 1945 erlitt die Kirche schwere Kriegsschäden, die nicht sofort repariert werden konnten. Dadurch stürzten 1947 der beschädigte Turmhelm und der Dachstuhl in das Kirchenschiff und zerstörten die gesamte Inneneinrichtung. Zu ihr gehörte eine Renaissancekanzel mit Pastorenstuhl und eine Orgel, die 1825 von Johann Gottlieb Landow in Müllrose erbaut wurde. Verloren sind auch zwei Bronzeleuchter aus dem 16. Jahrhundert, ein zinnernes Taufbecken von 1666, ein silbervergoldeter Barockkelch, Patene und Ziborium aus Zinn.

Zwischen 1948 und 1954 bauten die Lietzener ihre Kirche wieder auf bei grundlegender Neugestaltung ohne

Seitenempore, aber mit Spitztonne. In jenen Jahren schuf die Mahlsdorfer Glaskünstlerin Katharina Peschel das Altar- und das Tauffenster. Erst 1970 stellte man im Altarraum links neben dem Altar eine neue Orgel auf. Ihre Aufstellung auf der Orgelempore war nicht mehr möglich, da sie zur Winterkirche ausgebaut worden war. Die Orgel stammt von der Orgelbau-Anstalt W. Sauer, Frankfurt (Oder), Opus 1934.

1976 ließ die Gemeinde die Außenwände neu verputzen, 1980 folgte dann die Erneuerung der Dacheindeckung. 1991 traten anlässlich der Innenrenovierung ein neuer Altar, eine neue Kanzel und eine neue Taufe an die Stelle der Ausstattung von 1954.

Weil sich der Bauzustand erneut verschlechtert hatte, waren 1997/98 umfangreiche Arbeiten zur Instandsetzung des Turmes und des Kirchenschiffes sowie zum Ausbau der Empore und zur Sicherung Dachstuhls der Vorhalle nötig.

Aufgrund großzügiger Hilfe des Landes Brandenburg, der Evangelischen Kirche in Berlin-Brandenburg und des Kirchenkreises Seelow sowie durch den Verkaufserlös des Pfarrhauses und anderer Mittel der Kirchengemeinde wurden Gesamtkosten in Höhe von 435.000 DM aufgebracht. Die komplette Turmkonstruktion sowie der Kirchendachstuhl wurden instand gesetzt und vom Echten Hausschwamm befreit. Der Turm erhielt eine neue Verschalung, das Kirchendach eine neue Eindeckung. Im Innern wurde die Emporenkonstruktion verstärkt und die Empore auf beiden Ebenen verglast. Außerdem erfolgten eine komplette Innenrenovierung, die Erneuerung der Elektroinstallation sowie der Einbau einer Bankheizung. Durch den Emporenausbau kann die Kirche für alle gemeindlichen Aktivitäten besser genutzt werden. Nachdem Lietzen nicht mehr Sitz des Pfarramtes ist und das Pfarrhaus in Erbpacht vergeben wurde, steht es der Kirchengemeinde dafür nicht mehr zur Verfügung.

Sebastianskirche Lietzen Nord (Komturei)

Barocker Taufengel in der Komtureikirche Lietzen Foto: H.-J. Beeskow

Eingefasst von einer Feldsteinmauer liegen in einer schönen, von See, Park und Hügeln umschlossenen Landschaft die Gebäude der im 13. Jahrhundert vom Templerorden begründeten Komturei Lietzen. Dessen Ordenshof und Besitzungen gingen nach Auflösung des Ordens im Jahre 1318 an den Johanniterorden über. Der Hof war Mittelpunkt einer Kommende, die vor 1229 durch eine 350-Hufen-Schenkung Herzog Heinrichs I. von Schlesien bzw. durch Zehntschenkungen des Bischofs von Lebus im Jahre 1244 begründet worden war. Diese Kommende umfasste neben Hof und Dorf Lietzen auch die Dörfer Gorgast, Heinersdorf, Neuhardenberg (Quilitz), Neuentempel und Tempelberg. An den Namen der beiden letztgenannten Orte ist die ursprüngliche Zugehörigkeit zu den Templern erkennbar. Aus der Zeit der Tempelritter stammt noch die Komtureikirche St. Sebastian, erbaut um 1245. Deren Backsteinchor ist eine Zutat aus dem 15. Jahrhundert, während der Ritzgrabstein im Innern der Kirche für den Magister Johannes de Neindorf († 1276) zu den ältesten Grabsteinen in der Mark Brandenburg zählt. Die stark abgetretene Grabplatte aus Kalkstein, deren Inschrift nur mühsam zu lesen ist, steht an der Südwand in Nähe des Altars. Ursprünglich lag sie über seinem Grab im Kirchenboden. Die Majuskelinschrift um die Figur des Verstorbenen lautet: „ANNO DNI (domini) MCCLXXVI . VIII IDVS APLIS (aprilis) . MAGISTER . JOHS (Johannes) DE . NEINDORP . CANOIC' (Canonicus) ECCE (ecclesie) SANCTI

SEBASTIANI . I (in)MACD (Magdeburgo) CVI' (cuius) ANIMA . REQVISCAT (requiescat)."

1727 wurde die Kirche mit dem charakteristischen Fachwerkturm versehen. In diesem Turm hängen drei Glocken, die alle 1698 von Johann Jacob Mangold, Stettin, gegossen wurden und jeweils Inschriften tragen. Sie konnten vor der Ablieferung in den beiden Weltkriegen bewahrt werden. Das Dreiergeläut hat musikalischen Wert. Außerdem handelt es sich bei diesen Glocken um drei der wenigen, die von diesem Meister überhaupt erhalten sind.

Die ehemalige Komtureikirche ist ein einschiffiger Bau mit fünfseitigem Ostabschluss, einer Sakristei an der Nordseite und dem Fachwerkdachaufsatz über der Westfront. Große Teile der Mauern bestehen aus sauber behauenen Granitquadern. Als die Kirche im 15. Jahrhundert ihre Kreuzgewölbe erhielt, mussten die größtenteils aus Backstein aufgemauerten Strebepfeiler vor die Außenseiten gestellt werden. Dabei wurde das Gotteshaus erhöht und mit einem aus Backstein gebildeten Fries geschmückt. An der Süd- und Nordwand sind noch Spuren der ursprünglich rundbogigen schmalen Fenster im Granitmauerwerk zu sehen. Die schönen Sterngewölbe im Schiff sowie die Einwölbung des Ostteils und die Kreuzgewölbe der Sakristei sind am Anfang des 15. Jahrhunderts entstanden.

Der reich geschnitzte, farblich gefasste Kanzelaltar gehört in das erste Drittel des 18. Jahrhunderts. Ein schwebender Taufengel stammt aus dem Jahre 1730. Die einfache Orgel von 1844 wurde wahrscheinlich von Carl Gottlieb Landow in Wriezen gebaut. Durch Kriegseinwirkung war die Orgel so stark beschädigt worden, dass man ihre Reste beim Wiederaufbau des Gotteshauses beseitigte. Eine neue Orgel konnte sich die Kirchengemeinde erst 1990 aus eigenen Mitteln leisten. Sie stammt von W. Sauer Orgelbau Frankfurt (Oder), Opus 2232.

Die Komtureikirche Lietzen hat, wie andere Kirchen in der Umgebung, einige nicht unerhebliche Kriegsschäden erlitten, die aber bald nach Kriegsende behoben wurden. Im Jahre 1984 begann eine zehn Jahre andauernde, umfassende Restaurierung, die ihren Höhepunkt 1987 bis 1989 mit der vollständigen Rekonstruktion der Turmhaube erlebte. Am 9. September 1989 ist die erneuerte Turmhaube wieder aufgesetzt worden. Mit Hilfe von Fördermitteln erfolgte dann bis 1994 auch die Restaurierung des Innern, so dass im Juni 1994 Pfarrer Kurt Krüger das Gotteshaus wieder in Dienst nehmen konnte.

Zu den künstlerisch wertvollen Ausstattungsstücken gehören ein aus dem Fußboden ragender figürlicher Kindergrabstein für Adolf von Thümen, geb, 1582, gest.

Kanzelaltar in St. Sebastian Lietzen Nord. Foto: H.-J. Beeskow

1585, der Grabstein für die am 13. Mai 1640 in Küstrin geborenen und einen Tag später verstorbenen Zwillinge Margarethe und Eva von Schlieben sowie ein Gedenkstein für Christian Friedrich von Schlieben, geb. 29. März 1633, gest. 28. Januar 1634.

In der Kirche hängen nach der Restaurierung auch wieder die drei schönen hölzernen Totenschilde mit plastischen bemalten Wappendarstellungen, und zwar für K. von Hohendorf (gest. 1544), V. von Thümen (gest. 1544) und Hans von Thümen (gest. 1595), die vordem im Herrenhaus aufbewahrt wurden.

St. Sebastian in Lietzen Nord, die ehemalige Komtureikirche, ist heute eine Privatkirche und wird von ihrem Eigentümer, Herrn Gebhard Graf von Hardenberg, liebevoll gepflegt als eine Stätte, in der auch in Zukunft Gottes Wort gepredigt wird.

Kirche Marxdorf

Die Marxdorfer Kirche, von alters her eine Filia von Lietzen, ist ein Feldsteinbau mit eingezogenem Chor und quadratischem Westturm aus der Mitte des 13. Jahrhunderts. Im 19. Jahrhundert erhielt sie das heutige Aussehen. Aus dem Jahre 1848 stammen der Kanzeleinbau und das Gestühl, ebenso die Empore an der Nord- und Westseite. Auf letzterer stand eine Orgel aus dem Jahre 1830 von Meister Johann Gottlieb Landow in Müllrose. 1945 wurde sie durch Kriegseinwirkung so beschädigt, dass sie nicht mehr zu gebrauchen war. 1968 kaufte die Kirchgemeinde ein ursprünglich für Kantor Stein in Frankfurt (Oder) als Hausorgel gebautes Positiv, das heute auf der zur Winterkirche ausgebauten Westempore steht.

Nach 1871 erfolgte die Errichtung des oberen Turmteils mit Spitzhelm in Backstein. 1880 bekam er ein neues Uhrwerk und 1895 sozusagen als krönenden Abschluss die Turmgalerie, von der aus man einen weiten Blick über das Dorf und die ganze Umgebung hat.

Im Turm hingen einstmals drei Glocken. Die 1770 von Friedrich Gotthold Körner, Küstrin, gegossene kleinste Glocke mit dem Namen des Markgrafen Friedrich Heinrich von Brandenburg-Schwedt wurde 1917 an die Heeresverwaltung abgeliefert. Die mittlere Glocke trug auf der Haube das Schliebensche Wappen mit der Umschrift: „A. G. v. S. C. Z. L.“ (A. G. von Schlieben Komtur zu Lietzen), ferner die Inschrift: „FECIT . JOH . JAC . MANGOLD AÔ 1699“. Auch sie ist wahrscheinlich 1917 abgeliefert worden. Einzig erhalten ist die sehr wert-

volle alte Glocke aus der Mitte des 14. Jahrhunderts mit der Majuskelinschrift: „O REX . GLORIE . VENI . CVM . PACE“.

Der altertümliche Türverschluss des Südportals stammt vom Ende des 17. Jahrhunderts und trägt auf der Innenseite die aufgemalte Inschrift: „Herzu und höret die worte des Herrn eures Gottes. Josua am 3 C. v. 9.“ Über dem Westportal ist außen ein Johanniterkreuz angebracht als Zeichen des einstigen Patronats.

Inneres der Marxdorfer Kirche nach Osten. Foto: H.-J. Beeskow

Im Frühjahr 1945 erlitt die Kirche besonders am Turm schwere Beschussschäden. Um nicht weitere Schäden eintreten zu lassen, deckte der Marxdorfer Gustav Pech das Kirchendach 1946 kurzerhand provisorisch mit Stroh. Es dauerte lange, bis alle Schäden richtig ausgebessert werden konnten. Erst am 15. Januar 1956 konnte das Gotteshaus wieder in Dienst genommen werden.

Nachdem 1990 das Kirchendach mit Betonsteinen neu eingedeckt und der Innenraum renoviert wurde, stellten sich 1994 gravierende Schäden am Turm und am Dachstuhl über dem Kirchenschiff heraus. Um die Kirche zu retten, gründete sich am 23. August 1996 der Förderverein „Alte Kirche zu Marxdorf bei Seelow e. V.“ Ab 1999 begann die umfassende Sanierung, die aus verschiedenen Quellen finanziert wurde. Die Vereinsmitglieder haben dabei einen großartigen Einsatz gezeigt. Bis zum Jahre 2003 waren alle Sanierungsarbeiten, vor allem am Dach und am Turm, abgeschlossen. Seitdem erstrahlt die alte Dorfkirche wieder im alten Glanz, als weithin sichtbares Zeichen des Glaubens.

Stadtkirche Seelow

Seit dem Mittelalter gab es in Seelow eine Propstei, eine geistliche Zentrale innerhalb des Lebuser Bistums, zu der neun Pfarrsprengel gehörten. Nach der Reformation führten die evangelischen Pfarrer den Titel „Propst" weiter, der erst während der Amtszeit des Pfarrers George Erasmus Kienscherf (1689–1718) erlosch. Zum Seelower Pfarrsprengel gehören von alters her Zernickow, Werbig und Langsow. Patron der Kirche zu Seelow war bis 1598 der Bischof von Lebus, danach der Kurfürst von Brandenburg und ab 1701 der preußische König.

Die alte Kirche, ein gotischer Bau aus Granitquadern und Backsteinen, wurde „Marienkirche" genannt. Sie hatte ein Kreuzgewölbe und der Überlieferung nach sogar zwei Turmspitzen. Beim großen Brand von 1630 durchschlugen diese Spitzen einen Teil des Gewölbes, während die Kirche ganz ausbrannte. Die stehen gebliebenen Mauern wurden 1650/51 wieder aufgebaut. Der Turm erhielt aber nur noch eine Spitze, die erhebliche Mängel hatte und 1735 ganz neu aufgesetzt werden musste.

Am 2. Weihnachtstag 1820 stürzte unmittelbar nach dem Gottesdienst die Südseite des Turmes ein, weil dringend notwendige Reparaturen unterblieben waren. Bis zum Abriss im Jahre 1830 wurde in der notdürftig gesicherten Kirche weiter Gottesdienst gehalten.

Die neue Kirche wurde, noch ohne Turm, im Jahre 1832 fertig. Die Pläne dazu hatte schon 1825 der Bauinspektor Siedler gezeichnet. Er wollte die alte Kirche unter Verwendung der noch erhaltenen Bauteile wieder

aufbauen, was aber von Karl Friedrich Schinkel, dem Chef der Oberbaudeputation, abgelehnt wurde. Erst der zweite Entwurf, der einen klassizistischen Neubau vorsah, fand Schinkels Zustimmung. Trotzdem revidierte er den Bauplan, indem er die Anordnung und die Form der Fenster änderte. Über den großen Fenstern fügte er eine Reihe kleinerer und quadratischer Fenster hinzu. Auch in die Gestaltung des Innenraumes griff er ein, besonders bei der Altarnische und den Proportionen der Emporensäulen. Durch diese Änderungen hat Schinkel die Architektur der Seelower Kirche wesentlich beeinflusst, sowohl innen als auch bei der Außenputzgliederung.

Im Jahre 1995 fanden Archäologen bei der Untersuchung eines Rohrleitungsgrabens nördlich der heutigen die Fundamente der alten Kirche. Der Kirchenneubau

Zerstörte Stadtkirche Seelow mit den Resten des gesprengten Turmes im Jahre 1945. Ephoralarchiv Seelow

von 1832 ist also etwas weiter südlich errichtet worden und steht auf neuen Fundamenten. Außerdem ist er stärker in Ost-West-Richtung gedreht. 1834 entwarf Siedler dann auch den Turm, dessen Ausführungszeichnung nicht von Schinkel, sondern von Herzdorf revidiert und mit einigen Änderungen versehen wurde. Mit der Fertigstellung des Turmes im Jahre 1837 bekam das Seelower Stadtbild für mehr als 100 Jahre die entscheidende Dominante.

Am 11. April 1945 wurde der Seelower Kirchturm von Wehrmachtssoldaten gesprengt, eine Woche vor der Eroberung der Stadt durch die Rote Armee. Die Turmtrümmer stürzten in das Kirchenschiff und beschädigten es schwer. Tage später verwüstete ein Brand auch noch das Kirchenschiff. Lediglich die Glocke von Franz Dubois aus Lothringen, gegossen 1630, blieb erhalten. Sie stürzte 1945 bei der Sprengung des Kirchturms ab und sprang. Die beiden von Johann Friedrich Thiele, Berlin, 1791 umgegossenen Glocken mussten bereits 1917 an die Heeresverwaltung abgeliefert werden. Wie durch ein Wunder blieben auch trotz aller Zerstörung eine kupferne Taufschale von 1836, drei Altarleuchter und vier Engelsskulpturen von der Taufe erhalten.

Die alte gotische Marienkirche in Seelow auf einer kolorierten Zeichnung von F. W. Feller aus dem Jahre 1813. Evangelische Kirchengemeinde Seelow

Der Wiederaufbau ging etappenweise voran, je nach den finanziellen Möglichkeiten der Kirchengemeinde. Bis 1952 gelang es, den westlichen Teil wieder herzustellen. 1956 hatte das gesamte Kirchenschiff wieder ein Dach. Für den Turm reichte das Geld nicht, so dass der Unterbau in Höhe des Kirchendaches notdürftig abgedeckt wurde. Das Kirchenschiff teilte man in eine Winterkirche und einige Gemeinderäume. Große Verdienste um den Wiederaufbau der Kirche hat sich der damalige Superintendent Siegfried Ringhandt erworben, der oftmals selbst mit Hand anlegte. Gegen den Widerstand der extrem antikirchlich agierenden örtlichen Machthaber brachte er persönlich das Eisenkreuz auf dem Ostgiebel der Kirche an. 1978/79 erhielt das Kirchenschiff den alten gequaderten Putz aus der Erbauungszeit zurück sowie ein neues Dach.

Im Herbst 1994 erfolgte die Gründung eines Fördervereins für den Wiederaufbau des Kirchturms.

Sogleich entstanden mehrere Entwürfe, die äußerst kontrovers diskutiert wurden. Schließlich einigte man sich nach einigem Hin und Her auf den weitgehend originalgetreuen Wiederaufbau des alten Kirchturms und rechnete damit, dass es 20 Jahre dauern würde, bis die Mittel für den Bau zusammengebracht sind.

Anfang 1997 gelang es, den 1909 in Seelow geborenen Gründer des bekannten Otto-Versands Hamburg, Dr. h.c. Werner Otto, als Hauptsponsor für das Turmprojekt zu gewinnen. Damit war der Weg frei für den sofortigen Wiederaufbau des Kirchturms, der im September 1997 begann. Schon am 28. Februar 1998 war der neue Turm fertig. Das Richtfest, das Aufsetzen der Turmhaube, das Aufziehen der reparierten alten und zweier neu beschaffter Glocken und seine Indienstnahme zu Ostern 1998 fanden unter reger Anteilnahme der Stadtbevölkerung statt.

Im Spätsommer 1998 begann dann die bauliche Erneuerung des Kirchenschiffes. Dabei wurden Dach- und Dachstuhl erneuert, stilgerechte Fenster eingesetzt und der klassizistische Dreiecksgiebel über dem Chor rekonstruiert.

Als letzter Bauabschnitt wurde Ende 2001 die Erneuerung des Innenraumes in Angriff genommen. Nachdem Werner Otto schon 1,4 Mio. DM für den Kirchturm gespendet hatte, half er auch bei diesem Vorhaben mit einer finanziellen Zuwendung in Höhe von 785.000 DM. Im Rahmen eines Festgottesdienstes am 30. Juni 2002 im Rahmen der 750-Jahrfeier Seelows wurde der Sakralraum der Seelower Stadtkirche feierlich wieder in Dienst genommen.

Die alte, 1945 zerstörte Orgel war ein Werk (Opus 568) der Orgelbauanstalt Wilhelm Sauer in Frankfurt (Oder) aus dem Jahre 1892. Ihre Vorgängerin von 1832 stammte von dem Frankfurter Orgelbauer Carl Friedrich Baltzer. 1969 kam die für die Kirche in Platkow 1961 gebaute Sauer-Orgel (Opus 1733) durch Kauf nach Seelow und wurde auf der Westempore aufgestellt. Das für die

Inneres der Seelower Stadtkirche nach Osten. Foto: H.-J. Beeskow

große Kirche zu kleine Instrument sollte schon bald durch ein größeres ersetzt werden, doch darüber vergingen 40 Jahre. Am 9. November 2010 konnte dieses Vorhaben endlich abgeschlossen werden. Die Eberswalder Orgelbauwerkstadt Sander & Mähnert hatte in mühevoller Kleinarbeit eine englische Bryceson-Orgel aus dem Jahre 1893 auf der Westempore aufgebaut, die an jenem Tage in einem Festgottesdienst in Dienst genommen wurde. 75.000 Euro hat die Restaurierung des englischen Instruments gekostet, das bis dahin vergessen in einer ungenutzten Kirche in Wuppertal lagerte.

Als die Nazis die Macht auch in Seelow ergriffen hatten, regte sich besonders in der evangelischen Kirchengemeinde mutiger Widerstand. Seelow entwickelte sich zu einer Hochburg der „Bekennenden Kirche“ (BK), deren Anhänger sich der „Gleichschaltung“ durch das NS-Regime offen widersetzten.

Mit der Synode vom 29. bis 31. Mai 1934 in Barmen wehrten sich viele Christen gegen den Versuch der politischen Vereinnahmung der Kirche und ihrer Botschaft durch die Nationalsozialisten. In der „Barmer Theologischen Erklärung“ hielten sie fest, wovon sie nach der Bibel auf keinen Fall abweichen können. Daraus entstanden Konflikte mit dem Staat und den Teilen der Kirche, die sich vereinnahmen ließen („Deutsche Christen"). In Seelow spielten diese Auseinandersetzungen eine große Rolle, weil es hier eine große Anhängerschaft der Bekennenden Kirche gab.

Ab 1934 wurde der Seelower Pfarrer Johannes Pecina, dessen Gottesdienste regelmäßig von Hunderten besucht wurden, in schwere Auseinandersetzungen mit Partei und „Deutschen Christen" verwickelt. Wegen seines Einsatzes für die BK sollte er von der Kirchengemeinde ab dem 1. 1. 1935 nicht weiter beschäftigt werden. Die nazitreuen „Deutschen Christen" versuchten daraufhin, eigene Pfarrer in Seelow zu etablieren. In dieser schwierigen Situation konnte Pfarrer Pecina auf einen sehr großen Teil seiner Gemeinde zählen. Innerhalb eines Monats unterschrieben etwa 1500 Gemeindeglieder die „Rote Karte" und traten damit der Bekennenden Kirche bei. Damals hatte Seelow nur etwa 3.100 Einwohner.

Als Pfarrer Pecina am 7. Mai 1936 verhaftet wurde, berief der Bruderrat der BK aus Protest gegen die Drangsalierungen und aus Solidarität mit dem mutigen Pfarrer zum 2. Juli 1936 eine große Bekenntnisversammlung nach Seelow ein. Etwa 200 Pfarrer und Hunderte von Gemeindegliedern aus der ganzen Mark Brandenburg strömten zusammen. Weil die Kirche verschlossen war, kam es zu einer denkwürdigen Kundgebung auf dem Marktplatz. Die von den Versammelten gesungenen Choräle mögen den Machthabern in den Ohren gedröhnt haben.

Noch 1936 wurde Pfarrer Pecina nach Brodowin versetzt. Sein Nachfolger Rudolf Kehr setzte dessen Arbeit im Sinne der Bekennenden Kirche fort. Auch er wurde mehrmals inhaftiert, ebenso seine Frau Mechthild. Trotz aller Schwierigkeiten hielten sie an ihrer Überzeugung fest und fanden breite Unterstützung in der Seelower Kirchengemeinde.

Kirche Friedersdorf

Der einschiffige Granitquaderbau mit gerade geschlossenem, eingezogenem Chor und dem eingezogenen Turm hat seinen Ursprung im 13. Jahrhundert. Im Dreißigjährigen Krieg zerstört, hat ihn der Oberst Joachim Ernst von Görtzke reparieren lassen, nachdem er das Gut Friedersdorf 1653 durch Kauf erworben hatte. Durch Heirat seiner Tochter Elisabeth kam das Gut 1682 an die Familie von der Marwitz, in deren Besitz es bis 1945 verblieb.

1702 gab Johann Georg von der Marwitz der Kirche die heutige Gestalt, vor allem den charakteristischen Turmaufbau mit der offenen hölzernen Laterne und die an der Nordseite angebaute Patronatsloge. Der Hauptzugang führt von Westen her durch den Turmunterbau in das Innere der Kirche. Ein weiterer Zugang befindet sich auf der Nordseite des Chores durch die 1854 angebaute Sakristei. Die gegenüberliegende Tür bezeichnet den Zugang für die Patronatsherrschaft. Chor und Schiff sind mit einer überputzten, hölzernen Voutendecke mit Spätrenaissanceprofilierung versehen. Der Fußboden ist mit Ziegeln ausgelegt.

Der reichgeschnitzte Altar in den Formen der Spätrenaissance stammte wie die mit den vier Evangelisten verzierte Kanzel von 1612. Der hölzerne Taufengel war ein Schnitzwerk vom Anfang des 18. Jahrhunderts. Im Turm hingen einst vier Glocken. Erhalten ist die älteste von ihnen aus dem 15./16. Jahrhundert. Sie ist wertvoll und trägt in spätgotischen Minuskeln die Inschrift: „o

maria hilf vnde berat nv vnde tu alle sunt". Erhalten geblieben ist auch die 1673 von Lorenz Kökeritz, Stettin, umgegossene Glocke. Sie wurde 1942 zu Kriegszwecken abgeliefert, blieb aber erhalten und hängt heute in Gusow. Eine dritte Glocke, gegossen 1883 von C. Voß und Sohn in Stettin, wurde 1917 an die Heeresverwaltung abgeliefert. Außerdem gibt es noch die eiserne Uhrglocke von der Fa. Weule in Bockenem, die in der Laterne hängt. 1992 wurden zwei neue Glocken aus dem Bestand der Fa. Rincker aus Sinn in Hessen erworben. Ihre Finanzierung erfolgte aus Spendenmitteln und einem privaten Vorschuss. Damit war das Dreiergeläut wieder komplett und wurde am Karfreitag des Jahres 1992 von Superintendent Reinhardt Schmidt in Nutzung genommen.

Während der schweren Kämpfe im April 1945 entging der Turm zwar der Sprengung durch die Wehrmacht, doch traf eine Granate den Altarraum und zerstörte den Altar und die Sakristei bis auf die Umfassungsmauern. Die Gemeinde zog nach dem Krieg eine Mauer ein und trennte so den zerstörten Altarraum vom Schiff ab. Durch das undichte Dach traten bauliche Schäden am Kirchenschiff ein, die 1959 zur Sperrung der Kirche wegen Baufälligkeit führten. Die nächsten 25 Jahre verfiel die Kirche zusehends. Der Gottesdienst wurde im Pfarrhaus gehalten. Erst 1984 gelang es der Gemeinde und dem Kirchenkreis, das Dach in ehrenamtlicher Arbeit neu zu decken, was die Kirche vor dem endgültigen Verfall rettete.

Eine echte Chance zur umfassenden Restaurierung ergab sich erst durch die Wiedervereinigung Deutschlands und den Zuzug der Familie von der Marwitz. In den Jahren 1991 bis 1995 gelang mit Hilfe öffentlicher Förderung und der vom Bauherrn Kirchengemeinde aufgebrachten Eigenmittel die gründliche Sanierung der Bausubstanz. 1991 wurde der Turmhelm restauriert, im selben Jahr auch das alte Altarbild. In den folgenden Jahren erstand die Patronatsloge neu und wurde mit der Sakristei verbunden. Diese wird auch als Winterkirche und Gemeinderaum genutzt. Zwei Gemeindeglieder haben hier eine kleine Ausstellung zur Geschichte der Kirche eingerichtet.

Am Heiligabend 1993 konnte nach Jahrzehnten der erste Gottesdienst in der Kirche gefeiert werden. Während des Erntedankgottesdienstes im Jahre 1996 nahm die Friedersdorfer Kirchengemeinde die 1994/95 restaurierte Kanzel wieder in Nutzung.

Die alte Orgel, 1854 anstelle einer Barockorgel von 1708 von Carl August Buchholz, Berlin, eingebaut, war durch die Kriegsschäden unspielbar geworden und wurde zunächst 1946 von der Orgelbau-Anstalt W. Sauer in

Chorraum mit Altar in der Friedersdorfer Kirche, fotografiert um 1900. Kunstdenkmäler des Kreises Lebus. Berlin 1909, Abb.58

Frankfurt (Oder) repariert. Infolge des undichten Daches wurde das provisorisch wiederhergestellte Werk erneut unbrauchbar. Im Zuge der Kirchenerneuerung fiel die Entscheidung, für die erhaltene barocke Orgelempore ein Instrument anzuschaffen, das in Gestalt und Klang dem ursprünglichen entsprechen sollte. 1997 erteilte die Kirchengemeinde nach immerhin 40 Jahren ohne Orgel der Firma Kristian Wegscheider in Dresden den Auftrag, eine solche Orgel zu bauen (Opus 15). In einem Festgottesdienst am 26. September 1999 nahm Superintendent Roland Kühne das 350.000 DM teure Instrument mit seinen 826 Pfeifen in Nutzung. Der Bremer Domorganist Wolfgang Baumgratz präsentierte den Gottesdienstbesuchern mit Werken von Mozart, Bach und Buxtehude die volle Klangbreite des nach barocken Vorbildern gebauten Instruments.

Das Taufbecken und der Altar, die seit 2002 das Kircheninnere vervollständigen, sind Leihgaben der Kirchengemeinde Straupitz.

Zwischen 2002 und 2004 hat der Wilmersdorfer Bildhauer Roland Rother die beiden wandhohen Epitaphien aus dem 18. Jahrhundert restauriert. Beide Epitaphe hatten schwere Schäden, die der Künstler durch Nachformung fehlender Teile, ausschließlich nach alten Fotos, auf bewunderungswürdige Weise beheben konnte. Das eine ist dem Erbauer der Kirche, Johann Georg von der Marwitz (1638–1704), gewidmet. Es zeigt vor einem als Vorhang durchgebildeten Hintergrund einen hohen Sandsteinaufbau über einem sarkophagartigen Unterbau. Neben zwei weiblichen Figuren und den Abzeichen des Todes sind außer den Familienwappen die von Engeln gehaltenen Goldrahmen mit den in Öl gemalten Bildern des Verstorbenen und seiner beiden Gemahlinnen wiedergegeben. Das andere für August Gebhard von der Marwitz (1695–1753) hängt ebenfalls an der Südwand des Kirchenschiffes und ist nicht minder reich als das vorgenannte ausgestattet. Über einem sarkophagartigen Sockel mit der Inschrifttafel erhebt sich ein Obelisk, der, umgeben von Waffen und Trophäen und von Lorbeer umrahmt, das Ölbild des Verstorbenen nebst dem Familienwappen und 16 kleineren Wappen trägt.

Um sie vor Zerstörung in dem offenen Chorraum zu schützen, waren die beiden qualitätsvollen Sandstein-Grabsteine für Joachim Ernst von Görtzke (1611–1682) und seine Frau Lucia, geb. von Schlieben (1635–1659) jahrzehntelang in die Komtureikirche nach Lietzen ausgelagert. Inzwischen sind sie an ihren angestammten Platz an der Nordwand des Chors zurückgekehrt. J. E. von Görtzke ist einschließlich eines infolge einer Verwundung

Inneres der Friedersdorfer Kirche nach Westen, fotografiert um 1910. Sammlung R. Schmook

verkürzten Beines realistisch wiedergegeben. Er trägt eine reiche Rüstung und den Feldherrnstab. Seine Frau zeigt sich als jugendliche Gemahlin, einen Fächer in der Hand haltend. Beide sind als Ganzfiguren in Hochrelief-Darstellung ausgebildet. Den beiden Familienwappen sind 16 kleinere Wappen beigegeben.

In einer Rede zum Gedenken an die Verschwörung gegen Hitler im Jahre 1944 sagte einst der erste Bundespräsident Theodor Heuss: „So mag das Preußische als eine moralische Substanz begriffen werden. Und wenn irgendwo, dann steht Preußens Denkmal in einer Dorfkirche der Mark Brandenburg, in Friedersdorf." Es handelt sich um die steinerne Gedenktafel für den Obersten Johann Friedrich Adolf von der Marwitz (1723–1781), der sich im Siebenjährigen Krieg große Verdienste erwarb. Als er aber im Jahre 1760 auf Befehl Friedrichs des Großen das sächsische Schloss Hubertusburg plündern sollte, widersetzte er sich dem Befehl mit den Worten, dass „...sich dies allenfalls für Offiziere eines Freibataillons schicken würde, nicht aber für den Kommandeur Sr. Majestät Gensdarmes!" Der Oberst fiel daraufhin in Ungnade und reichte mit 46 Jahren seinen Abschied vom Militär ein. Auf der genannten Gedenktafel in der Friedersdorfer Kirche stehen die berühmten Worte: „Er sah Friedrichs Heldenzeit und kämpfte mit ihm in allen seinen Kriegen. Wählte Ungnade, wo Gehorsam nicht Ehre brachte."

In Friedersdorf kümmert sich ein Freundeskreis um die große Vergangenheit des Ortes. Zu diesem Kreis gehören auch Hans-Georg und Dorothee von der Marwitz, die seit 1991 eine große Landwirtschaft am Ort betreiben und damit in der Tradition der Vorfahren stehen. Ein schöner Erfolg der Bemühungen des „Freundeskreises Friedersdorf" ist die weitgehend restaurierte Dorfkirche mit den berühmten Grabdenkmälern. Auch das von einer hohen Mauer umgebene Erbbegräbnis der Familie von der Marwitz, das Ende der 1980er Jahre teilweise geschändet war und den Anblick beispielloser Verwüstung bot, präsentiert sich heute wieder in einem würdigen und gepflegten Zustand. An der Kirche wurden 2009 Werterhaltungsmaßnahmen am Dachstuhl und an den Fassaden ausgeführt, ein Zeichen dafür, dass die Kirchengemeinde die laufende Erhaltung des mit so viel Engagement wiederaufgebauten Gotteshauses nicht aus den Augen verliert.

Kirche Neulangsow

Wenn man vor der bescheidenen Kirchbaracke in Neulangsow steht, kommt man zunächst nicht auf die Idee, dass die friderizianische Koloniesiedlung einst eine richtige Kirche mit Turm besaß. Der noch heute recht große Ort gehört zu den späten Kolonistendörfern, die nach 1764 durch Friedrich den Großen angelegt wurden. Die Bewohner waren zumeist Wollspinner, von denen je zwei Familien in einem Doppelhaus wohnten. Ausgestattet war jede Familie mit drei Morgen Land, von dessen Bewirtschaftung allein sie nicht hätte leben können. Patron war das Domänenamt Wollup, von wo aus auch der Kirchenbau veranlasst und finanziert wurde.

Die Kirche war ein rechteckiger verputzer Backsteinbau aus friderizianischer Zeit mit einem hölzernen Dachturm über der Westfassade. Aus dem quadratischen Unterbau wuchs die in ein Achteck überführte, mit Schiefer

Die Neulangsower Kirche, ein Putzbau mit verbrettertem Dachturm, fotografiert um 1910. Oderlandmuseum Bad Freienwalde

gedeckte Turmhaube heraus. Das Kirchendach selbst trug eine konventionelle Biberschwanz-Deckung. Man betrat die Kirche durch eine Tür inmitten der Nordwand. Im Innern stützten zwei Reihen quadratische Holzsäulen die Balkendecke. Die gesamte Innenausstattung gehörte der Erbauungszeit an und war preußisch schlicht. Die Orgel war ein Werk der Gebrüder Dinse, Berlin. Im Turm hing eine Glocke, die 1819 von dem Glockengießer Gottlieb Großheim, Frankfurt (Oder), gegossen und 1945 zerstört wurde.

Bei den schweren Kämpfen im Frühjahr 1945 brannte die Kirche völlig aus. Zurück blieb ein Schutthaufen, neben dem man in den Nachkriegsjahren eine Kirchbaracke errichtete.

Heute ist von der alten Kirche nichts mehr zu sehen. Die Baracke aber steht noch immer und ist nach wie vor der Ort, an dem sich in Neulangsow die Christen zum Gottesdienst versammeln.

Kirche Golzow

Die ehemalige Golzower Kirche war ein verputzter Backsteinbau aus der Mitte des 18. Jahrhunderts. Sie wurde 1854/55 durch Hinzufügen von Anbauten zu einer kreuzförmigen Anlage umgestaltet. In dem Dachreiter über der Vierung hingen zwei Glocken, die von J. F. Thiele, Berlin, 1748 und 1749 gegossen wurden. Die erstere musste am 17. Februar 1942 zu Kriegszwecken („als Metallreserve unserer Rüstungsindustrie") abgeliefert werden, die andere schon im Jahre 1917. 1955 beschaffte sich die Kirchengemeinde mit Hilfe von Spendenmitteln von der Fa. Schilling & Lattermann in Apolda zwei neue Gussstahl-

Die Golzower Kirche vor ihrer Zerstörung. Oderlandmuseum Bad Freienwalde

glocken, die in einem massiven Glockenstuhl aus dem Jahre 1953 neben dem Gemeindehaus aufgehängt sind.

Gusow war Mater von Genschmar und Zechin, bis 1852 die Filia Zechin mit den so genannten Buschdörfern Lehmannshöfel, Gerickensberg und Baiersberg abgetrennt und unter dem Namen „Golzow II" zu einer selbstständigen Parochie mit dem Pfarrsitz in Zechin erhoben wurde. Kirchenpatron war der Landesherr.

Im Jahre 1911 war es nötig, die Kirche einer umfassenden Renovierung vom Fundament bis zur Wetterfahne zu unterziehen. 34 Jahre später, im Frühjahr 1945, wurde die Golzower Kirche infolge intensiver Kampfhandlungen um den Ort schwer beschädigt. Dabei ging auch die gesamte Innenausstattung verloren, einschließlich der 1868 von Ferdinand Dinse, Berlin, stammenden, 1911 von der Orgelbau-Anstalt W. Sauer in Frankfurt (Oder) umgebauten Orgel. Die Umfassungsmauern der Kirche waren jedoch noch vorhanden. Ihr Abriss erfolgte in den 1950er Jahren. Um die Kirche für immer aus dem Ort zu tilgen, wurde selbst der Standort unkenntlich gemacht, indem eine Straßenkreuzung direkt darüber gelegt wurde.

Auch das Pfarrhaus war schwer zerstört worden.

Bevor der erste nach dem Krieg in Golzow amtierende Pfarrer Heinz Korb (bis 1952) zusammen mit der Kirchengemeinde an den Wiederaufbau des aus dem Jahr 1908 stammenden Pfarrhauses gehen konnte, fanden alle kirchlichen Veranstaltungen in der alten Schule statt. Im dann wiederaufgebauten Pfarrhaus richtete sich die Kirchengemeinde um 1950 einen Kirchsaal ein, in dem bis heute Gottesdienst gehalten wird.

Der Kirchsaal wurde in den Jahren 1992/93 komplett erneuert. Neue Elektrik, Fenster und Heizung wurden eingebaut. Der Fußboden erhielt einen Fliesenbelag. Der Zugang zum Kirchsaal liegt an der linken Seite des Pfarrhauses.

Der Altarraum im Kirchsaal ist um zwei Stufen erhöht. In der Mitte dieses Raumes steht der Altartisch, auf dem ein Kruzifix seinen Platz hat. An der Wand hinter dem Altar hängt ein relativ großes Holzkreuz, das den Sakralraum besonders akzentuiert.

Links im Altarraum befindet sich die hölzerne Kanzel und rechts die Taufe. Sie ist achtseitig und ebenfalls aus Holz gearbeitet.

Inneres der Golzower Kirche nach Osten auf einer Ansichtskarte um 1935

Kirche Genschmar

Genschmar hatte ursprünglich keine eigene Kirche. Erst 1664 ist ein Kirchenbau belegt. Vielleicht hat diese Kirche schon 1613 gestanden, denn auf der ältesten Genschmarer Kirchenglocke war diese Jahreszahl eingraviert. Gegen Ende des 17. Jahrhunderts wurde Genschmar eine Filia von Golzow. 1768 befand sich die Kirche in einem desolaten Zustand, so dass im Folgejahr umfangreiche Reparaturarbeiten begannen.

Bei einer Bauinspektion im Jahre 1833 wurde festgestellt, dass sich der im 18. Jahrhundert angebaute Teil der Kirche, die insgesamt aus Fachwerk bestand, gesenkt hatte. Da beim Läuten Kirchturm und Chor wankten, wurde die Abnahme der Glocken verfügt. Erst 1854 sollte der Glockenstuhl repariert werden. Da aber das alte Kirchengebäude zu baufällig war, wurde daneben ein separater Glockenstuhl errichtet. Anschließend plante man einen Neubau, der 1862 vollendet war. Die neue Genschmarer Kirche war ein neugotischer Ziegelbau mit spitzer Turmpyramide.

Im Turm hingen zwei Glocken, von denen die ältere, 1613 von Sebastian Preger , Frankfurt (Oder), gegossene, 1945 zerstört wurde. Ein Rest dieser Glocke wird in der Kapelle aufbewahrt. Die andere, ein Umguss aus dem Jahre 1890 von Hugo Collier, Berlin, war bereits 1917 an die Heeresverwaltung abgeliefert worden.

Die 1862 durch Ferdinand Dinse, Berlin, gebaute Orgel ging mit der Zerstörung der Kirche unter.

Im Frühjahr 1945 wurde die Genschmarer Kirche schwer beschädigt und in den Nachkriegsjahren nicht wieder aufgebaut. An den noch vorhandenen Fundamentmauern erkennt man die Umrisse des Gotteshauses.

Im Jahre 1953 wurde unmittelbar neben dem Friedhof eine rechteckige Kapelle errichtet, die von der Gemeinde als Gottesdienstraum genutzt wird. Die Kapelle, die mit einem Spitzdach versehen ist, hat seitlich je drei spitzbogige Fenster. Durch den kleinen, offenen Vorbau (Windfang) an der Westseite gelangt man in das Innere der Kapelle. Dieser hölzerne Vorbau wurde im Jahre 1995

Die Genschmarer Kirche von Süden auf einer Ansichtskarte um 1914

errichtet. Auf der gleichen Seite steht auf dem Dach ein Kreuz, das den sakralen Charakter des Bauwerkes unterstreicht.

Im Jahre 1995 erfolgte durch die Partnergemeinde in Rheinhausen (bei Duisburg) eine Innenrenovierung, wobei auch die Zugangstür erneuert worden ist.

An der Vorderseite des hölzernen Altars ist ein Kreuz eingearbeitet. Geschmückt wird der Altar von einem Kruzifix, das von zwei hölzernen Leuchtern umgeben ist. An der Altarwand hängt ein schlichtes, hölzernes Kreuz. Rechts vom Altar steht die Kanzel, die ebenfalls aus Holz gefertigt worden ist. Der gusseiserne, sechsflammige Kronleuchter datiert – wie die anderen Ausstattungsgegenstände – aus der Bauzeit.

Seit dem Sommer 2009 steht vor der Kapelle ein neuer hölzerner Glockenstuhl, in bemerkenswerter Handwerkstechnik errichtet, mit der gusseisernen Glocke, die 1952 für die Podelziger Kirche gegossen worden war.

Kirche Gorgast

Im Jahre 1771 wurde in Gorgast eine neue Kirche in Fachwerk erbaut. Bereits 1785 soll sie durch eine Feuersbrunst zerstört worden sein. 80 Schritte südlich von ihr entfernt, an der Chaussee Gorgast-Golzow, wurde 1886 mit dem Bau einer neuen Kirche begonnen. Hier entstand ein neugotischer, kreuzförmiger Backsteinbau mit hohem Westturm, der am 6. März 1888 während eines Festgottesdienstes durch den Berliner Generalsuperintendenten D. Braun in Gebrauch genommen wurde.

Die wertvolle Bronzeglocke aus der ersten Kirche, umgegossen 1784 von den Gebrüdern Fischer, Königsberg/Nm., befindet sich heute im Märkischen Museum Berlin (Stiftung Stadtmuseum). 1887 wurden für die neue Kirche drei Bronzeglocken von der Fa. Gustav Collier, Zehlendorf, gegossen. Die beiden größeren von ihnen lieferte man im Jahre 1917 an die Heeresverwaltung ab. Die kleine fiel 1942 der Kriegsrüstung zum Opfer. Von den drei Glocken aus Eisenhartguss, 1924 von der Firma Schilling & Lattermann in Apolda geliefert, blieben die beiden größeren erhalten. Die kleine wurde 1945 mit der Kirche zerstört. Die große Glocke hat einen Durchmesser von 160 cm und ist die größte im ganzen Kirchenkreis.

Im Frühjahr 1945 wurden Kirche und Pfarrhaus weitgehend zerstört. Zu der vernichteten Inneneinrichtung der Kirche gehörte auch eine 1886 gebaute Sauerorgel.

In beiden Gebäuderuinen fand sich zunächst kein Raum für den Gottesdienst. Ab 1947 wurde das Pfarrhaus unter Leitung des Pfarrers Werner Michalsky unter

schwierigen Bedingungen repariert. Darin fanden dann für einige Jahre die Gottesdienste statt. Die drei von der Kirche noch stehenden Umfassungsmauern und der durch Artilleriegeschosse gespaltene Turm sind im Dezember 1956 gesprengt worden. Unter Leitung von Pfarrer Klaus Zebe wurde anschließend im Pfarrgarten ein massiver Glockenturm errichtet, in dem die beiden erhaltenen Stahlglocken Platz fanden.

Im April 1958 erhielt die Kirchengemeinde die Genehmigung für den Bau einer neuen Kirche, und zwar auf den Grundmauern der alten. Ein Großteil der Steine hatten die Gorgaster aus den Trümmern des alten Gotteshauses gewonnen. Klaus Zebe, der der Kirchengemeinde neun Jahre lang (bis 1962) als Pfarrer diente, berichtet in seinen „Erinnerungen" u. a., dass es den Kreisbaudirektor, der die Baugenehmigung erteilte, „die Stelle gekostet hat; er hat den Kirchen-Neubau ohne Zustimmung des Staatssekretariats für Kirchenfragen genehmigt und damit seine Befugnisse weit und grob überschritten."

Am 25. August 1958 konnte das Richtfest des Kirchenneubaus gefeiert werden und ein Jahr später, zum Erntedankfest am 5. Oktober 1959, erfolgte die feierliche

Indienstnahme. Dieser Erntedankgottesdienst wurde empfindlich gestört, was aktenkundig überliefert ist. In einem Schreiben vom 8. Oktober 1959 reichte der Gemeindekirchenrat wegen der Störung Beschwerde beim Rat des Bezirkes Frankfurt (Oder), Abteilung Kirchenfragen, ein. In diesem Schreiben heißt es u. a.: „Zunächst erschien um 14.30 Uhr, als sich die Gottesdienstgemeinde sammelte, eine Staffel Motorräder auf dem der Kirche gegenüber liegenden Dorfplatz, ließ immer wieder die Motoren laufen und fuhr einige Male unter großem Lärm an der Kirche vorbei, in der bereits der Gottesdienst begonnen hatte. Die Motorräder verließen den Platz etwa 15.15 Uhr. Statt ihrer erschien ein LKW, der knapp 50 m von der Kirche entfernt hielt. Auf ihm saß eine Blaskapelle, die etwa eine halbe Stunde lang Musik machte. Ihr Erscheinen störte den Gottesdienst auf ganz besonders empfindliche Weise. ... Die Bevölkerung ist über diese Störung des Gottesdienstes empört. ... Es sind Stimmen aus der Gemeinde zu uns gedrungen, die diese Störung als offene Provokation gegen die Kirche bezeichnen und sie mit ähnlichen Störaktionen gegen die Kirche in der Zeit des Faschismus verglichen. Da der Abschnittsbevollmächtigte der VP (Volkspolizei) bei diesem ganzen Vorgang anwesend war und nicht eingegriffen hat, wenden wir uns hierdurch an das Amt für Kirchenfragen beim Rat des Bezirkes. Wir bitten: 1.) daß die für die Störung Verantwortlichen zur Rechenschaft gezogen werden; 2.) daß sich der Staat in Wahrnehmung seiner Verfassung von solchen Vorgängen distanziert; 3.) daß daraufhin gewirkt wird, daß in Zukunft derartige Störungen nicht mehr vorkommen."

Aufgrund dieser Beschwerde fand am 29. Oktober 1959 eine Aussprache zwischen Vertretern des Rates des Kreises, des Bezirkes und des Gemeindekirchenrates im Gorgaster Pfarrhaus statt. Über diese Aussprache gibt ein weiteres, erhalten gebliebenes Schreiben, das der damalige Pfarrer, Klaus Zebe, an den Cottbuser Generalsuperintendenten richtete, Auskunft: ... „Staatlicherseits wurde festgestellt, daß es sich auf keinen Fall bei der Störung des Gottesdienstes um eine bewußte oder gar gelenkte Aktion handelte. Der ganze Fall sei aber sehr bedauerlich und könne nur als grobe ‚Panne' bezeichnet werden. ... Es wurde die Zusicherung gegeben, daß die für den Zwischenfall Verantwortlichen angesprochen und zurechtgewiesen werden."

Trotz der genannten Störungen haben sich die vielen Menschen, die an dem Festgottesdienst am 5. Oktober 1959 teilnahmen, ihre „große Freude nicht nehmen lassen, im Gegenteil: es ließ uns um so näher zusammenrücken und beglückt und dankbar von dem neuen Bau Besitz ergreifen. Durch den vielfältigen, sehr persönlichen Einsatz ist die neue Kirche von vornherein ganz das Haus der Gemeinde geworden." So berichtet Pfarrer Klaus Zebe in seinen „Erinnerungen".

Den architektonischen Entwurf für die Kirche lieferte Kirchen-Oberbaurat Snell, der seinerzeit die Leitung des Kirchlichen Bauamtes Berlin innehatte. Der Sakralbau ist rechteckig und über dem Eingang mit einem Schleppdach versehen. Die zur Straße gerichtete Seite der Kirche hat acht rechteckige, schmale Fenster. Die Klinken der Eingangstür haben die Gestalt einer Taube und die Türhalter münden in Teufelsköpfen. Diesbezüglich ist vom Architekten der Kirche, Baurat Snell, der Satz überliefert: „Die Teufel müssen den Christen die Tür zur Kirche aufhalten."

Der Altar wird von einem Kruzifix geschmückt. Er steht vier Stufen erhöht. Hinter dem Altar befindet sich ein farbiges bleiverglastes Rundfenster, das den gekreuzigten Christus zeigt. Der Entwurf für dieses Rundfenster, das den Raum dieser Kirche prägt, stammt von dem Berliner Kunstmaler Günter Johl. Bei der Herstellung des Fensters fand südfranzösisches Kunstglas aus Arles Verwendung. Das Rundfenster wurde im Jahre 1960 in die Kirche eingebaut.

Kirche mit Kriegerdenkmal in Gorgast auf einer Ansichtskarte um 1925

Links vom Altar befindet sich die Kanzel, deren Brüstung gemauert ist. Rechts vom Altar steht eine steinerne Taufe. Sie ist in neugotischen Formen gehalten und stammt noch aus der alten Kirche. Auf der Südempore steht die 1969 von der Orgelbau-Anstalt W. Sauer, Frankfurt (Oder) gelieferte Orgel (Opus 1876). Sie hat zwei Manuale, ein Pedal und 13 Register.

Zum 50jährigen Jubiläum im Jahre 2009 erfuhr die Gorgaster Kirche eine umfassende Sanierung. Dabei fand sich im Turmknopf eine Kupferhülse mit interessanten Dokumenten aus den Jahren 1961 und 1962. Die Turmknopfurkunde hatte Pfarrer Zebe 1961 verfasst. Als ein Jahr später die Turmkugel noch einmal angefertigt werden musste, versah er seinen Text mit Nachträgen, die sich auf die aktuellen, auch für Gorgast gravierenden politischen Ereignisse bezogen. Die alten Dokumente mitsamt einer neuen Turmknopfurkunde sowie einem Bericht über die Kirchensanierung sind dem erneuerten Turmknopf wieder beigegeben worden. Am 11. Juli 2009 wurde in einem großen Festgottesdienst das 50-jährige Kirchenjubiläum gefeiert.

Kirche Manschnow

Über die alte Kirche in Manschnow, die im 18. Jahrhundert hier gestanden hat, ist so gut wie nichts bekannt. Von ihr existierten vor 100 Jahren nur noch die reichgeschnitzte hölzerne Taufe und ein Abendmahlskelch, datiert 1592.

Bis 1849 entstand eine neue Kirche als einschiffiger, rechteckiger und unverputzter Backsteinbau mit Westturm. Sie war im Innern flach gedeckt und mit Emporeneinbauten versehen. Im Turm hingen drei Glocken. Die wertvollste von ihnen, 1670 von Lorenz Kökeritz, Stettin, gegossen, ist erhalten geblieben. Die beiden 1848 und 1857 von Heinrich Christian Lange, Frankfurt (Oder) gegossenen Bronzeglocken sind im Ersten und im Zweiten Weltkrieg als Rüstungsreserve abgeliefert worden. 1954 hat die Kirchengemeinde bei der Fa. Schilling & Lattermann in Apolda eine neue, diesmal eiserne Glocke gießen lassen. Aufgrund von Kriegseinwirkungen wurde die Kirche im Frühjahr 1945 stark beschädigt, doch blieben die Umfassungsmauern erhalten. Der schwer beschädigte Turm musste teilweise abgetragen werden. Der östliche Teil der Umfassungsmauern mit dem Giebel wurde in voller Höhe belassen. An denselben ist 1954/55 auf dem Grundriss der alten Kirche ein wesentlich verkleinerter Kirchenneubau mit einem bescheidenen Turm angefügt worden. Einstweilen fand der Gottesdienst in der Schule statt, was nicht immer ohne Konflikte blieb. Über das kirchliche „Gustav-Adolf-Werk“ ist im Rahmen des „Allgemeinen Liebeswerkes 1953“ in der ganzen DDR für den Wiederaufbau gesammelt worden. Die Nägel, im Oderbruch der 1950er Jahre absolute Mangelware, schleppte Pfarrer Zebe aus Westberlin heran. Das Risiko, dabei verhaftet zu werden, war hoch. In Dienst genommen hat den wiederaufgebauten Kirchenteil der Generalsekretär des „Gustav-Adolf-Werkes" Pastor Gennrich aus Leipzig.

Schon ein Jahr später erwies sich der neue Saal als zu klein, so dass 1957 der Manschnower Gemeindekirchenrat den zweiten Bauabschnitt beschloss. Zunächst wurde der unbeschädigte Ostgiebel auf die neue Höhe reduziert. Der Altarraum erhielt ein Tonnengewölbe. Pfarrer Zebe erinnert sich: „Im Winter geht es dann wieder mit Hilfe eines eisernen Ofens weiter: an der Decke wer-

den die Leichtbauplatten angebracht und verputzt; die Elektrik wird eingebaut; die Wände werden geputzt. Im Frühjahr kommen die Dachdecker. … Zum Sommer hin geht der Innenausbau weiter. … Tischlermeister Richter baut das Gestühl und die Kanzel … und fertigt die Türen an, die Außentür aufgedoppelt in Eiche. Über das kirchliche Bauamt erhalten wir die Metall-Lampen und über den kirchlichen Kunstdienst beziehen wir die kunsthandwerklichen Leuchter und das Altarkreuz mit dem Gekreuzigten. … Dann ist es so weit: Am 9. November 1958 weiht Superintendent Ringhandt diesen vorderen Teil der Kirche ein. Er ist der eigentliche Kirchraum, in dem die Gemeinde von Sonntag zu Sonntag zu Hause ist und der sich auch an den Festtagen mit Chor und Bläsern bald bewährt hat.“

Der verkürzt aufgebaute Turm hat ein Pyramidendach und wird von einem Kreuz bekrönt.

Im Jahre 1991 erhielt die Kirche eine neue Gasheizung und 1996 wurden neue Fenster eingebaut. Weil das Dach undicht geworden war, mussten Anfang 1999 Turm- und Kirchendach neu eingedeckt werden. Dabei halfen viele Spender, die Kofinanzierung für die Mittel der Landeskirche aufzubringen.

Im Januar 2008 begann eine durchgreifende Sanierung mit dem Ziel, die unschönen Nässeschäden an Mauerwerk und Putz zu beseitigen. An diesen und anderen Instandsetzungsarbeiten haben sich nicht nur Christen beteiligt. Örtliche Firmen erledigten viele Arbeiten zu Sonderkonditionen oder gar ganz ohne Bezahlung.

Am 29. Juni 2008 konnte im Rahmen eines Festgottesdienstes die rundum renovierte Kirche wieder in Gebrauch genommen werden.

Der Altar, der drei Stufen erhöht steht, wird von einem Kruzifix geschmückt. Links vor dem Altarraum steht die hölzerne Kanzel und die achtseitige Sandstein-Taufe. Sie stammt noch aus der alten Kirche von 1849.

Die Manschnower Kirche in ihrer ursprünglichen Gestalt auf einer kolorierten Ansichtskarte um 1910

Auf einem Podium rechts vor dem Altarraum hat die Orgel ihren Platz und ist mit Manual, Pedal und sechs Registern ausgestattet. Sie wurde im Jahre 1969 als Opus 1877 von der Orgelbau-Anstalt W. Sauer, Frankfurt (Oder), als Serieninstrument vom Typ „N“ erbaut.

Gemeindehaus Küstrin-Kietz

Der Ortsteil der alten Festungsstadt war ursprünglich zur Stadtpfarrkirche in der Küstriner Altstadt eingekircht. Diese Kirche wurde 1945 zerstört, ihre Ruine in den 1960er Jahren gänzlich abgetragen.

Im Jahre 1908 erbaute die Kirchengemeinde im Küstriner Ortsteil Kietz ein großzügiges Pfarrhaus, in dem zuletzt der den „Deutschen Christen“ angehörende Superintendent Nagel wohnte. Die Kirchengemeinde selbst war hingegen der „Bekennenden Kirche“ zugetan. Pfarrer Rosenberg, der die Küstrin-Kietzer Gemeinde betreute, gehörte ebenfalls der „Bekennenden Kirche“ an.

Das Pfarrhaus in Küstrin-Kietz wurde 1945 völlig zerstört. Trotzdem lebte die Kirchengemeinde weiter und feierte ihre Gottesdienste in den Nachkriegsjahren zunächst in einem Bauwagen der Goßner-Mission. Angestellt waren zwei Katecheten, die die Kinder zur Christenlehre sammelten und auch die Gemeinde zusammenhielten. 1950 wurde Hans Neumann Pfarrer in Küstrin-Kietz und begann sogleich mit dem Aufbau des zerstörten Pfarrhauses, um es als neues Gemeindezentrum herzurichten.

Vor dem Krieg hatten die Küstrin-Kietzer den Betsaal der Herrnhuter Brüdergemeine in Kietz für Gottesdienste gemietet. Zu einem eigenen Kirchenbau, der wohl schon vor 1914 geplant war, ist es nicht mehr gekommen. Auch der Herrnhuter Betsaal war in den letzten Kriegsmonaten zerstört worden. Aus den Trümmern wurde Baumaterial gewonnen, um damit das Gemeindezentrum aufzubauen.

Am 7. Januar 1951 konnte die Kirchengemeinde den neuen Kirchsaal im Pfarrhaus in Nutzung nehmen. In diesem Kirchsaal findet sich die Kirchengemeinde bis zum heutigen Tag zu ihren Veranstaltungen zusammen. Ein Jahr nach der Kirchsaaleinweihung wurde dann das Pfarrhaus zum Gemeindehaus und gleichzeitig zum neuen Mittelpunkt des Gemeindelebens.

Von besonderer Bedeutung war der Bau des massiven Glockenturms im ausgedehnten Pfarrgarten, der von Vertretern der Staatsmacht misstrauisch verfolgt wurde. So musste das Baumaterial heimlich auf das Pfarrgrundstück gebracht werden. Zu Pfingsten 1953 konnte die Gemeinde erstmals den Gottesdienst mit Glockengeläut feiern. In dem Glockenturm sind zwei Glocken übereinander aufgehängt. Oben hängt eine kleine mittelalterliche Bronzeglocke (Dm. 57 cm) mit der Inschrift: „Gloryam cum pace referes“ (Du bringst den Ruhm mit Frieden zurück). Ihre Herkunft ist unbekannt. Die Glocke darunter besteht aus Eisenhartguss und wurde 1953 in der Fa. Schilling & Lattermann, Apolda, gegossen.

Die Ruine des Pfarrhauses in Küstrin-Kietz zu Beginn des Wiederaufbaus 1950. Ephoralarchiv Seelow

Im Jahre 2004 stellte sich heraus, dass die Bronzeglocke schadhaft war und nicht mehr geläutet werden durfte. Etwa gleichzeitig wurde folgendes bekannt: In der Stadtpfarrkirche Küstrin hingen einst vier Glocken, die 1769 von Friedrich Gotthold Körner, Freystadt, gegossen wurden. Die beiden mittleren fanden sich nach 1945 auf dem so genannten Glockenfriedhof in Hamburg wieder an. Sie waren dort 1942 als Rüstungsreserve hingebracht worden und zum Einschmelzen vorgesehen. Dazu ist es aber zum Glück nicht mehr gekommen. Weil sie dort gebraucht wurden und weil Küstrin nunmehr zu Polen gehörte, brachte man sie 1948 in die Maria-Magdalenen-Kirche nach Eberswalde. Dort läuteten sie neben drei weiteren Glocken 60 Jahre hindurch.

Als das in Küstrin-Kietz bekannt wurde, setzten im Verein für die Geschichte Küstrins und auch in der Kirchengemeinde Bemühungen ein, diese beiden Glocken wieder nach Hause zu holen. Aus Sorge um einen langjährigen Rechtsstreit verzichtete die Gemeinde jedoch 2006 auf die Rückführung und strebte nun stattdessen die Reparatur der schadhaften Glocke an.

Die beiden Küstriner Glocken künden nun weiterhin im Turm der Maria-Magdalenen-Kirche in Eberswalde von der Küstriner Stadtgeschichte. Auf der größeren steht die Inschrift: „Nach sehr traurigem Schicksal wurde mir am 15. August 1758 befohlen, zu verstummen. Ich wurde im Jahre 1769 restauriert, um Zeichen zu geben am Tag für die Ehre." Auf der kleineren steht zu lesen: „Am 15. August 1758 in Ruinen begraben, wurde ich aus den selben Ruinen 1769 wieder hergestellt. Nach erneuten Schicksalsschlägen, als der Lehm durch den Wind erneut zusammengestürzt war und mein Baumeister unter den Trümmern der Kirche fast das Leben verloren hätte, rufe ich die Bürger zusammen!" Diese Inschriften beziehen sich auf die Beschießung der Festung Küstrin durch russische Artillerie am 15. August 1758 vor der Schlacht von Zorndorf, bei der große Teile der Altstadt abbrannten.

Im Jahre 2007 wurde die alte Bronzeglocke, die zweimal gerissen war, im schwäbischen Nördlingen repariert. Dank großer und kleiner Spenden gelang es, die 7.000 Euro für die Restaurierung aufzubringen. Am 1. Advent 2007 wurde sie durch Pfarrerin Anja Grätz feierlich in Dienst genommen und klingt seither mit der größeren Stahlglocke wieder im Zweiergeläut. Alle Kirchen in der Umgebung hatten ihre Rückkehr mit ihrem Geläut begleitet.

Der Kirchsaal ist einfach ausgestattet. Über dem hölzernen Altartisch hängt ein Kreuz, das mit einer grünen Rundung hinterlegt ist. Rechts vom Altartisch steht das Lesepult, links die Taufe. Alle Ausstattungsgegenstände stammen aus den 1950er Jahren.

Betsaal Bleyen

Der Ortsteil Bleyen der Gemeinde Bleyen-Genschmar besteht seit 1946 aus der einstigen Landgemeinde Alt Bleyen mit Neu Drewitz und Neu Schaumburg (seit 1928) und der von Küstrin aus angelegten Kolonie Neu Bleyen. Während Alt Bleyen früher nach Alt Schaumburg eingekircht war, gehörte Neu Bleyen bis 1945 kirchlich zu Küstrin. Heute sind beide Gemeinden zur Kirchengemeinde Bleyen vereinigt.

Die Grenzziehung im Jahre 1945 hat Alt Bleyen von der Mutterkirche Alt Schaumburg abgetrennt, Neu Bleyen von Küstrin. Damit hatten beide Gemeinden keine Kirche mehr. Zuerst wurden die Gottesdienste in einem Bauwagen der Goßner-Mission gehalten, der auf dem Grundstück von Emma Giebler stand. Es war das gleiche Modell wie der am Pfarrhaus in Küstrin-Kietz. Im Gemeindeteil Neu Schaumburg gab es noch eine Behelfskirche. Auch im Alt Bleyener Gutshaus fanden Gottesdienste statt. Erst Anfang der 1960er Jahre wurde auf dem Neu Bleyener Friedhof von Tischlermeister Otto Kaepernick die Kirchbaracke erbaut. Seitdem feiert die Kirchengemeinde ihre Gottesdienste in dieser quadratischen Baracke, die ursprünglich genau so aussah wie die einstige Behelfskirche von Sophienthal. Dass es der kleinen Gemeinde bis 2010 gelungen ist, aus ihrem bescheidenen Kirchlein ein wahres Schmuckstück zu machen, liegt auch an einer größeren Spende aus dem Ort. So war es möglich, das Gotteshaus gründlich zu sanieren. Zuletzt sind 2010 dann

noch der Fußboden erneuert und neue Möbel gekauft worden.

Der hölzerne Altartisch wird von einem Kruzifix geschmückt. Rechts vom Altartisch befindet sich ein aus Holz gearbeitetes Lesepult. Beide Ausstattungsgegenstände stammen aus den 1960er Jahren.

Links neben dem Betsaal steht ein eiserner Glockenstuhl. Die darin hängende Glocke wurde 1967 bei der Firma Schilling & Lattermann in Apolda gegossen. Sie besteht aus Eisenhartguss, hat einen Durchmesser von 82,5 cm und wiegt 250 Kg. Wenn sie angeschlagen wird, erklingt sie im Ton d´´. Am Hals findet sich das Gießerzeichen. Die Inschriften auf der Flanke, geschrieben in Antiqua-Versalien, lauten: „Herr lehre uns beten“ und „Friede sei ihr erst Geläute“.

Kirche Alt Tucheband

Schon 1355 hat es in „Tuchbant“ nachweislich eine Kirche gegeben, bis dahin Tochterkirche von Lebus und ab jenem Jahr selbstständige Pfarrkirche. Wie diese erste Kirche und ihre Nachfolgerinnen aussahen, wissen wir nicht. 1862 trat an die Stelle der alten Kirche ein neugotischer Backsteinbau in beträchtlichen Ausmaßen. Von der alten Kirche ist manches in die neue übernommen worden. In das dreigeteilte Fenster der Herrschaftsempore fügte man sechs kleine runde Wappenscheiben in bunter Glasmalerei ein. Sie trugen Namen der Besitzerfamilie von Schapelow aus dem Jahre 1587. Auch ein silbervergoldeter Kelch aus dem 16. Jahrhundert mit Patene war noch vorhanden. Ein zweiter Kelch stammte aus dem Jahre 1656. Die Orgel wurde nach 1863 von Wilhelm Sauer in Frankfurt (Oder) gebaut.

Im Turm hingen drei Glocken. Die größte von ihnen war ein Umguss des Glockengießers Carl Friedrich Ulrich in Apolda aus dem Jahre 1881. Die mittlere hatte 1794 Meister Johann Christian Gottlieb Fischer, Königsberg/Nm., gegossen. Die kleinste mit einem Durchmesser von 63 cm aus dem Jahr 1769 stammte von Christian Daniel Heintze, Berlin. Während die größte Glocke von 1881 im Jahre 1917 an die Heeresverwaltung abgeliefert wurde, sind die anderen beiden mit der ganzen Kirche im Frühjahr 1945 untergegangen. Im eisernen Glockenstuhl links neben dem Pfarrhaus läutet seit 1953 eine Eisenhartguss-Glocke von der Firma Schilling & Lattermann in Apolda. 1998 wurde der Glockenstuhl erneuert.

Während schwerer Artillerie- und Panzerschlachten um Alt Tucheband sind der Ort und die Kirche zu fast 100 % zerstört worden. Der Ort befand sich in einem derart verwüsteten Zustand, dass man ernsthaft an seine Aufgabe dachte. Vor dem Beginn erster Aufräumarbeiten im Jahre 1945 hat ein Augenzeuge gesehen, wie sowjetische Soldaten die Reste der beiden Glocken aus dem Schutt der Kirche ausgegraben und abtransportiert haben. In den Folgejahren trug man die Kirchenruine mehr und mehr ab, bis die Reste gänzlich zugewachsen waren. Die ersten Gottesdienste nach dem Krieg fanden in der Gastwirtschaft „Deutsches Haus“ statt. Dann kam der aus Schlesien heimatvertriebene Pfarrer Karl Liesert und stoppte die Entnahme von Baumaterial aus der Pfarrhausruine. Gemeinsam mit den Gemeindegliedern sorgte er für den Wiederaufbau des Pfarrhauses, das mitsamt dem Gemeindesaal 1951 in Gebrauch genommen werden konnte. Bis 1982 war das Pfarramt noch selbstständig, gehörte bis 1998 zum Sprengel Sachsendorf und kam dann zum Sprengel Gorgast/Golzow.

1988 begann man, das Kirchenareal zu beräumen. Dabei wurden der Turmstumpf des Bauwerks und der Eingang zu einer im Chor gelegenen Gruft freigelegt. Den

Ansicht der Kirche von Alt Tucheband von Westen auf einer Ansichtskarte von 1939

gut erhaltenen Kirchenboden aus Tonfliesen hat leider der unkoordinierte Einsatz einer Planierraupe zerstört. Noch erhalten ist die gemauerte Turmspitze mit ihrer eisernen Verankerung.

Der Kirchsaal im einstigen Pfarrhaus ist schlicht im Stil der 1950er Jahre eingerichtet.

Der hölzerne Altartisch wird von einem Kruzifix geschmückt. An der Wand hinter dem Altartisch ist ein farbig gestalteter Teppich angebracht, der das Abendmahl Jesu thematisiert. Die Namen der am Abendmahl teilnehmenden Jünger sind in den jeweiligen Nimbus eingearbeitet.

Links vom Altar steht die hölzerne Kanzel mit dreiseitiger Brüstung. Vor der Kanzel hat die ebenfalls aus Holz gearbeitete Taufe ihren Platz. Die Kuppa ist sechsseitig. Auf dem Deckel der Taufe befindet sich eine hölzerne Weltkugel mit Kreuz.

Kirche Zechin

Im Jahre 1834 musste die alte, unansehnliche Fachwerkkirche in Zechin wegen Baufälligkeit geschlossen werden. Den einsturzgefährdeten Turm hatte man bereits 1811 niedergerissen.

1838/39 schritt die Gemeinde an alter Stelle zu einem Kirchneubau, den der Baukondukteur Gersdorf unter begutachtender Mitarbeit des berühmten Baumeisters Karl Friedrich Schinkel geplant hatte. Die stattliche Kirche war im damals sehr beliebten klassizistischen

Rundbogenstil erbaut worden und hatte einen weithin sichtbaren Turm mit Pyramidendach. Am Sonntag Judika des Jahres 1840, zehn Tage vor Karfreitag, wurde die neue Kirche feierlich in Nutzung genommen.

Als Tochterkirche von Golzow wurde sie von dem dortigen Pfarrer verwaltet. Der Text einer im September 1839 im Turmmauerwerk deponierten und von Pfarrer Himmerlich verfassten Urkunde ist überliefert und gibt uns u. a interessante Einblicke in die Zechiner Kirchengeschichte. Danach hatte sich der Kirchenneubau verzögert, weil die Baubehörde dem aus Treibsand bestehenden Untergrund nicht zutraute, die Last eines massiven Bauwerks zu tragen. So musste erst eine Pfahlgründung aus in den Boden geschlagenen Eichenpfählen hergestellt werden.

Pfarrer von Golzow, zu dessen Sprengel Zechin, Genschmar, Gorgast und die drei Wollspinnersiedlungen Lehmannshöfel, Baiersberg und Gerickensberg gehörten, war seit 1809 Friedrich Wilhelm Himmerlich.

Im Jahre 1905 wurde die vom Wurm zerfressene Turmspitze abgetragen und wieder aufgebaut. In den Turmknopf der neuen Spitze kam eine Abschrift der alten Urkunde von 1839 und eine neue von 1905, verschiedene Tageszeitungen, Fotos und Ansichtskarten von Kirche und Ort sowie eine Anzahl alter und neuer Münzen.

Bis 1907 war die Kirche vollständig erneuert und erhielt auch ein neues Geläut.

Damals hingen im Turm eine ursprünglich 1888 von Gustav Collier, Berlin-Zehlendorf, stammende, 1907 umgegossene Bronzeglocke, die 1612 von Sebastian Preger, Frankfurt (Oder) gegossene und 1942 zu Kriegszwecken abgelieferte „Schimpelglocke“ sowie drei 1907 von Franz Schilling, Apolda, hergestellte Glocken, die 1917 an die Heeresverwaltung abgeliefert werden mussten. 1922/23 kam eine neue, von Franz Schilling Söhne, Apolda, gegossene Glocke, die ebenfalls 1942 zu Kriegszwecken abgeliefert worden ist. Die 1945 noch vorhandene Glocke von 1907 ist mitsamt der Kirche zerstört worden.

Eine Orgel hatte die Kirche auch. Sie wurde 1840 in Nutzung genommen und hat 1270 Taler, 28 Silbergroschen gekostet.

Im Frühjahr 1945 wurde die Kirche während der schweren Kämpfe um den Ort schwer zerstört. Die Umfassungsmauern und der Turmstumpf standen aber noch. Sie erlebten das gleiche Schicksal wie fast alle zerstörten Nachbarkirchen. Man gewann aus ihnen Baumaterialien zum Wiederaufbau der zerschossenen Häuser und für die Kernbauten des staatlich geförderten Neubauernprogramms. Stehen blieb nur der Feldsteinsockel, der allmählich zuwuchs.

1997/98 wurde dieser Feldsteinsockel im Rahmen einer AB-Maßnahme wieder freigelegt und ausgebessert. Diese Arbeit hat 1,2 Millionen D-Mark gekostet. Den Raum zwischen den Fundamentmauern hat man aufgefüllt und begrünt. Ein weithin sichtbares Holzkreuz markiert den Platz, der als Kirche unter freiem Himmel im Rahmen eines Festgottesdienstes von der damaligen Ministerin für Arbeit, Soziales, Gesundheit und Familie, Regine Hildebrandt, im Juni 1998 an die Kirchengemeinde zur Nutzung übergeben wurde.

Auch das Zechiner Pfarrhaus unweit der ausgebrannten Kirche war 1945 völlig zerstört. Als 1950 Pfarrer Martin Brauns in den Ort kam, leitete er sofort dessen Wiederaufbau ein. Der darin befindliche Kirchsaal konnte dann 1952 in Nutzung genommen werden. 1992 wurde der Saal renoviert und 1994 das Dach neu gedeckt.

2008 gelang es der Kirchgemeinde, das Pfarrhaus erneut vor dem Verfall zu retten. Es zeigten sich bedrohliche Risse. Dank eines finanziellen Zuschusses der Landeskirche und mit vielen Spenden konnten die 30.000 Euro für die Sanierung des Pfarrhauses noch im selben Jahr aufgebracht werden.

Die Zechiner Kirche von Südwesten auf einer Ansichtskarte von 1910

Vor dem Pfarrhaus steht ein Glockenschauer, in dem zwei Eisenhartgussglocken der Firma Schilling & Lattermann, Apolda, aus dem Jahre 1957 hängen. Seit 2009 werden sie von einer elektronisch gesteuerten Leuteanlage auf Magnetbasis angetrieben.

Der Kirchsaal ist schlicht ausgestattet. Auf dem hölzernen Altar steht ein Kruzifix zwischen zwei Leuchtern. Rechts vom Altar befindet sich die Kanzel und links die Taufe, beide aus Holz gefertigt. Auf die linke Wand des Raumes ist der biblische Vers aus dem Hebräer-Brief, Kapitel 10, Vers 35, gemalt: „Werfet euer Vertrauen nicht weg, welches eine große Belohnung hat." Die Rückwand des Raumes wird durch eine aufgemalte Christuskrone geschmückt.

Kirche Buschdorf

Die zur Zeit Friedrichs des Großen in der zweiten Hälfte des 18. Jahrhunderts auf dem Hohen Busch angelegten Wollspinnerdörfer Lehmannshöfel, Baiersberg und Gerickensberg wurden 1926 zu einem Gemeindebezirk zusammengelegt. Ab 1931 bildeten diese drei Gemeinden dann die Landgemeinde Buschdorf.

Die drei Spinnerdörfer waren zunächst nach Golzow eingekircht. Als sich bis 1840 ihre Einwohnerzahl von 538 auf 795 Personen erhöht hatte, erwog man das erste Mal den Bau einer eigenen Kirche. 1858 hatten sich die drei Dörfer zu einem Kirchen- und Schulverband zusammengeschlossen und in Lehmannshöfel nahe Lehmanns Mühle ein erstes Bethaus errichtet. Bereits 1863 wurde der Neubau einer massiven Kirche in Lehmannshöfel beschlossen, deren äußere Gestalt sich an die Mutterkirche in Golzow anlehnte. Am 23. November 1864 fand die feierliche Inbetriebnahme des gotischen Backsteinbaus auf achteckigem Grundriss statt. Seine Ausstattung war für die kleine Gemeinde außergewöhnlich prachtvoll. Die Orgel kam 1867 von der Firma Wilhelm Sauer in Frankfurt (Oder).

Die Glocke in dem schlanken Dachreiter des Zentralbaus hatte 1864 Ernst Friedrich Gruhl, Kleinwelka bei Bautzen, gegossen. Es handelt sich um eine der wertvolleren Glocken im Kirchenkreis. Ihre Inschrift lautet: „Er aber sprach: Ja, selig sind die das Wort Gottes hören und bewahren“.

Im Frühjahr 1945 sprengten deutsche Soldaten den Achteckbau, von dem nur die Umfassungsmauern stehen blieben. In den 1960er Jahren wurden auch sie gesprengt.

Die erhaltenen Fundamentreste wuchsen allmählich zu. Weil man nach 1945 in der zerstörten Kirche keine Gottesdienste halten konnte, fanden sie in der Schule statt. Erst 1958 hatte sich die Kirchgemeinde in unmittelbarer Nähe zur Ruine vom Sägewerk Siewert in Zechin den bis heute genutzten bescheidenen Holzbau als Notkirche errichten lassen. Von der alten Kirche waren nur die wertvolle Glocke, die heute in einem stählernen Glockenstuhl links neben der Kirchbaracke hängt, und das Metallkreuz von der Turmspitze erhalten. Die Hoffnungen auf einen Wiederaufbau der alten Kirche erfüllten sich nicht, so dass diese Kirchbaracke, als Interimslösung gedacht, eine Dauerlösung wurde.

Nachdem jahrelang in der Kirchbaracke von Buschdorf keine Gottesdienste mehr gefeiert wurden und sie nur noch zu Beerdigungen diente, begannen im März 2007

die drei Buschdorferinnen Monika Bachmann, Claudia Dittner und Gudrun Pehle mit der Renovierung des Holzkirchleins. Mit Hilfe des Ortsvorstehes Günther Schmidt und anderer fleißiger Helfern erstrahlte es bald in freundlichen Farben: innen hellgrün und außen rot. Saubere Bänke und handgefertigte Altardecken fördern seither das Wohlbefinden der Kirchenbesucher. Das alles hat das kirchliche Leben befördert. Die Glocke in dem reparierten Glockenstuhl wird wieder geläutet und es finden wieder Gottesdienste und andere Gemeindeveranstaltungen in dem Kirchlein statt.

Umfassungsmauern der zerstörten Buschdorfer Kirche mit der Kirchbaracke, fotografiert in den 1950er Jahren. Ephoralarchiv Seelow

Der Altar in dem sehr schlichten Inneren wird geschmückt von einem Kreuz. Links vom Altar steht die aus Holz gearbeitete Kanzel. Rechts vom Altar befindet sich ein schlichtes Lesepult, auf dessen Vorderseite ein Christusmonogramm zu sehen ist.

Kirche Mallnow

Die Mallnower Kirche hat noch das mittelalterliche Granitquader-Mauerwerk aus dem 13. Jahrhundert. Sie wurde ursprünglich als einschiffiger Feldsteinbau mit eingezogenem Chor errichtet. Diese Ursprünglichkeit hat sie am meisten durch den Umbau im Jahre 1793 und dann noch einmal durch die Erneuerung von 1885 eingebüßt. Am Chor sind noch drei hohe, spitzbogige Fensteröffnungen in ursprünglicher Form erhalten, während die Fenster des Kirchenschiffes beim Umbau 1793 stark aufgeweitet wurden. An der Nordseite ist eine vermauerte Rundbogentür zu erkennen. Das rechteckige Kirchen-

schiff hatte eine flache Balkendecke. Den Chor hingegen überspannte ein unversehrtes Rippen-Stern-Gewölbe, vermutlich aus der zweiten Hälfte des 15. Jahrhunderts.

Nach dem Dreißigjährigen Krieg bekam die Kirche einen barocken Altar und eine Patronatsloge mit üppigem Rankenschnitzwerk. An der Südwand des Chores hing ein Votivbild (von Pilgern an Wallfahrtsorten aufgehängte beschriftete bildliche Darstellung zumeist mit einem Heiligen) aus dem 16. Jahrhundert.

Der erste Kirchturm musste 1830 wegen Baufälligkeit abgetragen werden. Erst am 12. Mai 1850 legte man den Grundstein für einen neuen, der im Oktober desselben Jahres fertig wurde. In diesem Turm hingen mehrere Glocken. Eine Bronzeglocke aus dem 14./15. Jahrhundert mit einer Inschrift in gotischen Minuskeln (Ave + maria + gracia + plena + dominvs + tecum +) wurde 1942 zu Kriegszwecken abgeliefert. Sie wurde nicht eingeschmolzen, doch ihr Verbleib ist ungeklärt. Eine zweite Glocke stammte von 1619 und wurde von Friedrich Kesler, Küstrin, gegossen. Bei der 1945 erfolgten Sprengung des Turmes ging sie verloren. Die beiden 1823 von Gottlieb Großheim, Frankfurt (Oder), gegossenen Bronzeglocken mussten 1917 an die Heeresverwaltung abgeliefert werden. Um nach dem Krieg wieder läuten zu können, wurde 1954 von der Firma Schilling & Lattermann in Apolda eine Eisenhartguss-Glocke geliefert. Diese Glocke ist verschollen. Eine zweite Eisenhartguss-Glocke von derselben Firma wurde 1957 beschafft und trägt in Versalien die Inschrift: „Lasset euch versöhnen mit Gott". Sie hängt in einem Glockenschauer auf dem Friedhof gegenüber dem Pfarrhaus.

Schon lange vor dem Zweiten Weltkrieg gab es in der Mallnower Kirche elektrisches Licht und eine Warmluftheizung.

Um den 20. März 1945 sprengten deutsche Pioniere den Kirchturm, der in das Kirchenschiff fiel und einen

Brand auslöste. Dabei ging die Inneneinrichtung bis auf einige Altarteile (eine hölzerne Christusfigur und drei Engel) und das genannte Votivbild verloren. Auch die nach 1855 von der Orgelbau-Anstalt Lang & Dinse, Berlin, gebaute Orgel wurde zerstört. Erhalten geblieben ist eine hölzerne Gedenktafel für die Gefallenen der Befreiungskriege von 1813–15 und des Deutsch-Französischen Krieges 1870–71. Auch die Kirchenbücher sind durch verantwortliches Handeln des Kirchenältesten Franz Buchholz 1945 gerettet worden.

Die ungesicherte Ruine begann in den Nachkriegsjahren zu verfallen. Auf den Umfassungsmauern wuchsen bald Bäume. Am 1. April 1986 stürzte das bis dahin noch gut erhaltene Sternrippengewölbe, dessen Sicherung man versäumt hatte, über dem Chor ein.

1950/51 richtete sich die Kirchengemeinde mit Pfarrer Martin Schwarz, seit 1947 in Mallnow, im wiederaufgebauten Pfarrhaus einen Kirchsaal ein. Hier befinden sich auch die geretteten Stücke aus der Inneneinrichtung der

Die prächtige Granitquaderkirche von Mallnow mit separaten Eingängen an Chor und Schiff, fotografiert um 1920. Oderlandmuseum Bad Freienwalde

Inneres der Mallnower Kirche nach Osten mit Kanzelaltar und Sterngewölbe, fotografiert um 1909. Oderlandmuseum Bad Freienwalde

alten Kirche. Ansonsten ist der Saal einfach, aber praktisch ausgestattet. Die Pfarrwohnung fand im Westflügel Platz. So ist es bis heute geblieben.

1991 wurden durch ABM-Kräfte der Kommune erste Beräumungsarbeiten vorgenommen, d. h. der Schutt wurde aus dem Inneren herausgeschippt. Dabei war der Original-Fußboden freigelegt worden. Dank einer großzügigen privaten Spende, der Bereitstellung von Mitteln von der Kirchengemeinde, von der Kommunalgemeinde und aus dem Förderprogramm „Dorferneuerung" konnte 1998 die Sicherung der Kirchenruine vorgenommen werden. Ein weiterer Wiederaufbau aus eigener Kraft der Gemeinde ist vorerst unwahrscheinlich.

Ein schlichtes Holzkreuz auf dem Friedhof markiert die Grabstätten der 53 gefallenen deutschen Soldaten, die im Frühjahr 1945 in der Umgebung von Mallnow umgekommen sind. Am 10. April 2005, 50 Jahre nach Kriegsende, wurde an der Kirche eine Erinnerungstafel an Erwin Schwarze, einen von tausenden gefallenen deutschen Soldaten, enthüllt. Das Anliegen, dem tausendfachen anonymen Soldatentod exemplarisch Namen und Schicksal zu geben, ergänzte 2010 die Enthüllung einer ähnlichen Tafel für den sowjetischen Hauptmann Alexej Jefremowitsch Posdnjakow. Für die Zukunft ist geplant, auch das Schicksal eines polnischen Soldaten anschaulich zu machen. Diese Ehrungen gehen auf eine Initiative des Dorfentwicklungsvereins „Mallnowe" zurück, so auch die Aufstellung des Denkmals für die Kriegsopfer aus Mallnow, das 2010 in den Resten des Kirchturms aufgestellt und von dem Wilmersdorfer Künstler Roland Rother geschaffen wurde.

Eine Besonderheit der Mallnower Kirche ist der an der Nordost-Ecke eingemauerte „Schachbrettstein". Solche merkwürdig verzierten Steinquader gibt es an mittelalterlichen Feldsteinkirchen in einem schmalen Streifen beiderseits der Oder von der Niederlausitz bis in die Uckermark. Ihre Bedeutung ist bis heute nicht geklärt.

An der südlichen Außenwand der Kirchenruine befindet sich die von Einschüssen übersäte Grabtafel für den Mallnower Prediger Carl August Weinholz (1795–1854). In der Kirchenruine hängt die gusseiserne Gedenktafel für den 1870 im Lazarett zu Würzburg verstorbenen Bauernsohn Johannes August Hurtig (1847–1870).

Mallnow ist der Sitz des Pfarramtes für neun Kirchengemeinden. Als Pfarrer Martin Müller 1984 in die Pfarrstelle kam, sah er in seinen Gemeinden nur Kirchenruinen. Inzwischen ist die Kirche in Niederjesar wieder aufgebaut, hat Hohenjesar ein Notdach. Mit dem Sprengel Libbenichen, um den das Pfarramt Mallnow gewachsen ist, sind auch erhaltene Dorfkirchen dazugekommen. Es gibt also in seinem Sprengel nicht mehr nur Notkirchen.

Kirche Schönfließ

Schon im 13. Jahrhundert hat es in Schönfließ eine Kirche gegeben, über deren Aussehen und Schicksal über die Jahrhunderte nur wenig überliefert ist. Wegen Baufälligkeit wurde die alte Kirche im Jahre 1877 abgerissen. Den Auftrag bekam der Frankfurter Maurermeister Brodrina, der auch den Neubau ausführte. Die Pläne für die neue Kirche zeichneten der Königl. Baurat Lüdke und der Königl. Regierungs- und Baurat Schack.

Auf dem alten Feldsteinsockel aus dem 13. Jahrhundert entstand bis 1878 ein neoromanischer Backsteinbau mit eingezogener Apsis und 5/8-Abschluss. Die Kirche erhielt querschiffartige seitliche Anbauten mit mar-

kanten Treppengiebeln und einen reich gegliederten Westturm. 1904 wurde an der Nordseite eine Sakristei angebaut und eine Heizung installiert. Die gesamte Innausstattung stammte aus der Erbauungszeit. 1899 baute Wilhelm Sauer in Frankfurt (Oder) eine Orgel für die Schönfließer Kirche.

Im Turm hingen drei Glocken. Die älteste aus der zweiten Hälfte des 15. Jahrhunderts trug eine Minuskelinschrift und wurde 1945 zerstört. Die beiden 1868 von Friedrich Gruhl, Kleinwelka bei Bautzen, gegossenen Bronzeglocken wurden 1917 an die Heeresverwaltung abgeliefert. 1955 beschaffte sich die Kirchengemeinde bei der Firma Schilling & Lattermann, Apolda, eine Eisenhartguss-Glocke, die in einem eisernen Glockenschauer westlich der Kirchenruine hängt.

Der letzte Gottesdienst vor der Zerstörung fand im Februar 1945 in der Kirche statt. Ein Feldgeistlicher sprach zu etwa 200 Soldaten der deutschen Besatzung des Ortes. Ende Februar 1945 sprengten deutsche Soldaten den Kirchturm, dessen Trümmer in das Schiff stürzten und es zerstörten. Zurück blieb eine Kirchenruine, deren gesamtes Inventar vernichtet wurde.

In die noch stehenden Umfassungsmauern des nördlichen Querschiffs baute sich die Kirchengemeinde 1956 unter Führung von Pfarrer Martin Schwarz eine kleine Notkirche ein. Die Fenster waren Abrissmaterial aus Berlin. In dieser bis heute genutzten Notkirche hängt ein einfaches Holzkreuz an der Wand. Holzaltar und Pultkanzel sind äußerst schlicht gehalten. Auf dem Steinfußboden stehen schwarze Polsterstühle.

In den Jahren bis 1992 verfiel die ungesicherte Kirchenruine immer mehr. Erst in jenem Jahr wurde der zugewachsene Innenraum mit Hilfe des Christlichen Jugenddorfes Seelow beräumt und vom Schutt befreit. Auf dem Kirchhof sind im Frühjahr 1945 bei Klessin gefallene deutsche Soldaten bestattet worden.

Kirchenruine Schönfließ mit Parolen an der Kirchhofsmauer im Jahre 1949. Ephoralarchiv Seelow

2002 und 2003 wurde zur Sicherung der Ruine ein dreiviertel Meter der Mauerwerkskrone abgetragen und neu aufgemauert. Auch die Einschusslöcher an der Fassade sind durch neue Steine ausgebessert und die gesamte Außenhaut neu verfugt worden. Über 110.000 Euro hat die Kirchengemeinde in den Erhalt der Kirchenruine gesteckt, unterstützt durch das Landesförderprogramm „Dach und Fach". Bei dieser Gelegenheit wurde auch der Notkirchen-Einbau von 1956 instand gesetzt.

Im Sommer 1989 konnte die Marmorsäule vom Kriegerdenkmal für den Ersten Weltkrieg, die 1947 wegen der ihr drohenden Zerstörung heimlich vergraben wurde, wiederaufgefunden und neu aufgestellt werden. Ende 2011 erhielt die Säule auch die Adlerbekrönung zurück.

Ob die kleine Kirchengemeinde in dem nur etwa 150 Einwohner zählenden Dorf, das seit 31. 12. 1998 zur Stadt Lebus gehört, jemals in der Lage sein wird, ihre Kirche wieder aufzubauen, ist nicht absehbar und eher unwahrscheinlich. Sie trägt allein eine Last, die ihr in der Endphase des Zweiten Weltkrieges durch die Schuld des ganzen deutschen Volkes aufgebürdet wurde.

Kirche Libbenichen

Was der Ortsname eigentlich bedeutet, ist nicht eindeutig klärbar. Nach der ältesten Erwähnung „lybbenekin“ (1341) käme als slawische Erklärung „Leute eines Lubanek“ in Frage. Es ist aber genauso möglich, dass im Wortstamm „lub“ das altslawische „Baumrinde, Borke, Bast“ steckt.

Im Kern ist die Libbenicher Kirche mittelalterlich, besteht aus einem rechteckigen Langhaus und hat einen eingezogenen Chor. Der quadratische Turm steht im Westen vor dem Schiff, und zwar ohne Verbindung mit demselben. Im Jahre 1736 ist die Kirche unter Einbeziehung mittelalterlicher Mauerwerksteile neu aufgebaut worden. Darauf deutet auch die Wetterfahne auf dem Turmpyramidendach mit der Jahreszahl 1736 und den Initialen „FWR“, des preußischen Königs Friedrich Wilhelms I. hin.

Im Turm hängen noch die beiden wertvollen mittelalterlichen Glocken, die beide Weltkriege überstanden haben. Die kleinere stammt aus der Mitte des 14. Jahrhunderts und trägt in Reliefdarstellungen die Kreuzigungsszene sowie die thronende Madonna. Die andere aus der zweiten Hälfte des 14. Jahrhunderts zeigt die Inschrift: „In . Nomine + Domini + In Ghotis . Namen . Amen Hilf Maria“.

Zur Ausstattung gehörten Kanzelaltar und Gestühl aus der ersten Hälfte des 19. Jahrhunderts sowie ein Messingtaufbecken aus dem 17. Jahrhundert. 1806 kaufte die Gemeinde die alte Orgel aus der Müllroser Stadtkirche. In das dazugehörige Gehäuse baute 1910 der Orgelbauer Albert Kienscherf in Eberswalde ein neues Werk ein. Im Jahre 1970 schließlich erfolgte ein Orgelneubau unter Verwendung von Pfeifenmaterial aus dem Jahre 1910. Dieses Instrument entstand in der Potsdamer Werkstatt Alexander Schuke Orgelbau als Opus 406.

Gegen Ende des Zweiten Weltkrieges erhielt das Kirchengebäude erhebliche Beschussschäden. Das Dach und die Fenster waren so beschädigt, dass die Kirche vorerst nicht benutzt werden konnte. Noch 1945 flickten Gemeindeglieder die Fehlstellen im Dach, indem sie Dachziegel von ihren eigenen Scheunen heranholten. Zwischen 1947 und 1957 gelang es, allmählich alle Schäden zu beseitigen. Dabei wurden geringe Reste von Wandmalerei-

en an der Südwand freigelegt. Im Jahre 1995 erfolgte eine völlige Innen- und Außensanierung des Sakralbaus.

Im Osten steht der gemauerte Altar mit einem Kruzifix darauf. An der Altarwand hängt ein großes Holzkreuz. Links vom Altar, an der Nordwand, steht die dem einstigen Kanzelaltar entnommene Kanzel. Sie ist über drei gemauerte Stufen erreichbar. Die aus Sandstein gearbeitete Taufe rechts vom Altar ist achtseitig und neogotisch. Alle genannten Ausstattungsgegenstände stammen aus dem 19. Jahrhundert.

Kirche Alt Mahlisch

Die Geschichte der Dorfkirche reicht bis in das Ende des 13. Jahrhunderts zurück. Sie ist ein flachgedeckter Granitquaderbau mit einem längsrechteckigen, tief eingezogenen Chor. Im Westen hat sie einen massigen Querturm.

Im Jahre 1721 wurde die Kirche erneuert. Aus dieser Zeit stammt der verbretterte Turmaufsatz, dessen Pyramidendach von einer Wetterfahne bekrönt wird. Sie trägt die Jahreszahl „1721" sowie die Initialen des preußischen Königs Friedrich Wilhelms I. (FWR).

Ein ehemaliger rundbogiger Zugang auf der Südseite des Chores ist vermauert. Aus neuerer Zeit stammt die Backsteineinfassung des Turmportals.

Im Turmaufsatz hängt bis heute eine sehr wertvolle mittelalterliche Glocke aus dem 14. Jahrhundert mit einer Inschrift am Hals in gotischen Majuskeln: „O REX GLORIE XPE . VENI CVM PACE". Eine zweite Glocke, 1872 von Friedrich Gruhl, Kleinwelka bei Bautzen, gegossen, ist nicht mehr vorhanden.

Einst hatte die Alt Mahlischer Kirche einen Kanzelaltar in einfachen Barockformen.

Die Orgel aus dem Jahre 1799, ursprünglich für die Sommerfelder Vorstadtkirche gebaut, fand im Mai 1831 auf der Empore der Alt Mahlischer Kirche ihren Platz. Sie wurde 1945 zerstört.

Nach erheblichen Kriegsschäden, denen große Teile der Inneneinrichtung zum Opfer fielen, gelang der Kirchgemeinde die Wiederherstellung ihrer Kirche erst um 1960.

Dementsprechend schlicht ist die innere Ausgestaltung. Der gemauerte Altar wird von einem Kruzifix geschmückt. Hinter ihm hängt an der Ostwand der Kirche ein sehr viel größeres Kruzifix, das den gottesdienstlichen Raum besonders akzentuiert. Zu diesem Kreuz heißt es in einem Mitteilungsblatt der Kirchengemeinde:

„Am Sonntag, 28. Mai 1995, wurde der Kirchengemeinde Alt Mahlisch in einem Gedenkgottesdienst zum 50. Jahrestag des Kriegsendes ein Kruzifix übergeben. Die Übergabe erfolgte durch den Bildhauer Carlernst Cürten aus Unna/Westfalen, der dieses Kreuz selbst geschaffen hat. Carlernst Cürten ist Jahrgang 1921. Im Jahr 1991 hat er mit der Arbeit am Kreuz begonnen. Für den Bildhauer eine ungewöhnliche Arbeit, da der Werkstoff, mit dem er arbeitet, Chromnickelstahl ist. Dieses Kreuz ist aus Lindenholz gefertigt. Einzig der Grundform aller seiner Arbeiten ist der Bildhauer treu geblieben, dem Quadrat. Auch dieses Kreuz bildet in seiner Ausdehnung ein Quadrat von 2,40 m x 2,40 m. ...

Durch die Kenntnis des Landes Brandenburg (die Frau des Bildhauers wurde im heutigen Polen jenseits der Oder geboren), zahlreiche Besuche, auch im Oderbruch (schon zur DDR-Zeit) war dem Bildhauer deutlich geworden, dass gerade im Oderbruch der Krieg besonders schlimm gewütet hat und seine Spuren bis auf den heutigen Tag zu sehen sind.

Schon im Herbst 1994 gab der Bildhauer seinem Wunsch Ausdruck, dieses Kreuz einer Dorfkirche im Oderbruch zu schenken. Nach ersten Gesprächen im Mitarbeiterkreis der Pfarrer und Pfarrerinnen des Kirchenkreises Seelow mit dem Superintendenten nach Kenntnisnahme einiger Fotos bewarben sich die Gemeinden Manschnow und Alt Mahlisch um dieses Kreuz. Dem Bildhauer wurde nach Besichtigung beider Kirchen die Entscheidung überlassen und das Ergebnis ist nun bekannt. Viele Gespräche im Gemeindekirchenrat und mit

Gemeindegliedern sind der Übergabe des Kreuzes vorausgegangen. Zu eindrücklich ist die Aussagekraft dieses Kreuzes, so dass vorher die Frage stand, ob die Kirchengemeinde Alt Mahlisch mit diesem Kreuz leben kann, den steten Anblick ertragen kann. Mit Mehrheit wurde für die Annahme des Kreuzes entschieden.

Bemerkenswert ist, dass der Bildhauer zu keinem Zeitpunkt dieses Kreuz interpretiert hat. Immer wieder hat er darauf hingewiesen, dass dieses Kreuz für sich spricht, ansprechend, anregend, so dass man sich eigentlich den Aussagen dieses Kreuzes nicht entziehen kann ..."

Der Bildhauer Carlernst Cürten verstarb 79-jährig am 30. Dezember 2000 in Unna und wurde, seinem

Nicht erhaltener Kanzelaltar in der Alt Mahlischer Kirche, fotografiert um 1905. Kunstdenkmäler des Kreises Lebus, Berlin 1909, Abb. 192

Wunsch entsprechend, am 17. April 2001 von Pfarrer Olaf Schmidt (Libbenichen) auf dem Alt Mahlischer Kirchhof beerdigt.

Links vom Altar steht an der Nordwand die hölzerne Kanzel. Sie stammt aus der Zeit des Wiederaufbaus um 1960, ebenso die steinerne Taufe. Hinter der Taufe befinden sich an der Südwand Reste mittelalterlicher Bemalung. Die Westempore der Kirche wird von schlichten Pfosten getragen. Eine gläserne Wand, in der Flucht der Emporenbrüstung errichtet, trennt einen Raum auf der Empore ab, der als Winterkirche genutzt wird.

Kirche Sachsendorf

Die Sachsendorfer Kirche ist das einzige, in Backstein errichtete spätmittelalterliche Gotteshaus im Oderbruch. Einer 1909 in der südöstlichen Ecke freigelegten Inschrift zufolge wurde sie kurz vor der Reformation von 1514 bis 1519 errichtet. („Anno 1514 praesens aedificium inceptum et 1519 finitum“). Damit ist diese Kirche eine der spätesten vorreformatorischen Gotteshäuser in der Mark Brandenburg, hat aber sicher einen Vorgängerbau gehabt.

Die auf einem Feldsteinsockel stehende Kirche bestand aus einem rechteckigen Langhaus, dem breiten Westturm, einem Vorbau vor dem Nordportal aus der ersten Hälfte des 19. Jahrhunderts und der anscheinend gleichzeitig an der Ostseite angebauten Sakristei. Interessant ist die noch immer sichtbare farbliche Gliederung der Außenwände durch den Wechsel von hellroten Läufern und schwarz gesinterten Bindern, ein traditionelles Schmuckelement norddeutscher Backsteingotik.

Die Hauptfront des Turmes ist im unteren Stockwerk durch eine zweigeschossige Blendengliederung belebt. Über einem vermittelnden Ziegeldach saß auf dem Turm eine quadratische Laterne aus verputztem Fachwerk und mehrfach geschweifter Haube.

In diesem Turm hingen ursprünglich drei Glocken, geliefert 1863 von der Glockengießerei Friedrich Gruhl, Kleinwelka bei Bautzen. Die beiden größeren von ihnen wurden 1917 an die Heeresrohstoffverwaltung abgeliefert. Die kleinste ist mitsamt der Kirche im Frühjahr 1945 untergegangen. Erst 1957 gelang es der Kirchengemeinde, bei der Firma Schilling & Lattermann, Apolda, drei Eisenhartgussglocken herstellen zu lassen, die bis heute über den Ort schallen.

Anfang des 20. Jahrhunderts legte man an den Innenwänden einige Fresken frei, die einen Eindruck davon vermittelten, wie lebendig der Innenraum ursprünglich durch seine Ausmalung gewirkt haben muss.

Von dem Wriezener Bildschnitzer Hildebrandt wurde 1598 ein hölzerner Altaraufsatz mit dem gebräuchlichen ikonographischen Programm der Reformationszeit aufgestellt. Emporen und Gemeindegestühl folgten einige Jahre später. Im Dreißigjährigen Krieg hat die Sachsendorfer Kirche anscheinend keine größeren Schäden erlitten. Eine Orgel war auch vorhanden. Sie sah wie ein historisierender Nachbau aus, wobei zurzeit nicht bekannt ist, von wem sie stammte.

Während einer barocken Umgestaltung nach 1737, als Sachsendorf Sitz eines königlichen Amtes geworden war, wurden Veränderungen am Turm vorgenommen, eine Orgelempore gebaut und das Westtor geschlossen. Auch im 19. und Anfang des 20. Jahrhunderts erlebte die Kirche verschiedene Veränderungen.

Eine volkskundliche Besonderheit war das magische Quadrat, das 1906 an einem der hölzernen Emporenpfeiler entdeckt wurde. Seine Zahlen ergaben addiert in alle Richtungen die Zahl 15. Erhalten geblieben ist der spätgotische Abendmahlskelch, der das Kriegsende nur deswegen überdauert hat, weil er vom damaligen Pfarrer Georg Dürr Anfang Februar 1945 im Pfarrgarten vergraben wurde.

Das alles fiel in den Frühjahrswochen des Jahres 1945 in Schutt und Asche, als deutsche Soldaten den Turm sprengten und damit das ganze Gebäude in Brand setzten. Von der prächtigen Kirche waren nur Trümmer geblieben und das Schicksal des Gotteshauses schien besiegelt. Mit ihrem Pfarrer Karl Liesert machte sich die Kir-

chengemeinde aber ab 1949 daran, das Gotteshaus wieder aufzubauen. 1954 waren die Arbeiten soweit beendet, dass Gottesdienste gehalten und der weitere Verfall gestoppt werden konnte (Innutzungsnahme am 1. Advent 1954). Der Turm in seiner vollen Höhe ist angesichts der schwierigen Rahmenbedingungen nicht wiedererstanden und trägt heute ein einfaches Pyramidendach. Dieses Dach musste 1997/98 erneuert werden und trägt seit 1998 ein neues Kreuz. Der östliche Giebel des Kirchenschiffs hat eine reiche Blendengliederung. Sie ist dreigeschossig und mit Vorhangbögen gestaltet.

Sachsendorfer Kirche von Süden in ihrer ursprünglichen Gestalt, fotografiert um 1925. Oderlandmuseum Bad Freienwalde

Das Innere der Sachsendorfer Kirche ist schlicht im Stil der1950er Jahre ausgestattet. Auf dem gemauerten Altar steht ein relativ großes Kreuz, das aus Holz und Messing gearbeitet ist. Links vom Altar befindet sich die ebenfalls gemauerte, dreiseitige Kanzel. Auch die Taufe rechts vom Altar ist gemauert und vierseitig.

Gegenüber der Kirche steht das Pfarrhaus, das im Kern aus dem 18. Jahrhundert stammt. Hier fanden von 1945 bis 1954 die Gottesdienste statt. Seitdem Sachsendorf keine eigene Pfarrstelle mehr hat, wohnt in diesem Haus Pfr. i. R. Christian Gehlsen, ein kirchlicher Ruheständler mit seiner Frau. Er unterstützt den zuständigen Pfarrer in Mallnow und hält so manchen Gottesdienst in der Sachsendorfer Kirche.

Kirche Hohenjesar

Im Jahre 1342 ist in einer Urkunde von „henningum prefectum de hoengesir“, also von Henning dem Schulzen in Hohenjesar, die Rede und auch zum ersten Mal von Hohenjesar selbst. Der aus dem Altslawischen herrührende Ortsname (altslawisch jezer- ‚See‘) bedeutet ‚Ort am See‘. 1928 legte man Hohenjesar mit der Gemeinde Alt Zeschdorf zusammen und nannte die neue Gemeinde Hohenseedorf. Ab 1934 hieß die Gemeinde dann wieder Alt Zeschdorf.

Kirchlich gesehen war es genau umgekehrt. Schon 1405 war Hohenjesar Mutterkirche von Alt Zeschdorf, das keine eigene Kirche besitzt. Dann gehörten die Alt Zeschdorfer seit der Reformation bis nach 1801 zu Mallnow, anschließend bis nach 1939 zu Schönfließ und seit Kriegsende wieder zu Hohenjesar. Nach der Reformation war Hohenjesar immer Tochterkirche von Treplin (ebenfalls im Besitz der Familie v. Burgsdorff) und gehört seit 1984 zum Sprengel Mallnow.

Spätestens seit 1405 hat in Hohenjesar eine Kirche gestanden, von der wir so gut wie nichts wissen. Seit 1537 gehörte das Gut Hohenjesar der Familie von Burgsdorff, die es bis 1945 besaß. 1721 ließ der Patron Joachim Ehrentreich von Burgsdorff auf den alten Fundamenten den barocken Bachsteinbau mit Westturm und einen Anbau für die Patronatsloge auf der Nordseite errichten. Darauf wies die an der Außenseite des Chores angebrachte Inschrift „Hoc Templû. exstructû. est (per) Joachim Ehrent. de Burgsdorff 1721“ hin. Der massive Turm ist unten quadratisch und wechselt dann weiter oben in ein Achteck über, das eine geschweifte Haube trägt. Die Buchstaben „J. E. v. B." in der Wetterfahne weisen noch einmal auf den Bauherrn hin. Die Jahreszahl „1723" bezeichnet die Vollendung des Turmes. In ihm hingen zwei wertvolle mittelalterliche Bronzeglocken. Die größere von beiden aus dem 13./14. Jahrhundert wurde 1942 zu Kriegszwecken abgeliefert, blieb aber erhalten und wurde, weil 1950 gesprungen, an die Firma Schilling in Apolda verkauft. Die kleinere, gegossen in der zweiten Hälfte des 16. Jahrhunderts von Sebastian Preger, Frankfurt (Oder), läutet noch heute im Hohenjesarer Kirchturm (Inschrift: „ave maria gracia plena dominvs tecvm benedicta tv."). Dazu kamen 1956 zwei Eisenhartguss-Glocken von der Firma Schilling & Lattermann in Apolda.

Im flachgedeckten Innern ist der Raum durch Pilaster mit korinthisierenden Kapitellen gegliedert. Zwischen Gesims und Nischenbögen sitzen die rundbogigen Lichtöffnungen. Man konnte die Kirche durch das Turmportal oder durch die Tür an der Ostseite des nördlichen Anbaus betreten. Von den drei Wappen über der Bogenöffnung des Anbaues zur Kirche hin gehört das mittlere dem Patron von Burgsdorff. Drei weitere Familienwappen sind an den Wänden des Patronatsgestühls aufgemalt gewesen.

Kanzelaltar und Orgel sowie ein Teil des Gestühls stammten aus der Erbauungszeit der Kirche. Die Kanzel hat man später aus dem Altar herausgenommen und separat an der Südwand der Kirche aufgestellt. An dieser Wand hing auch ein hölzernes Epitaph für Hans Friedrich von Burgsdorff (1653–1714), von Waffen und Trophäen umgeben und mit dem Bildnis des Verstorbenen.

Während der schweren Kämpfe im Frühjahr 1945 wurde der Turm, in dem sich eine Artilleriebeobachtungsstelle befand, beschädigt. Das Schiff erhielt mehrere Einschüsse, war aber nicht zerstört. In den Nachkriegsjahren, als Kirchen nicht mehr in die politische Landschaft passten, gaben die neuen Machthaber im Dorf die Kirche zur Entnahme von Baumaterialien frei. Dabei ging die gesamte Innenausstattung verloren. 1947 fiel schließlich das Kirchendach in sich zusammen, wonach das Schicksal der Kirche besiegelt schien.

Im Jahre 1965 gelang es der Kirchengemeinde zunächst, mit Spendenmitteln den Turm zu reparieren und neu zu verputzen. Für das Schiff reichte damals die Kraft nicht. Erst einige Jahre nach der Wiedervereinigung kam neuer Schwung in den Wiederaufbau. Im April 2004 kam es zur Gründung des Vereins „Freunde der Kirche Hohenjesar“, der sich im Turm ein Vereinszimmer ein-

richtete. Hier steht ein Modell der Kirche und liegen Pläne eines Berliner Architekten aus, wie die Kirche saniert werden könnte. Die Vereinsmitglieder machten sich bis 2006 daran, den Wildwuchs im Kirchenschiff zu beseitigen und den alten Fliesenfußboden freizulegen. 2007 erhielt das Kirchenschiff ein Notdach, um das Mauerwerk vor eindringender Feuchtigkeit zu schützen. Es hat eine Laufzeit von zwölf Jahren, in welchem Zeitraum die Mittel für den Bau eines neuen Kirchendaches gesammelt werden sollen.

Besonderes Augenmerk erfuhr die Kirche während der 700-Jahrfeier von Hohenjesar im Jahre 2008. Zu diesem Anlass war auch der 89-jährige Erdmann von Burgsdorff aus Kassel zu Gast im Ort. Er erinnerte daran, dass Hohenjesar eine Kirchengemeinde hatte, die sich in der Nazizeit samt ihrem Pfarrer zur Bekennenden Kirche hielt. Erdmann von Burgsdorff war 1936 als ältester Sohn des letzten Besitzers von Gut Hohenjesar in der Kirche durch Pastor Martin Niemöller konfirmiert worden. Superintendent Roland Kühne, der in Hohenjesar geboren wurde, konnte sich anlässlich der Jahrhundertfeier zusammen mit der Kirchengemeinde und dem Förderverein über den Fortgang der Arbeiten an der Kirchenruine freuen.

Im Dezember 2008 brachten vier junge Industriekletterer die von Hermann Zander aus Alt Zeschdorf aufgearbeitete alte Wetterfahne wieder auf dem Kirchturm an. Ein Jahr später wurde in der Kirche nach 65 Jahren erstmals wieder ein Weihnachtsgottesdienst samt Krippenspiel gehalten. Kurz zuvor gelang es dem Förderverein, den Kirchenfußboden vollständig zu reparieren. Die denkmalgerechte Restaurierung der alten und Verlegung der neuen Tonziegel hat immerhin 22.000 Euro gekostet, die von der Kommunalgemeinde und dem Förderverein aufgebracht wurden. Kurz vor der Fertigstellung versenkten beteiligte Hohenjesarer an der Stelle, wo einst der Altar stand, eine Schatulle mit Münzen, alten und neuen Fotos, einem Grundriss der Kirche und der Abschlussrechnung für die Tonfliesenarbeiten im Kirchenfußboden.

Die Gottesdienste, auch für die Katholiken, finden seit Kriegsende in einer hölzernen Kapelle auf dem Kirchhof statt. Diese Kapelle hat im Jahre 1922 die damalige Gutsherrin Friederike von Burgsdorff († 1934) von russischen Kriegsgefangenen im Blockhausstil erbauen lassen. Einst wurden in ihr die Toten aufgebahrt und von hier aus auf ihren letzten Weg geleitet. Als sie nach dem Krieg zur Notkirche für die katholischen und evangelischen Christen ausgebaut werden musste, erhielt der vordem offene Vorraum Fenster und wurde geschlossen. Das Mittelfenster beim Altar wurde zugemauert und dafür zwei seitliche Fenster mit bunten Glassteinen eingebaut. Die heutige Inneneinrichtung samt Altartisch und Lesepult aus den 1970er Jahren geht auf eine Initiative der katholischen Gemeinde zurück. Das ökumenische Miteinander der beiden Konfessionen hat in Hohenjesar eine fast siebzigjährige Tradition.

Das nordöstlich an die Kirche grenzende Burgsdorffsche Erbbegräbnis ist nach Jahrzehnten des Verfalls und regelrechter Grabschändung vor einigen Jahren wieder hergerichtet worden. In dem eingefriedeten Areal herrscht Ordnung. Alle Grabdenkmale stehen wieder auf ihren Sockeln und die Inschriften sind durch farbliche Hervorhebung besser lesbar.

Auf einem der Grabsteine steht zu lesen, dass hier der Bezirksamtmann von Gibeon, Hauptmann d. R. im 3. Garderegiment zu Fuß, Henning von Burgsdorff, begraben liegt, gefallen am 4. Oktober 1904 mit 37 Jahren in Deutsch-Südwest-Afrika. Dort war er Angehöriger der Schutztruppe, die seit 1884 in der deutschen Kolonie Kaufleute und Siedler schützen sollte. Diese Truppe wurde zunehmend in Auseinandersetzungen zwischen Hottentotten und Hereros hineingezogen, so auch bei dem

Im Burgsdorffschen Erbbegräbnis nördlich der Kirche von Hohenjesar. Foto: R. Schmook

Anfang 1904 ausgebrochenen Hereroaufstand. Der Hottentottenführer Hendrik Witbooi wollte zunächst die Deutschen gegen die Hereros unterstützen, hatte es sich aber im Oktober 1904 anders überlegt. Um das Unterstützungsversprechen bei Wittbooi einzufordern, ritt Burgsdorff unbewaffnet zu dessen Hauptquartier. Soweit kam er aber nicht mehr, denn bei dem Ort Marienthal wurde er von Witbooi-Anhängern angehalten und erschossen.

Auf diese Weise wird auf einem lebusischen Dorfkirchhof ein Stück deutscher Kolonialgeschichte dokumentiert, das auch in der Literatur über die einstige Kolonie Deutsch- Südwest-Afrika seinen Niederschlag findet.

Kirche Dolgelin

Dem sorgfältig gesetzten Granitmauerwerk nach zu urteilen stammt die Dolgeliner Kirche spätestens aus der zweiten Hälfte des 13. Jahrhunderts. Sie besitzt ein rechteckiges Langhaus und einen eingezogenen, gerade geschlossenen Chor. Auf der Nordseite war eine tonnengewölbte Sakristei aus Backstein angebaut und gehörte mit ihrem charakteristischen Ostgiebel wohl der Mitte des 16. Jahrhunderts an. Am spitzbogigen Westportal war bis 1945 noch ein alter eichener Türverschluss mit gotischen Beschlagresten erhalten. Das Portal auf der Nordseite ist vermauert.

Der unverhältnismäßig große Backsteinturm entstand 1870 an der Stelle des alten, der am 2. Dezember 1867 nach Westen hin teilweise eingestürzt war. Bis zum Ersten Weltkrieg erklangen in diesem Turm vier Bronzeglocken:

Die älteste von ihnen aus dem Jahre 1500 trug am Hals die Umschrift: „hilf . goth . vnde . maria . a. d . mccccc (1500)“ und außerdem in spätgotischen Minuskeln „ihesvs . marie . filivs sit . nobis . clemens . et . propicivs . amen“. Auf der Haube zeigten sich eine nackte Figur, außerdem die Darstellung eines Bischofs, die Namen „merten“ und „iacob“ und wahrscheinlich das Gießerzeichen. Unter einem zwischen zwei Kreuzen angebrachten Christuskopf war das Schliebensche Wappen mit den Buchstaben „k . v . s“ (Kurt von Schlieben) angebracht. Diese wertvolle Glocke wurde vermutlich 1945 zerstört.

Eine 1699 von Johann Jacob Mangold, Stettin, gegossene Bronzeglocke wurde 1917 an die Heeresverwaltung abgeliefert. Sie trug auf der Haube das Schliebensche Wappen mit verschiedenen Buchstaben als Umschrift, ein Hinweis auf Adam von Schlieben, Komtur von Lietzen. Der Verbleib der zweiten Bronzeglocke vom Ende des 17. Jahrhunderts ist unbekannt.

Auch die 1720 von Christian See, Berlin, gegossene Bronzeglocke musste 1917 abgeliefert werden. Sie trug den Namen des Lietzener Komturs Friedrich Ernst Freiherr v. Knyphausen und zeigte wie die Glocke von 1699 an, dass die Dolgeliner Kirche von 1318 bis 1811 den Johanniterorden als Patron hatte.

Damit wieder geläutet werden konnte, beschaffte die Kirchengemeinde im Jahre 1957 zwei Eisenhartguss-Glocken von der Firma Schilling & Lattermann, Apolda, die in einem separaten Glockenstuhl vor dem Pfarrhaus hängen.

Im Frühjahr 1945 wurde die Kirche während der schweren Kämpfe um den Ort beschädigt, überstand aber das Trommelfeuer in einem benutzbaren Zustand. Bis 1946 haben in dem ausgebesserten Kirchenschiff die Gottesdienste der Kirchgemeinde sowie Taufen, Konfirmationen und Trauungen stattgefunden. Danach hat der Bürgermeister von Dolgelin ohne jede Achtung vor dem beträchtlichen kulturhistorischen Wert des mittelalterlichen Kirchenbaues die Kirche zur Abnahme der Dacheindeckung und zum Abriss freigegeben. Auf diese Weise wurde die wertvolle Dorfkirche zur Ruine, nicht aber, wie spätere DDR-Veröffentlichungen glauben machen wollten, durch Kriegszerstörung. Dabei ging auch die gesamte Inneneinrichtung einschließlich der aus den 1880er Jahren stammenden Orgel der Fa. Gebr. Dinse, Berlin, verloren. Als einziges originales Stück der Innenausstattung ist die Taufe erhalten geblieben, die im Hof des Pfarrhauses steht.

Der Kirchturm, im 19. Jahrhundert errichtet, wurde am 25. März 1965 gesprengt. Damit schien die endgültige Vernichtung der Kirche besiegelt. Erst 1987/88 konnten die zuständigen Behörden dazu veranlasst werden, den Schuttkegel der Turmsprengung zu beseitigen. Bereits nach der Turmsprengung waren an der Westwand des Kirchenschiffs ein abgestuftes Rundfenster und zwei kreisförmige Putzblenden mit figürlichen Putzritzzeichnungen aus der Bauzeit zum Vorschein gekommen. Die eine zeigt die Halbfigur eines Bischofs, der den Heiligen Adalbert, Schutzpatron des Bistums Lebus, darstellen soll. Die andere, eine gekrönte Gestalt, wird auch als „Ecclesia" (Sinnbild der christlichen Kirche) gedeutet.

Dolgeliner Kirche von Südosten um 1955 nach der rücksichtslosen Abdeckung der Dachziegel. Ephoralarchiv Seelow

Wenn sie, wie von Fachleuten vermutet, den Märtyrer Veit als Heiligen des sächsischen Kaiserhauses darstellen sollte, der vor allem in Kloster Corvey verehrt wurde, könnte der Veits-Kult von westfälischen Siedlern in die neue Heimat mitgebracht worden sein. Beide Kunstwerke wurden in den 1980er Jahren konserviert, später aber durch Steinwürfe mutwillig beschädigt.

Im Jahre 1992 wurde das Areal um die Kirchenruine vom Wildwuchs befreit und erste Sicherungsarbeiten an der Mauerkrone ausgeführt. Mitte des Jahres 2000 erhielt der Kirchenfußboden einen neuen Belag aus geputzten Ziegelsteinen. Dann passierte etwa zehn Jahre lang nicht mehr viel, bis am 6. Dezember 2002 auf Initiative des Neu-Dolgeliners Siegfried Jäger ein Förderverein für die Dolgeliner Kirche gegründet wurde. Im Dezember 2004, als sich ein erneuter Verfall der Kirchenruine zeigte und auch noch die Dauervakanz der Pfarrstelle begann, berieten Förderverein, Kirchgemeinde und Kommunalgemeinde über ein Zusammengehen bei der Wiederherstellung der Kirche und über die anschließende gemeinsame Nutzung des Gotteshauses. Schon aus Denkmalschutzgründen ist eine fachgerechte Sanierung der erhaltenen Kirchenruine mit ihren wertvollen Putzritzzeichnungen am Westgiebel, den mittelalterlichen Putz- und Farbresten in den Türbögen und den drei „Schalltöpfen" in den Chorwänden dringend geboten. Eine multifunktionale Nutzung schließt das nicht aus. Heute präsentiert sich dem Besucher eine Kirchenruine, die gelegentlich für kirchliche Veranstaltungen genutzt wird. Dafür wurde eigens im Jahre 1994 eine Bühne eingebaut. Die Zukunft dieses Bauwerks ist einigermaßen ungeklärt, jedoch gibt es Pläne für einen teilweisen Wiederaufbau.

Östlich der Kirchenruine steht das ehemalige Pfarrhaus, in dem sich die Kirchengemeinde, die heute zur Evangelischen Hoffnungsgemeinde Oderbruch-Süd gehört, seit Ende der 1940er Jahre zu ihren Veranstaltungen zusammenfindet. Im Erdgeschoss des Pfarrhauses gibt es für diese Zwecke einen Kirchsaal, dessen Ausstattungsgegenstände (Altar, Kreuz, Leuchter, Lesepult und Taufe) aus den 1970er Jahren stammen.

Der Kirchsaal ist abteilbar, so dass sich im hinteren Teil des Raumes zum Beispiel die Konfirmanden und die Christenlehrekinder zum Unterricht treffen können. Die Orgel, 1958 für den Gemeindesaal der Potsdamer Erlöserkirche von der Fa. Alexander Schuke Orgelbau, Potsdam, als Opus 294 gebaut, fand 1982 hier Aufstellung. Das große „Hungertuch" an der Wand des Kirchsaals stammt von einem äthiopischen Maler und erinnert an den jährlichen Weltgebetstag.

Kirche Niederjesar

Die Dorfkirche Niederjesar wurde 1859 von dem Architekten Friedrich August Stüler zu einem neuromanischen Feldsteinbau mit in Backstein ausgeführtem Chor und hohem schlankem Westturm umgebaut. Über ihren Vorgängerbau wissen wir nicht viel, nur dass es 1394, als der Ort zum ersten Mal urkundlich erwähnt wurde, bereits eine Kirche gab.

Seit dem 15. Jahrhundert gehörte sie bis in die Neuzeit als Tochterkirche zur Mater Döbberin, heute zum Evangelischen Pfarramt Mallnow.

Im Innern hatte die Stülerkirche ein Sterngewölbe mit einer Sternenmalerei auf blauem Grund sowie ein

Interieur im Stile der Erbauungszeit. Die Orgel stammte von der Berliner Orgelbauanstalt Gebr. Dinse.

Im Turm hingen bis zum Ersten Weltkrieg drei Glocken: Von den beiden mittelalterlichen Glocken, die keinerlei Inschrift trugen, wurde die eine 1917 an die Heeresverwaltung abgeliefert, die andere 1945 zerstört. Eine 1861 von Cornbelius Rubon, Berlin gegossene Glocke musste ebenfalls 1917 abgeliefert werden. Um nach dem Krieg wieder läuten zu können, beschaffte die Kirchgemeinde von der Firma Schilling & Lattermann, Apolda, im Jahre 1956 eine Eisenhartguss-Glocke, die in einem separaten Glockenstuhl auf dem Kirchhof hängt.

Am 12. April 1945, vor Beginn der Kämpfe um den Ort, sprengte die Wehrmacht den Turm, wobei die ganze Kirche samt Innenausstattung zerstört wurde. Danach gab es im Pfarrsprengel Mallnow, zu dem fünf Kirchen gehörten, kein funktionstüchtiges Gotteshaus mehr. In den 1950er Jahren veranlasste Pfarrer Martin Schwarz den Einbau eines kleinen Kirchsaales in die Ruine. 1988/89 konnte die Kirchengemeinde unter Leitung von Pfarrer Martin Müller das erhaltene Chorgewölbe und die Umfassungsmauern baulich sichern.

1995 entschied der Gemeindekirchenrat, Niederjesar zum Zentrum der Gemeindearbeit mit Gottesdiensten, Konfirmandenunterricht, Jugend- und Seniorenarbeit zu machen. Zugleich sollte der Kirchenraum Veranstaltungen der Kommune ermöglichen und Konzerten, Vorträgen und Dorffesten Raum bieten. Der Wiederaufbau der Niederjesarer Kirche wurde beschlossen.

1997 begann mit Mitteln aus dem Staatskirchenvertrag die Rettung dieses ruinösen Gotteshauses. Um den erforderlichen Eigenanteil zu leisten, bündelten die Kirchengemeinde und der gesamte Sprengel Mallnow, die Gemeinde Niederjesar sowie der am 27. Dezember 1997 gegründete Förderverein zum Wiederaufbau der Kirche die Kräfte. Am 26. April 1998 konnte in der gesicherten

Blick über den zugefrorenen Dorfteich in Niederjesar im Jahre 1942 mit Blick auf die Kirche, das Lange Haus für Gutsarbeiterfamilien und das Spritzenhaus. Privatfoto Frau Schüler, Niederjesar

und überdachten Kirche nach 53 Jahren wieder ein Gottesdienst gefeiert werden. Bischof Wolfgang Huber nahm bei dieser Gelegenheit das Gotteshaus feierlich in Nutzung.

Einzigartig ist die Form der Dachkonstruktion. Der auf die Umfassungsmauern aufgesetzte, 1,5 Meter hohe gläserne Drempel trägt ein Flachdach. Auch die Fenster des Kirchenschiffes sind wieder verglast. Im Herbst 2002 konnten dann die Innenausbauten beendet werden. Dafür hatten das Landesamt für Flurneuordnung, die Gemeinde und der Förderverein 150.000 Euro aufgebracht. In das Kirchenschiff integriert wurde ein beheizbarer Gruppenraum mit darüber befindlicher Empore. Um die Kirche als Dorfgemeinschaftszentrum nutzen zu können, baute man in die ehemalige Trauerhalle neben der Kirche Sanitäranlagen und eine Teeküche ein. Insgesamt sind rund 400.000 Euro in den Wiederaufbau geflossen, seit dessen Beendigung die Kirche als dörfliches Kommunikationszentrum dient. Neben vielen anderen hat sich um den Wiederaufbau der Niederjesarer Kirche besonders der Vorsitzende des Fördervereins, Gunter Pröhl, verdient gemacht.

2008/09 bekam die Kirche dann noch farbig gestaltete Chorfenster. Nun fehlt eigentlich nur noch eine Orgel, um das Gotteshaus wieder voll funktionstüchtig zu machen. Seit seinem Wiederaufbau als Niederjesars Dorfgemeinschaftszentrum wird hier nicht nur alle zwei Wochen Gottesdienst gehalten, sondern es finden auch Konzerte, Ausstellungen, Seniorenweihnachtsfeiern der Kommunalgemeinde und gelegentlich zu Pfingsten die Nacht der offenen Kirchen statt.

Kirche Carzig

Die Carziger Kirche gehört zu den am schwersten zerstörten Gotteshäusern im Kirchenkreis Oderbruch, was man ihr bis heute ansieht.

Um 1870 ließ der Majoratsherr und Kirchenpatron Carl Albert Leopold Eugen von Burgsdorff (1841–1877) auf Markendorf und Carzig auf den alten Fundamenten des Vorgängerbaues eine neugotische Kirche errichten. Sie hatte einen hohen Westturm mit verbrettertem Turmoberteil, der das weithin sichtbare Wahrzeichen des kleinen Dorfes gewesen ist. In ihm hing eine Bronzeglocke, 1863 aus einer älteren umgegossen von Friedrich Gruhl in Kleinwelka bei Bautzen, die 1917 an die Heeresverwaltung abgeliefert werden musste. Die zweite Glocke war mit einer Majuskelinschrift versehen und stammte aus dem 15./16. Jahrhundert. Sie war 1945 an zwei Stellen durchschossen worden. Nach dem Krieg wurde sie von der Firma Franz Schilling Söhne in Apolda umgegossen und kam 1957 nach Carzig zurück. Sie war die einzige nach dem Krieg gegossene Bronzeglocke im damaligen Kirchenkreis Seelow. Als der Kirchturm 1958 ausgebessert und mit einem neuen Glockenstuhl versehen war, konnte diese Glocke am Heiligabend desselben Jahres in Dienst genommen werden.

Zur alten Innenausstattung der Carziger Kirche gehörte ein spätgotischer Flügelaltar, in dessen Mitte die Madonna von einem Rankenschnitzwerk umgeben war. Zu beiden Seiten waren die Hl. Barbara und die Hl. Katharina mit ihren Attributen dargestellt, dem Turm und dem Rad. Auf den Innenseiten der Flügel zeigten sich je vier Heiligenfiguren. Eine Orgel hatte die Kirche auch. Sie wurde 1895 von Wilhelm Sauer in Frankfurt (Oder) gebaut und 1945 zerstört.

Um den 10. März 1945 haben deutsche Soldaten den Carziger Kirchturm gesprengt. Die in das Schiff stürzenden Turmtrümmer zerstörten die Mauern bis zur Dachtraufe. In den Nachkriegsjahren holten sich die Menschen aus dem Dorf nach Freigabe durch die sowjetische Kommandantur Steine für den eigenen Hausbau und die Reparatur der Kriegsschäden, bis die Ruine fast gänzlich abgetragen war. Gottesdienst wurde zunächst in der Schule gehalten. Es dauerte lange, bis die ersten Wiederaufbauarbeiten begannen. Erst 1960 konnte nach einigen Hin und Her mit dem Seelower Kreisbauamt der Turmdachstuhl gebaut und mit einem Pyramidendach gedeckt werden.

Auf Veranlassung von Pfarrer Martin Schwarz bauten sich die Carziger Christen bis Ende 1964 eine Notkirche in die Ruine hinein. Auch hierbei bereitete die Genehmigungsbehörde jahrelange Schwierigkeiten. In dem kleinen Kirchsaal stehen seitdem das erhaltene Taufbecken aus Sandstein mit der Inschrift: „Der Kirche zu Carzig gewidmet von H. Schmidt im Juli 1887“ einschließlich der Messing-Taufschale. Vorhanden ist auch noch ein stark beschädigtes Ölbild, das Jesus mit dem Kreuz zeigt. Die übrige Ausstattung des Saales ist sehr schlicht und besteht aus einem hölzernen Altartisch, einem hölzernen Kreuz und einem Harmonium.

Bis nach 1990 hielt Pfarrer Martin Müller noch alle zwei Wochen Gottesdienst in Carzig. Als die „guten Seelen“ der Kirchengemeinde, die die Kirche bis dahin in Schuss hielten, nicht mehr konnten, wurde ein Fahrdienst zu den Gottesdiensten nach Mallnow eingerichtet, wozu die Carziger Kirchengemeinde seit 1954 gehört. In Carzig ist seitdem nur noch einmal jährlich, im Sommer, Gottesdienst.

Seit dem 2. April 2004 kümmert sich der Förderverein „Initiative Dorfkirche Carzig“ um das Gotteshaus und verfolgt das Ziel, des „äußerlich möglichst originalgetreuen Wiederaufbaus der Dorfkirche“. Schon vorher wurde auf dem Wege dorthin einiges erreicht. Nachdem der Turm 2002 ein neues Dach und 2003 eine neue Spitze erhalten hatte, wurde dic Ruine des Kirchenschiffes aufgeräumt. Dabei hat man alte Steine geborgen und die Mauerreste untersucht.

Im Laufe der Jahre entwickelte sich eine fruchtbringende Partnerschaft zwischen der Kirchengemeinde und dem Förderverein, von der die Kirchenruine seit 2011 erheblich profitieren konnte. Anfang Juni 2011 begannen die Arbeiten am ersten Bauabschnitt. In den Ostgiebel der Notkirche schnitt man eine große Öffnung hinein, die im unteren Teil durch eine mannshohe Fensterfront und darüber durch eine hölzerne Verblendung bald wieder geschlossen wurde. Auch die Elektroinstallation erfuhr eine grundlegende Erneuerung samt Einbau einer Elektro-

heizung. Das Geld reichte dann auch noch für einen neuen Dielenfußboden. Im Dezember 2011 konnte dieser erste Bauabschnitt fertiggestellt werden.

Aus der dunklen Notkirche mit Rissen im Putz, dem löchrigen Fußboden und dem Kanonenofen ist ein freundlicher Gemeinderaum geworden, dessen Wände in warmen Farben strahlen und der vom Licht geflutet wird, das durch die breite Fensterfront einfällt. Dabei haben sich aktive Mitglieder des Fördervereins mit Renate Labes an der Spitze persönlich engagiert. Karl-Heinz Labes bescherte dem Kirchenraum etwas Einmaliges in der Region. Er malte eine Türumrahmung, deren Bekrönung die beiden vom ehemaligen Altar entlehnten heiligen Frauen Barbara und Katharina schmücken.

Zu den aktiven Förderern des Kirchenaufbauprojekts gehören auch Eleonore von Joest, geb. v. Burgsdorff, Urenkelin des Kirchenerbauers, und Fritz Graeber aus Schleswig-Holstein, der die Kirche 1945 als 19-jähriger Wehrmachtssoldat kennen lernte und seit Jahren Geld für „seine“ Kirche sammelt.

Für den zweiten Bauabschnitt ist deutlich mehr Geld nötig, denn der eigentliche Wiederaufbau der Kirche ist ein umfangreiches und aufwendiges Unterfangen. Und so wird weiter Geld gesammelt für das große Ziel. Wenn sich Menschen am Ort weiter so für ihre Kirche engagieren, wird sie eines Tages als Haus Gottes und kulturelle Begegnungsstätte in alter Schönheit wiedererstehen.

Kirche Podelzig

Schon im 13. Jahrhundert stand in Podelzig (1354 erstmals erwähnt) eine Kirche. Der aus dem Altslawischen stammende Ortsname bedeutet soviel wie ‚an einem Tal gelegener Ort'.

Vor ihrer Zerstörung im Jahre 1945 war die Podelziger Kirche ein größtenteils überputzter Bau, bestehend aus einem rechteckigen Langhaus, dem breit vorgelagerten Turm, der Sakristei im Nordosten und einem Vorbau vor dem Südportal. Mittelalterlichen Ursprungs waren die aus Granitfindlingen aufgeführten Umfassungsmauern des Schiffs und des Turmunterbaus. Die obere Turmhälfte bestand aus Backsteinen im Klosterformat und war in der zweiten Hälfte des 16. Jahrhunderts aufgemauert worden. Auf dem Turmdach saß ein schlanker Dachreiter, der wie die übrige Firstverzierung des Turmdaches und die Einfassung des Westportals samt Inschrift „Ein feste Burg ist unser Gott" aus der Zeit um 1900 stammte. Infolge eines Blitzschlags kam es unter dem Patronat des Joachim Erdmann von Burgsdorff 1719 zu einer durchgreifenden Wiederherstellung und wohl auch gravierenden baulichen Veränderungen. Das Innere wurde mit den Wappen von 17 märkischen Adelsgeschlechtern geschmückt, die sich unter dem Kämpfergesims des hölzernen Tonnengewölbes an den vier Wänden entlang zogen. Auf dem Bogenfeld der Ostwand prangte das Burgsdorffsche Wappen in dreifacher Wiedergabe.

Über dem mittleren Unterzug hing ein Triumphkreuz mit je einem Korpus Christi auf beiden Seiten. Der

Kanzelaltar wurde in der ersten Hälfte des 19. Jahrhunderts aus den beiden separat vorhandenen Ausstattungsstücken zusammengefügt. Die Kanzel, eine Röbelsche Stiftung aus der Mitte des 17. Jahrhunderts, war genauso alt wie das hölzerne Taufgestell. Das kreisrunde Messing-Taufbecken aus dem 17. Jahrhundert zeigt die Verkündigung Mariä. Wann die Orgel in die Kirche kam und wer sie gebaut hat, ist bisher unbekannt. Ihr Prospekt stammte aus der Mitte des 19. Jahrhunderts. Die zuletzt braun überstrichene Patronatsempore in der Nordostecke hatte eine reich geschnitzte Pilastergliederung. Sie stammte aus der Zeit um 1720 und trug in der Bekrönung das Burgsdorffsche Wappen.

An der Westwand des Patronatsgestühls hing ein qualitätsvolles Epitaph für Ernst Ludwig von Burgsdorff (1648–1710), seinen Sohn Hans Ernst, den Wiederhersteller der Kirche, (1691–1735) und dessen Gemahlin Anna Elisabeth, geb. v. Platen (1704–1737). Die auf Holz in Öl gemalten Bilder der Verstorbenen waren von Waffen und Trophäen umgeben.

An der Außenseite der Ostwand standen zwei Grabsteine aus dem 16. Jahrhundert, der eine für Ursula von Wulffen, der andere für eine Geborene v. Burgsdorff.

Im Turm hingen bis zum Ersten Weltkrieg vier Glocken. Die älteste von ihnen war mittelalterlich und trug Darstellungen aus dem Leben Christi sowie ein Weihekreuz. Sie wurde 1945 zerstört. Auch die Glocke, die 1721 von Christian See, Berlin, für Podelzig gegossen wurde und mit dem Namen v. Burgsdorff verziert war, ist 1945 abgestürzt und wurde nach Kriegsende zerschlagen. Der größte Teil der Bruchstücke wurde entwendet. Einige Teile fanden sich 1994 im Schutt wieder an und werden im Pfarrarchiv aufbewahrt. Die 1831 von Gottlieb Großheim, Frankfurt (Oder) gegossene Glocke musste bereits 1917 an die kaiserliche Heeresverwaltung abgeliefert werden. Das gleiche Schicksal widerfuhr auch der Glocke, die Gustav Collier, Berlin-Zehlendorf, 1893 aus einer älteren umgegossen hatte. Nach 1920 wurde eine Bronzeglocke angeschafft, die möglicherweise 1942 zu Kriegszwecken abgeliefert wurde. Als nach dem Krieg gar keine Glocke mehr da war, beschaffte sich die Kirchgemeinde 1952 bei der Fa. Schilling & Lattermann, Apolda, eine Eisenhartguss-Glocke, die seitdem in einem eisernen Glockenschauer im Hof des Pfarrgrundstücks hing.

Als Ende Februar, Anfang März 1945 Podelzig in die unmittelbare Kampfzone geriet, erlitten Dorf und

Blick von Nordwesten auf die Podelziger Kirche, um 1925. Privatfoto H.-G. Rieger, Lebus

Kirche schwere Beschädigungen. Zuerst wurde der Kirchturm durch deutsche Soldaten gesprengt. Artillerietreffer beschädigten die Kirche schwer, doch bei Kriegsende stand der mittelalterliche Baukern, bestehend aus Turm und Umfassungsmauern des Kirchenschiffes, noch. Dann wurden die verbliebenen Dachsteine entnommen, wodurch irreparable Schäden im Kircheninnern entstanden. Auf Anordnung des Kreisbauamtes in Seelow wurde ab 1955 mit dem Abriss der Kirchenruine begonnen, angesichts der Standfestigkeit der Mauern eine politisch motivierte Entscheidung. So widerstanden die Mauern bis auf zwei Metern Höhe und auch der zehn Meter hohe Turmstumpf allen Bemühungen der mit dem Abriss beauftragten Baufirma. Dabei fielen jedoch die noch vorhandenen Wandmalereien, namentlich die Wappendarstellungen, der Vernichtung anheim. Die beiden Grabsteine an der Ostwand wurden bei den Abrissarbeiten verschüttet.

Nach dem Krieg blieb die Pfarre Podelzig zunächst unbesetzt. Sie wurde in dieser Zeit versorgt von Pfarrer Dürr in Sachsendorf, ab Sommer 1946 von Pfarrer Furchtbar in Lebus und von Sommer 1947 bis April 1949 von Pfarrer Schwarz in Mallnow. Zu seiner Unterstützung schickte die Goßner-Mission 1948 aus Berlin einen Wohnwagen, der neben dem damals fast unzugänglichen Pfarrgrundstück auf dem Hof der zerstörten Bauernwirtschaft Schindler Aufstellung fand. Hier traf sich die Junge Gemeinde, wurden Bibelstunden und alle 14 Tage Gottesdienst gehalten.

1950 hatte die Kirchengemeinde unter Leitung von Pfarrer Hans-Georg Rieger auf dem Pfarrgrundstück den Bau eines Gemeindehauses mit Kirchsaal und Unterrichtsraum begonnen. Das Gemeindehaus konnte nach Überwindung vieler Schwierigkeiten am 27. April 1952 seiner Bestimmung übergeben werden. Von der alten Kirchenausstattung waren ein Abendmahlskelch mit Patene aus dem 18. Jahrhundert, ferner eine Kirchenflasche und ein Ringteller und schließlich auch die Messing-Taufschale aus dem 17. Jahrhundert erhalten geblieben. Hier fand nun über 40 Jahre lang das kirchliche Leben statt, während die Kirchenruine gegenüber mehr und mehr verfiel.

Seit 1995 befreite man die Kirchenruine vom Schutt und führte erste Sicherungsmaßnahmen aus. Der Kirchturmstumpf erhielt im Folgejahr zwei Zwischenetagen und ein weithin sichtbares blaues Notdach. Im Herbst 2002 waren die Voraussetzungen erfüllt, um mit der Sanierung und dem weiteren Aufbau der Kirche fortzufahren. Der Turmstumpf wurde 2003 durch neues Mauerwerk auf eine Höhe von 17 Metern gebracht. Eine Metalltreppe an der Außenfassade ermöglichte ab 2005 dann den Zugang zu einer Aussichtsplattform und zur darunter liegenden Ebene mit dem Glockenstuhl. Der äußere Grundriss des früheren Schiffes wurde etwas aufgemauert, um eine gewisse Geschlossenheit des Innenraumes zu erreichen.

Unter dem Altar wurde bei diesen Arbeiten eine Gruft mit drei Särgen entdeckt, wahrscheinlich das Familiengrab der Burgsdorffs. Die beiden Grabsteine von der Ostwand des Chores fanden sich mit schweren Schäden auch wieder an.

Das gemeinsame Agieren von Kirchengemeinde und Kommunalgemeinde machte sich im Laufe der Zeit sehr positiv bemerkbar. Am 20. August 2005 wurden im Rahmen des Sommerfestes der Kirchengemeinde Turm und Kirchenschiff als sanierte Kirchenteile wieder in Gebrauch genommen. Über dem Altarbereich spannt sich seitdem ein offener Raum, der nach oben hin verglast ist und dadurch helles Licht erhält.

Im September 2007 erfolgte der Einbau eines Glockenstuhls aus Eichenholz in den Turm. Bereits im Sommer desselben Jahres wurden in Lauchhammer zwei neue Bronzeglocken gegossen, und zwar vor den Augen einiger Podelziger. Die Glocken trafen im Januar 2008 in Podelzig ein und wurden sogleich in den Glockenstuhl des wiederaufgebauten Turmes gehängt. Am 27. Januar 2008 feierte die Kirchengemeinde Podelzig mit zahlreichen Gästen die Inbetriebnahme der zwei neuen Glocken mit den Inschriften „Gib uns Frieden jeden Tag" und „Der Herr ist mein getreuer Hirte". Gleichzeitig wurde die eiserne Glocke von 1952 außer Dienst genommen und nach Genschmar gebracht, wo es seit 1945 keine Glocke mehr gab.

Als einen weiteren Schritt beim Aufbau der Podelziger Kirche hat im August 2010 der Frankfurter Restaurator Bernhard Klemm den Spruch über dem Kirchenportal: „Ein feste Burg ist unser Gott" fachgerecht erneuert. Die Wiederherstellung des Schriftzuges nach dem berühmten Lutherwort ist im Nutzungsvertrag zwischen Kirchgemeinde und Kommunalgemeinde Podelzig geregelt. Beide finanzierten die Maßnahme gemeinsam.

Kirche Rathstock

Das Dorf Rathstock wird 1354 zum ersten Mal als „villa Rotstok" urkundlich erwähnt. Der slawische Ortsname bedeutet soviel wie ‚Flussverbreiterung' oder ‚Gabelung eines Flusses'.

Eine Kirche hat es hier spätestens 1460 gegeben. Sie war seit der Reformation, vielleicht auch schon vorher, Mutterkirche mit der Tochter Hathenow, bis 1963 Rathstock und Hathenow zur Kirchengemeinde Rathstock vereinigt wurden.

Die Kirche in Rathstock war ein Neubau aus den Jahren 1770/71, vermutlich an der Stelle des Vorgängerbaues. Es handelte sich um einen rechteckigen Putzbau in spätbarocken Formen mit einem hohen Westturm unter einem geschweiften Pyramidendach. Ende des 19. Jahrhunderts erfolgte der Anbau einer Apsis und dreier Portalvorbauten. Im Turm hingen bis zum Ersten Weltkrieg drei Glocken. Die kleinste von ihnen goss 1583 Meister Sebastian Preger, Frankfurt (Oder). Ihr Verbleib ist unbekannt. Von den beiden Glocken, die Lorenz Kökeritz, Stettin, 1670 gegossen hat, wurde die größere 1917 an die Heeresverwaltung abgeliefert. Die noch vorhandene kleinere ist sehr wertvoll und trägt das Burgsdorffsche Wappen. Sie hängt in einem eisernen Glockenschauer im Pfarrgarten.

Die Außenseiten der Kirche waren durch Lisenen und Putzquaderung gegliedert. Bis zur Brüstungshöhe reichten die Fenster herab. Das flachgedeckte Innere besaß auf der Süd- und Westseite hölzerne Emporeneinbauten.

Der Kanzelaltar, die Taufe und das Orgelgehäuse zeigten schlichte Barockformen. Kanzel und Altar waren bei dem Kirchenumbau Ende des 19. Jahrhunderts getrennt worden. Vor der Zerstörung war auch noch ein Teil eines Renaissance-Flügelaltars vorhanden. In seiner Mitte sah man Christus mit der Dornenkrone, auf der Innenseite des linken Flügels Petrus, auf der entsprechenden Seite des rechten Flügels Judas, der wie auch die anderen Figuren mit einer Beischrift versehen war. Ein Kruzifix aus Holz, 16. Jahrhundert, lebensgroß und realistisch bemalt, mit den Symbolen der Evangelisten Matthäus (links) und Lukas (rechts), befand sich auf dem Kirchenboden. An der Nordwand hing ein Epitaph für Ernst v. Burgsdorff († 1606), reich geschmückt mit Waffen und Trophäen und mit dem Burgsdorffschen Wappen versehen. In der Nordwand eingemauert waren außerdem zwei Grab-

Blick auf die Rathstocker Kirche von Osten auf einer Ansichtskarte um 1935

steine, und zwar für „Sigmund v. Borgstorpf" (1590–1594) und für „Hans Joachim v. Borgstorpf († 15. August 1592).

Rathstock lag im Frühjahr 1945 in der Hauptkampfzone und wurde bei den Kämpfen schwer zerstört. Die Kirche war zerschossen und ausgebrannt, die gesamte Inneneinrichtung samt der Orgel aus dem 18. Jahrhundert vernichtet. Ihre Umfassungsmauern standen aber noch. Nach 1949 erhielt eine Maurerbrigade den Auftrag, die Ruine abzutragen. Dabei werden ideologische Gründe eine Rolle gespielt haben, doch auch das Baumaterial wurde dringend gebraucht, denn die meisten Häuser von Rathstock waren schwer beschädigt.

Nach dem Krieg wurden die Gottesdienste zunächst in der alten Schule gehalten, bis um 1952 im ehemaligen Pfarrhaus ein eingebauter Kirchsaal nutzbar wurde. Darin wird ein Jesuskopf aus der alten Kirche aufbewahrt. An der Südwand ist der erhaltene Grabstein des Sigmund von Burgsdorff aus dem Jahre 1594 eingelassen. Im sehr schlicht eingerichteten Kirchsaal hängt ein farbenpräch-

Zerschossene Rathstocker Kirche von Südwesten, um 1947. Ephoralarchiv Seelow

tiges „Hungertuch“, ein Geschenk der Bonner Friedenskirchengemeinde, die Pfarrer Thomas Thaens (amt. 1968–1980) als Partnergemeinde gewinnen konnte. Diese Beziehung besteht bis heute. Das Pfarrhaus wurde 2002 im Rahmen der Dorferneuerung umfassend saniert.

Das eigentliche Kirchenareal war über die Jahre verwildert und als Müllkippe missbraucht worden. Büsche und Bäume wuchsen in den Mauerresten, von denen nur noch Umrisse zu sehen waren. 1998 wurde im Rahmen eines ABM-Projekts das Kirchengelände entrümpelt, der Müll und der Unrat weggeschafft. Stück für Stück kamen die Umrisse des einstigen Gotteshauses zum Vorschein. Die Mauern wurden gesichert und das umliegende Gelände zu einem kleinen Park umgestaltet. Am 26. April 1998 feierten die Rathstocker ihren ersten Gottesdienst unter freiem Himmel. Pfarrer Gottfried Hemmerling nahm bei dieser Gelegenheit die Ruine wieder in den gottesdienstlichen Gebrauch.

Kirche Reitwein

Reitwein wird 1316 als „Ruthewyn“ erstmals urkundlich erwähnt. Der slawische Ortsname bedeutet ‚Ort, wo es Raseneisenstein gibt‘.

Die erste Reitweiner Kirche wurde 1414 an der gleichen Stelle erbaut, an der die heutige steht. Sie hatte einen Turm genau in der Mitte des Kirchendaches, der 1597, 1666 und 1672 erneuert werden musste. Im Jahre 1735 fand ein durchgreifender Umbau unter Leitung von Pfarrer Orth statt, zu dem auch der Bau eines neuen Turmes gehörte. Dessen Oberteil stürzte jedoch bereits 1760 wieder ab. Erst zehn Jahre später konnte das Kirchendach wiederhergestellt werden. 1824 erhielt der Turmstumpf noch einmal eine neue Spitze.

In der Mitte des 19. Jahrhunderts war die Einwohnerzahl Reitweins auf über 900 angewachsen. Da die alte Kirche nur 280 Plätze hatte, ließ der Patron Rudolf Graf Finck von Finckenstein eine neue Kirche errichten. Mit der Planung beauftragte er den Architekten und Schinkelschüler Friedrich August Stüler. Ausgeführt haben den Bau der Maurermeister Dammann aus Frankfurt (Oder) und der Maurerpolier Bartel aus Berlin. Am 28. Mai 1855 erfolgte die Grundsteinlegung. Nach dem Abriss der alten Kirche zeigte sich, dass sich deren Fundamente nicht zur weiteren Nutzung eigneten. So wurden auch sie entfernt und die neue Kirche von Grund auf neu erbaut.

Die 25 Särge aus der Burgsdorffschen Familiengruft wurden am 4. Mai 1856 in eine tiefe Gruft unter dem Schiff der neuen Kirche versenkt. Am 25. August 1858 konnte die fertige Kirche feierlich in Nutzung genommen werden. Es war ein kreuzförmiger Backsteinbau entstanden mit einem schlanken hohen Turm, der weithin sichtbar ist. Im Innern befand sich, noch aus der alten Kirche stammend, ein Epitaph für Joachim Ehrentreich v. Burgsdorff (1665-1710). Die Orgel wurde 1858 von der Orgelbauanstalt Lang & Dinse, Berlin, gebaut.

Im 46 Meter hohen Turm hingen einst vier Glocken: Zwei von ihnen waren mittelalterlich. Ihr Verbleib ist unbekannt. Eine dritte Glocke von 1500 (Inschrift: „o rex . glorie . xpe (christe) veni . cvm . pace .ihs (= jesus) xps (= christus) marien . son“) ist eventuell 1945 zerstört worden. Die vierte Glocke, gegossen 1924 von Franz Schilling Söhne, Apolda, musste 1942 zu Kriegszwecken abgeliefert werden.

In den ersten Februartagen des Jahres 1945 gelang es einem Spähtrupp der Roten Armee, sich überraschend in Reitwein festzusetzen. Gegenstöße der Wehrmacht blieben ohne dauerhaften Erfolg. In jenen Tagen nach dem 4. Februar 1945 ist die Reitweiner Kirche stark zerstört worden und mit ihr die gesamte Inneneinrichtung. Allerdings blieb ungeklärt, ob Artilleriebeschuss oder eine Sprengung Ursache dafür war. Ein großer Teil der Bausubstanz blieb dank des festen Mauerwerks erhalten. 1970 sollte die Kirche aus ideologischen Gründen und auf Anordnung des kirchenfeindlichen Rates des Kreises Seelow gesprengt werden. Doch der Gemeindekirchenrat mit seinem Pfarrer Hans-Georg Rieger konnte die endgültige Zerstörung verhindern. Nach Jahren des Verfalls stellte man die Kirchenruine 1983 sogar unter Denkmalschutz. Mit ersten Sicherungs- und Sanierungsmaßnahmen konnte jedoch erst 1991 begonnen werden.

Nach der Wiederherstellung des 1945 gleichfalls schwer beschädigten Pfarrhauses richtete sich die Kirchgemeinde hier einen Kirchsaal ein. Dieses Pfarrhaus dient seit 1966 nach Ausbau des Dachgeschosses als

Rüstzeitheim. Bis dahin hatte Reitwein einen eigenen Pfarrer, wird aber seitdem vom Podelziger Pfarramt mitverwaltet. Im Pfarrgarten stand der Glockenstuhl, in dem eine nach 1945 zurückgekehrte Glocke hing. Es handelt sich aber nicht um die alte Glocke, die 1942 abgeliefert werden musste und dann doch nicht eingeschmolzen

Eine der letzten Trauungen in der Reitweiner Kirche im Jahre 1944 vor ihrer Zerstörung. Privatfoto G.-A. von Wittich, Reitwein

worden war. Auf dem Rücktransport nach Reitwein sei sie, so die mündliche Überlieferung durch Pfarrer Rieger, vertauscht worden, so dass eine falsche Glocke in Reitwein ankam.

Durch den Gemeindekirchenrat und durch den Verein für Kirchenbau und Heimatgeschichte Reitweins e.V. wurde 1994 in Abstimmung mit der Gemeindevertretung Reitwein ein Konzept zur Sanierung der Kirchenruine erarbeitet. Turm und Kirchenschiff sollten in ihrem gegenwärtigen Bestand gesichert und saniert werden. Die sanierte Ruine sollte sowohl touristischen Zugang bieten als auch gemeindliche oder kulturelle Veranstaltungen ermöglichen sowie für Gedenktage zur Verfügung stehen. Zuerst wurden die Mauerwerkskronen des Langhauses neu aufgemauert und mit Zinkblech abgedeckt. Auch der Ostgiebel konnte saniert und die Apsis neu überdacht werden.

Im Frühjahr 1999 erarbeitete ein Studententeam der Technischen Universität Berlin unter Leitung von Dr. Lammertz „Projekte zur erweiterten Nutzung der Reitweiner Kirche". Die Entwürfe zeigten die Vielfalt der Ideen, konnten aber aus finanziellen Gründen nicht realisiert werden. Dafür hatte im November 1998 unter Leitung des Frankfurter Architekten Hans Kulke die Wiederherstellung des Kirchturms begonnen. Am 3. September 1999 um 13.00 Uhr wurde dic neue Turmspitze aufgesetzt. Sie nähert sich den äußeren Formen der alten Turmbekrönung weitgehend an. Bereits zwei Tage zuvor waren einige Dokumente im Turmknopf deponiert worden, darunter eine kurze Geschichte von Reitwein bis 1990 von Pfr. Hans-Georg Rieger, eine kurze Darstellung der Kirchengemeinde 1990 bis 1999 von Pfr. Gottfried Hemmerling, Bauzeichnungen des Architekten Kulke, die Märkische Oderzeitung und einige aktuelle Münzen.

Der Angermünder Kunstschmied Wilfried Schwuchow, der schon 1999 die Turmbekrönung hergestellt und aufgesetzt hatte, baute im Mai 2000 die drei Zifferblätter der Turmuhr samt Zeiger originalgetreu nach. Sie wurden mit Spendengeldern finanziert. Leider ist kein Uhrwerk vorhanden, so dass sich die Zeiger noch nicht wieder drehen.

Anfang Oktober 2000 kamen die beiden neuen Glocken in Reitwein an, die in der Kunstgießerei Lauchhammer (Nummern 124 und 125 seit 1990) gegossen wurden. Zusammen mit der nach 1945 zurückgekehrten älteren Glocke wurden sie kurz darauf in die Glockenstube des wiederaufgebauten Kirchturms aufgezogen. Während einer feierlichen Andacht am 6. Oktober 2000 nahm Pfarrer Gottfried Hemmerling die Glocken in den Dienst der Kirchengemeinde. Seitdem schallen sie in abgestimmtem Dreiklang nach jahrzehntelangem Schweigen wieder über den Ort. Für die Beschaffung der beiden neuen Bronzeglocken hat sich besonders der damalige Bürgermeister Karl-Friedrich Tietz eingesetzt. Schon zu DDR-Zeiten engagierte er sich aktiv für die Erhaltung der Kirche und sorgte u.a. durch Abdeckung mit einer Plane dafür, dass das Gewölbe über dem Altarraum nicht einstürzte. In dem Architekten Hans Kulke fand er schließlich den geeigneten Partner, mit dem er die denkmalgerechte Wiederherstellung dieses Gewölbes und auch des Turmes ins Werk setzen konnte.

2001 waren die Arbeiten am Turm endlich abgeschlossen. Zur Wiederherstellung des Kirchenschiffes wird viel Engagement und Geld nötig sein, und nicht zuletzt auch ein Zusammengehen von Kirchengemeinde, Kommunalgemeinde und Verein für Kirchenbau und Heimatgeschichte Reitweins.

Kirche Falkenhagen

Im Jahre 1321 wird der Burgenort Falkenhagen als Städtchen (oppidum) urkundlich erwähnt, die Burg selbst schon im Jahre 1313. Hier war ein größeres Gemeinwesen geplant, dessen Entwicklung aber letztlich auf dem Wege zu einer richtigen Stadt steckenblieb. 1733 war nur noch von dem Flecken Falkenhagen die Rede. 1737 wird es bereits „Dorf" genannt.

Ein anspruchsvolles Besiedlungskonzept hatte natürlich Folgen im Hinblick auf die Dimensionen des Kirchenbaus. So entstand in der Mitte des 13. Jahrhunderts ein ungewöhnlich großer Granitquaderbau in den Formen einer dreischiffigen Basilika. Davon sind das Schiff, der breit vorgelagerte Turmunterbau und der in Schiffsbreite ansetzende Chor geblieben, der etwas nach Norden von der Mittelachse abweicht. Im 15./16. Jahrhundert erfolgten eine durchgreifende Erneuerung der Kirche und auch die Errichtung der eingezogenen Turmuntergeschosse. Das Westwerk war ursprünglich doppeltürmig angelegt, zu dessen vollständiger Realisierung es aber nie gekommen ist. Die kreuzgewölbten Seitenschiffe wurde 1801 abgerissen und die zum Schiff hin ursprünglich offenen, spitzbogigen Arkaden geschlossen. Damals erhielten Schiff und Chor größere Fenster. Allerdings sind im Chor noch vier der ursprünglichen schmalen Spitzbogenfenster erhalten. Die an der Südseite des Chores angebaute Sakristei wurde ebenfalls in jener Zeit abgetragen. An der Nordwand des Chores hat man 1904 einen spitzbogigen Zugang durchgebrochen. Der doppelt abgetreppte spitzbogige Westzugang ist noch erhalten. In der Süd- und Westmauer des Turmunterbaus steckt die Turmtreppe.

Seit frühesten Zeiten war Falkenhagen Mutterkirche mit der Tochter Petershagen. Heute gehören zum Pfarrsprengel Falkenhagen neun Orte: Falkenhagen, Petershagen, Döbberin, Sieversdorf, Petersdorf, Treplin, Arensdorf, Wilmersdorf und Alt Madlitz. Seit August 2003 ist die Pfarrstelle Falkenhagen vakant. Die Vakanzverwaltung erfolgte bis August 2004 durch das Pfarramt Wilmersdorf, danach bis heute durch das Pfarramt Podelzig. Das Falkenhagener Pfarrhaus war stark reparaturbedürftig, als es im Sommer 2003 vermietet wurde.

Im Kirchturm hingen bis zum Ersten Weltkrieg drei Glocken, die der Berliner Glockengießer Johann Carl Hackenschmidt 1843 für Falkenhagen gegossen hatte. Die beiden größeren von Ihnen waren Umgüsse älterer Glocken und mussten 1917 an die kaiserliche Heeresverwaltung abgeliefert werden. Die kleinere läutet noch heute im Turm.

Altar, Predigerstuhl und Kanzel stammten aus der ersten Hälfte des 18. Jahrhunderts. Erstere beiden sind 1965 leider beseitigt worden. Die erhaltene Kanzel steht auf einer gedrehten Säule. Die Ecksäulchen des Kanzelkorbes tragen Weinlaubschmuck. Aus der ersten Hälfte des 17. Jahrhunderts stammt die achteckige hölzerne Taufe mit quadratischem volutengeschmücktem Fuß. Zu ihr gehörte ein achteckiges zinnernes Taufbecken mit dem Namen des Pastors Michael Voitus und der Jahreszahl 1691, eine Frankfurter Arbeit des Meisters H. C. V.

An der Südwand des Chores hängt ein kleines Sandsteinepitaph für den am 24. Februar 1574 verstorbenen Alexander von Barfus. Der Verstorbene kniet vor einem Kruzifix mit Landschaftshintergrund. Im Giebelfeld ist Gottvater dargestellt. Die beiden eine Giebelverdachung tragenden Pfeiler sind mit je vier Wappen

geschmückt. An der Nordwand hängt ein zweites Sandsteinepitaph für den am 14. Juli 1604 im Alter von 40 Jahren verstorbenen Ernst Levin von Burgsdorff, der als Relieffigur in reicher Rollwerkumrahmung dargestellt ist.

Während der schweren Kämpfe im Frühjahr 1945 nahm die Falkenhagener Kirche einigen Schaden am Dach. Auch der Turmhelm wurde abgeschossen. Trotz Beseitigung dieser Schäden bis zum Jahre 1962 (der Kirchturm erhielt statt des einst 12 Meter hohen Dachreiters ein flaches Walmdach) nagte der Zahn der Zeit weiter an Bauwerk und Innenausstattung, so dass ab 1993 eine umfassende Sanierung notwendig wurde. Dafür taten sich Kirchengemeinde und Kommunalgemeinde zusammen. Der Gemeindekirchenrat schloss mit der Kommunalgemeinde einen Vertrag zur gemeinsamen Nutzung des Gebäudes. Seitdem finden hier neben den kirchlichen Veranstaltungen und Gottesdiensten auch Gemeinderats- und Vereinssitzungen, Konzerte und Ausstellungen statt.

Inneres der Falkenhagener Kirche nach Osten. Foto: H.-J. Beeskow

In vier Bauabschnitten wurden u. a. das Dachtragwerk und die Eindeckung erneuert sowie der Turm gesichert, die Empore repariert und der Fußboden ausgebessert. Auch eine kleine Küche und sanitäre Anlagen sind in den Turmunterbau eingebaut worden. Bei Farbuntersuchungen für die Innensanierung wurden das Fresko mit einer Lebensbaumdarstellung im Chorraum und die Weihekreuze freigelegt. Die Ostwand erhielt ein Fenstermosaik. Der Raum unter der Empore kann durch eine Faltwand abgetrennt werden, wodurch ein separater Versammlungsraum entsteht. Nach sechsjährigen Bauarbeiten erstrahlte die Falkenhagener Kirche in neuem Glanz und konnte am 11. September 1999 im Rahmen eines Festgottesdienstes feierlich wieder in Nutzung genommen werden.

Bis 1980 gab es in der Falkenhagener Kirche eine Buchholz-Orgel. Sie war im Krieg beschädigt worden und inzwischen weiter verfallen, dass sie nur noch abgerissen werden konnte. Die heutige Orgel wurde um 1848 von Carl August Buchholz, Berlin, für die französischreformierte Kirche in Soldin/Neumark gebaut. 1926 erfolgte ihre Umsetzung nach Wolgast in die Petrikirche, wo sie als Interimsinstrument im nördlichen Seitenschiff aufgestellt wurde. Als um 1993 der Fußboden um die Orgel herum wegen Schwammbefall saniert werden musste, lagerte man sie ein und verkaufte sie 1999 an die Falkenhagener Kirchgemeinde. Ihre Umsetzung, Instandsetzung und Aufstellung auf der Westempore der Falkenhagener Kirche besorgte die Sieversdorfer Orgelbauwerkstatt Christian Scheffler. Am 9. September 2001 wurde sie feierlich in Gebrauch genommen. Dank des Engagements vieler Spender konnte so ein wertvolles Instrument gerettet werden, eine der letzten Buchholz-Orgeln überhaupt. Sie erweckt den Eindruck, als hätte sie schon immer in der Kirche zu Falkenhagen gestanden. Die von der evangelischen Partnergemeinde Neuenkirchen-Vluyn im Rheinland 1995 geschenkte Walcker-Orgel wurde in die Kirche Neuentempel umgesetzt.

Kirche Petershagen

Die Kirche des 1405 erstmals erwähnten Ortes Petershagen war spätestens seit der Reformation Tochterkirche von Falkenhagen. Sie gehört mit ihren aus Granitquaderwerk errichteten, heute verputzen Umfassungsmauern des rechteckigen Langhauses und des ebenso gestalteten eingezogenen Rechteckchores dem 13. Jahrhundert an. Der im Grundriss quadratische, der Westfront vorgelegte verputzte Backsteinturm mit seiner in das Achteck überführten barocken Haube zeigte in der Wetterfahne die Inschrift: „L E v S" (Ludolf Ehrentreich v. Strantz) und „E C v B (Elisabeth Charlotte v. Birckholz) 1713".

Das rundbogige Portal auf der Südseite des Chores ist noch ursprünglich, während eine zweite Türöffnung auf der Nordseite des Langhauses vor längerer Zeit vermauert wurde. Die einstmals schmalen Fenster sind noch an einigen Spuren im Mauerwerk auf der östlichen Hälfte der nördlichen Außenseite zu erkennen. Alle übrigen Fenster sind später vergrößert worden.

Im Turm hängen noch immer die beiden Bronzeglocken aus dem 15. Jahrhundert. Die größere trägt vier Medaillonreliefs mit Darstellungen aus dem Leben Christi. Die kleinere zeigt ebenfalls Medaillen sowie das Zeichen für die Heilige Dreieinigkeit.

Im Innern ist die alte Ausstattung weitgehend erhalten. Der Altaraufbau von 1721 zeigt in der Anordnung des Bilderschmucks die Darstellung des Heiligen Abendmahls, die Kreuzigung, die Grablegung und die Himmelfahrt. Im seitlich angebrachten Rankenschnitzwerk erkennt man links das v. Strantzsche Wappen mit den Initialen „L. E. v. S." (Ludolf Ehrentreich v. Strantz) und rechts das von Birckholzsche Familienwappen mit den Buchstaben „E. C. v. B." (Elisabeth Charlotte v. Birckholz). Auch die Patronatsloge hinter dem Altaraufbau ist noch vorhanden. Die reich geschnitzte Kanzel steht an der Südecke zwischen Chor und Schiff. Der schöne polygonale Kanzelkorb trägt Weinlaub-Ecksäulchen sowie ein Rankenwerk über der Kanzeltür, am Aufgang und am Schalldeckel. Auch ein Messing-Leuchterpaar aus dem 16. Jahrhundert ist erhalten. Vor dem Altar liegt der Grabstein für den am 19. Februar 1594 verstorbenen Baltzer v. Strantz.

Auf der Westempore steht die 1883 von der Frankfurter Orgelbauanstalt Wilhelm Sauer gebaute Kegelladen-Orgel (Opus 328). Sie ist noch immer im Originalzustand. Der Spieltisch steht so, dass der Organist mit Blickrichtung zum Altar sitzt. Anstelle der 1917 für Kriegszwecke eingeschmolzenen zinnernen Prospektpfeifen wurden nach 1920 Zinkpfeifen eingebaut. 1993 erhielt die Orgel ein elektrisches Gebläse, aber der einfaltige Gebläsebalg kann auch noch manuell betätigt werden. 1999 wurde die Orgel generalüberholt, jedoch 2002/03 durch eingedrungenes Schmelzwasser unspielbar. Danach setzte die Orgelbauwerkstatt Christian Scheffler, Sieversdorf, das Werk notdürftig instand. Seitdem kann es wieder im Gottesdienst zum Klingen gebracht werden. Eine vorgesehene Generalinstandsetzung steht noch aus.

Den Krieg hatte das Gotteshaus als eines der wenigen im ganzen Kirchenkreis fast unbeschadet überstanden. Doch der Zahn der Zeit nagte an den alten Gemäuern. 1999 bekam das Kirchenschiff ein neues Dach, es war höchste Zeit.

Nachdem wegen Baufälligkeit des Turmes seit 1998 die Glocken nicht mehr geläutet werden durften und auch sein Dach und Teile des Mauerwerks in schlechtem Zustand waren, setzten im Sommer 2008 umfangreiche Sanierungsmaßnahmen ein. Ihnen fiel zuerst das markante und seit drei Jahren verwaiste Storchennest auf der Kirchturmspitze zum Opfer. Nach einem Sanierungskonzept des Dahlwitz-Hoppegartener Büros für Bautechnik wurde der Turm von oben nach unten saniert. Am 19. Juni 2009 wurde die neue Holmstange mit dem Turmknopf und der Wetterfahne aufgesetzt. Während die Bekrönung nach alten Fotos nachgestaltet wurde, erhielten Kugel und Wetterfahne ein modernes Design. In der Wetterfahne steht jetzt die Jahreszahl „2009“. In der Turmkugel verstaute Pfarrer Gottfried Hemmerling eine Kassette mit einem Gemeindebrief, einer Urkunde des

Fördervereins, einer Festschrift zur 600-Jahrfeier von Zeschdorf, zu dem Petershagen seit 2003 gehört, und einer aktuellen Ausgabe der Märkischen Oderzeitung.

Neben der Landeskirche haben die Kirchengemeinde, der Kirchenkreis, der Förderverein, die Kommunalgemeinde, der Landkreis, die Deutsche Stiftung Denkmalschutz, die Sparkasse und viele private Spender zur Petershagener Turmsanierung beigetragen. In seiner Andacht am 19. Juni 2009 hob Pfarrer Hemmerling besonders den Förderverein Dorfkirche Petershagen hervor. Ohne das ehrenamtliche und unermüdliche Engagement seiner Mitglieder wäre das Vorhaben in weite Ferne gerückt, sagte er. Zum Festgottesdienst anlässlich des Abschlusses der Turmsanierung am 17. Juli 2009 konnten nach zehn Jahren des Schweigens erstmals wieder die beiden neu aufgehängten, mit neuen Jochen und Klöppel versehenen mittelalterlichen Glocken im Turm geläutet werden.

Als nächste zu erledigende Arbeiten wurden in diesem Gottesdienst die Anfertigung neuer Schallluken, der Einbau eines elektrischen Läutewerks, die Instandsetzung der Orgel sowie Reparaturen im unteren Teil des Turmes und am Schiff benannt. 2010 wurden das elektrische Läutewerk installiert und die Schallluken erneuert. Es gibt aber noch genug zu tun, um das Petershagener Gotteshaus für die nächsten Jahrzehnte baulich zu ertüchtigen.

Kirche Döbberin

In der ersten urkundlichen Erwähnung wird der Ort 1358 „Dobyr" genannt, 1405 dann „Doberyn". Der slawische Ortsname bedeutet ‚Ort eines Dobr'.

Seit dem Mittelalter, vor 1456, war Döbberin Mutterkirche mit der Tochtergemeinde Niederjesar. Nach 1945 wurde das Pfarramt Döbberin durch das Pfarramt Falkenhagen verwaltet, Niederjesar kam zum Sprengel Mallnow. Heute, da die Pfarrstelle Falkenhagen vakant ist, wird Döbberin vom Pfarramt Podelzig verwaltet.

Eine Kirche hat es in Döbberin schon im 14. Jahrhundert gegeben, wenn nicht schon früher. Das Kirchenschiff hat einen mittelalterlichen Kern, ist aber in der zweiten Hälfte des 19. Jahrhunderts zu einem romanisierenden Backsteinbau umgebaut und 1905 noch einmal durchgreifend erneuert worden. Aus diesem Jahr stammt auch der quadratische Westturm mit den beidseitigen zweigeschossigen Anbauten. In ihm hängt noch die mittelalterliche Glocke aus dem 14./15. Jahrhundert. Sie hat am Hals 12 Medaillons mit Darstellungen aus der Lebens- und Leidensgeschichte Jesu, eine Rosette und ein Wappen mit einer heraldischen Tierfigur (Löwe).

Bis zum Ersten Weltkrieg waren es drei Glocken. Die kleinste Glocke, gegossen 1823 von Gottlieb Großheim, Frankfurt (Oder), ist wahrscheinlich 1942 zu Kriegszwecken eingeschmolzen worden. Die mittlere aus dem Jahre 1903 stammte von der Fa. M & O. Ohlsson, Lübeck. Sie musste schon 1917 an die kaiserliche Heeresverwaltung abgeliefert werden.

Das Mauerwerk der Kirche weist noch einige Einschussspuren auf, ist aber sonst in einem guten Zustand. 2004 erfolgten durch die Baudenkmalpflege-Firma Jürgen Friedrich in Frankfurt (Oder) erste Sanierungsarbeiten am Gesims, den Eckfialen, an der Dachtraufe und am Mauerwerk der östlichen Turmseite, wo ein großes Einschussloch fachgerecht zu schließen war. 2006 haben es die Mitglieder des Pfarrsprengels und des Döbberiner Heimatvereins geschafft, in den Turm ein neues Uhrzifferblatt einzusetzen. Das seit den 1950er Jahren defekte Uhrwerk wurde von dem Frankfurter Hobby-Uhrmacher Frank Reimer ehrenamtlich repariert. Was an Kosten für das Uhrenprojekt trotzdem angefallen war, konnte aus Spendenmitteln der Döbberiner Bürger bezahlt werden.

Die Innenausstattung der Kirche stammt aus der Erbauungszeit. Vor einer schlichten dunkel gefassten Kanzelwand, deren Schalldeckel separat an der Ostwand befestigt ist, steht die weiß getünchte Altarmensa. Über dem Schalldeckel ist an der Wand der Spruch „Mache mich selig, oh Herr" zu lesen. Hinter der Altarwand befindet sich ein kleiner Gemeinderaum. An den Wänden finden sich Ausmalungen aus der Bauzeit der Kirche, darunter ein weitgehend erhaltener umlaufender Wandfries.

Auf der dreiseitigen Westempore steht noch die um 1876 von Wilhelm Sauer, Frankfurt (Oder), gebaute Orgel (Opus 235) mit seitlich angebrachtem Spieltisch. Der Mittelteil des viergliedrigen Prospektes wird von den Außenfeldern überragt, was in der ganzen Region eher selten ist. Der Prospekt enthält Zinkpfeifen aus dem Jahre 1920, weil die alten aus Zinn 1917 zu Kriegszwecken eingeschmolzen wurden. Nach 1945 ist die Orgel von mutwilliger Zerstörung und Plünderung nicht verschont geblieben. In den 1950er Jahren wurde sie instand gesetzt. Die ursprüngliche Disposition ist ebenso wie der kräftige frühromantische Klang weitgehend erhalten. Es ist aber kein elektrisches Gebläse vorhanden. Auf Grund ihres desolaten Zustandes kann die Orgel derzeit nicht gespielt werden.

Bei einer Kirchenrenovierung in den 1990er Jahren entfernte man zwei Gedenktafeln und ein Predigerbild aus der Kirche und stellte sie in einem Abstellraum ab. 2006 entdeckten der Ortsbürgermeister und Vorsitzende des Heimat- und Kulturvereins Ralf Tomczik und sein Mitstreiter Horst Hensel die vergessenen Tafeln wieder. Sofort entstand der Wunsch, diese Tafeln zu restaurieren und wieder in die Kirche zu hängen. Es sei schlimm, so Ralf Tomczik, wenn ein Dorf langsam und schleichend seine Geschichte verliert. So kam es, dass zu Weihnachten 2006 zuerst die Gedenktafel für die gefallenen Döbberiner im Ersten Weltkrieg frisch restauriert wieder in der Kirche aufgehängt werden konnte. Das Geld für die Restaurierung wurde von privaten Spendern aufgebracht. Im Jahre 2007 gelang es dem Heimat- und Kulturverein, die Mittel zur Restaurierung des Predigerbildes zusammen zu bekommen. Es handelt sich um ein Ölbild des Predigers Johann Gottfried Kaiser (1761–1843), der das Pfarramt in Döbberin von 1799 bis 1840 innehatte.

Zum Osterfest 2008 kehrte auch das hölzerne Epitaph mit der wieder strahlenden Goldschrift für den Prediger Balthasar Samuel Beuthner (1725–1798) in die Kirche zurück. Während der Osterandacht, an der auch viele Döbberiner teilnahmen, die sonst nicht in den Gottesdienst kommen, erinnerte Pfarrer Gottfried Hemmerling, der die kleine Kirchgemeinde betreut, daran, dass die Restaurierung der drei Erinnerungsstücke ein Gemeinschaftswerk war, das hier gelungen ist. Sowohl Kirchgemeinde als auch Heimat- und Kulturverein hatten dafür gesammelt, um die Restaurierung bezahlen zu können.

Pfarrer Beuthner, in Wittenberg geboren, kam aus Dramburg in der Neumark, wo er als Diakon gearbeitet hatte, 1779 nach Döbberin und Niederjesar, wo er 18 Jahre Gottes Wort predigte. Der heutige Pfarrer Hemmerling sagte zu der versammelten Gemeinde, dass die Epitaph-Inschrift ein Ruf an uns Lebende sei, Glaube und Hoffnung fest in uns zu verwurzeln.

Als nächstes Ziel hatten sich Heimat- und Kulturverein und die Kirchgemeinde vorgenommen, die Sauer-Orgel, eines der ältesten Werke des Meisters, wieder zum Klingen zu bringen. Dazu wurde 2009 das Werk ausgebaut und in die Sieversdorfer Orgelbauwerkstatt Scheffler gebracht. Am 3. September 2011 waren nach langer Zeit wieder Orgelklänge in der Döbberiner Kirche zu hören. Die Firma Scheffler hatte dazu ein Orgel-Positiv zur Verfügung gestellt. Der Verein sammelt weiter Spendengeld, damit die eigentliche Orgel Stück für Stück restauriert werden und bald wieder nach Döbberin zurückkehren kann.

Kirche Sieversdorf

Als der Ort 1405 erstmals urkundlich erwähnt wurde, hat es hier schon mindestens 150 Jahre lang eine Kirche gegeben. Sie war von jeher bis 1958 Mutterkirche mit dem Filialdorf Petersdorf. Danach wurden beide Gemeinden durch das Pfarramt Treplin verwaltet. Seit dem Ende der 1960er Jahre gehört Sieversdorf zum Pfarrsprengel Falkenhagen. Von 2003 bis 2004 erfolgte die Vakanzverwaltung durch das Pfarramt Wilmersdorf, danach und bis heute durch das Pfarramt Podelzig. Das ehemalige Sieversdorfer Pfarrhaus wurde entwidmet und verkauft.

Die Kirche ist aus sauber bearbeiteten Granitquadern errichtet, hat ein rechteckiges Langhaus mit halbkreisförmiger Apsis und einen die ganze Breite der Westfront einnehmenden Turmunterbau. Der verbretterte quadratische Turmaufsatz stammt von 1683, aus einer Zeit, als die Familie von Strantz auch das Herrenhaus erbauen und die Kirche barockisieren ließ. Diese Jahreszahl findet sich auch in der Wetterfahne wieder. Aus der gleichen Zeit stammt die nördlich angebaute Sakristei. Von diesem Fachwerkbau führte früher ein Zugang hinauf zur Patronatsloge, die in den 1950er Jahren abgerissen wurde. Den Zugang hat man vermauert. Das spitzbogige, doppelt abgetreppte Westportal ist ebenfalls vermauert und gehört noch zum Ursprungsbau.

Im Turm hängt die alte, mit einer spätgotischen Minuskelinschrift versehene Glocke aus dem 15. Jahrhundert. Die zweite, ebenso alte Glocke ist vermutlich im Jahre

1917 an die kaiserliche Heeresrohstoffverwaltung abgeliefert worden.

Im Innern hat die Kirche eine Holzbalkendecke und eine Westempore, beide wohl auch aus dem 17. Jahrhundert, aber 1955 erneuert. Der Schnitzaltar aus der zweiten Hälfte des 16. Jahrhunderts war im 19. Jahrhundert neogotisch umgebaut worden. Nach dem Zweiten Weltkrieg konnte er nicht mehr restauriert werden und wurde in den 1950er Jahren durch den jetzigen ersetzt. Einzelne Teile des alten Altars lagern auf dem Kirchenboden. Das erhaltene Altarmittelbild hängt an der Südwand in der Nähe der Orgel. Es zeigt den das Abendmahl einsetzenden Christus. Der heute vorhandene Altar zeigt in schöner Holzschnitzarbeit die Figuren der 12 Apostel in den

beiden Altarflügeln, im Altarmittelteil die Auferstehung Christi. Die neutrale Predella und der Unterbau kamen 2005 bei der Restaurierung des Altars hinzu.

Die Kanzel ist ebenfalls neugotisch verändert worden. 2005 wurde sie restauriert. Bei der durch den Patron Carl Friedrich Ferdinand Leopold Karbe Mitte des 19. Jahrhunderts veranlassten Gesamtrenovierung der Kirche ist die gesamte Innenausstattung mit Gestühl, Kanzel und Altar neugotisch überformt worden. Am 2. Oktober 1859 erfolgte die Wiederinnutzungsnahme durch den Generalsuperintendenten D. Büchsel.

Die heutige Orgel wurde 1891 von Wilhelm Sauer, Frankfurt (Oder) gebaut. Sie hat fünf Register im Manual und eins im Pedal. Ihre Vorgängerin aus dem Jahre 1737 war erheblich höher, wovon die angehobene Decke über der Orgelempore kündet. An die alte Orgel erinnert noch ein Balken unter der Orgelempore mit der Inschrift „Anno 1737“.

An der Südwand auf der Orgelempore sind 1988 Reste einer frühmittelalterlichen Wandmalerei (Ende 14. Jh.) freigelegt und konserviert worden. Die Szene zeigt wahrscheinlich Adam und Eva bei der Haus- und Gartenarbeit nach der Vertreibung aus dem Paradies.

Zur Ausstattung gehörte eine Erinnerungstafel in einem ovalen geschnitzten Rahmen an Adolf Friedrich v. Strantz (1657–1672), die verschollen ist. Erhalten geblieben ist dagegen das prächtige Epitaph des Friedrich von Strantz (1601–1671) mit reichem Knorpelwerkrahmen an der Nordwand. Die hölzerne Tafel wird bekrönt von dem Wappen des Verstorbenen und dem seiner Frau Lukretia von Wulffen. Es zeigt im Mittelfeld noch sechzehn weitere, zu je vier in vier Reihen übereinander angeordnete Wappen märkischer Adelsgeschlechter. Eine zweite derartige Wappentafel ist ebenfalls verschollen.

An der Südwand in der Nähe der Kanzel hängt ein Wandepitaph für das Patronatsehepaar Ludolf Ehren-

Flügelaltar in der Sieversdorfer Kirche mit Schnitzfiguren der 12 Apostel. Foto: H.-J. Beeskow

treich von Strantz (1660–1723) und dessen Ehefrau Elisabeth Charlotte von Strantz, geb. v. Birckholz (1675–1718). Es besteht aus Holz und Stuck. Über der Inschriftkonsole steht eine lebensgroße Chronosfigur mit Sense vor einer Draperie und hält die zu beiden Seiten stehenden, in Öl gemalten Porträtmedaillons der Verstorbenen. 1993 wurden diese beiden Gemälde gestohlen und im Jahre 2005 durch Kopien ersetzt, die von der Familie von Strantz gestiftet wurden.

An der Sieversdorfer Kirche führte man unter der Leitung des Kirchenältesten Frank Schütte von 2003 bis 2005 umfangreiche Bau- und Restaurierungsarbeiten aus. Die Farbgebung des Altarraumes mit Sternenhimmel entspricht dem restauratorischen Befund und sah so bis zum Ende des 19. Jahrhunderts aus.

Kirche Petersdorf

Petersdorf ist von alters her die Filialgemeinde von Sieversdorf und hatte schon bei seiner Ersterwähnung 1405 eine Kirche. Der kleine rechteckige Granitquaderbau stammt im Kern aus dem 13. Jahrhundert. An der Südseite vermittelt den Hauptzugang zur Kirche ein kleiner, aus Ziegelsteinen gemauerter Vorbau. Das Feldsteinmauerwerk der Umfassungsmauern müsste an vielen Stellen ausgebessert werden. Das Westportal ist vermauert und erhielt um 1960 eine Fensteröffnung für die Winterkirche. Alle anderen Gebäudeöffnungen sind schon in der Barockzeit verändert worden. Einen noch um 1900 über der Westfassade sitzenden Dachturm hat man wenig später wegen Baufälligkeit entfernt.

Die beiden mittelalterlichen Glocken hängen seitdem in einem hölzernen Glockenschauer nördlich der Kirche auf dem Kirchhof. Die größere von beiden stammt aus dem 14./15. Jahrhundert und trägt am Hals die spätgotische Minuskelinschrift: „hilf mari in nomine". Darauf folgt ein Medaillon mit der Darstellung der Geburt Christi, während die Worte der zweiten Hälfte des Glockenspruchs ihrerseits wieder getrennt werden durch ähnliche Medaillen mit der Wiedergabe der Verkündigung, Verspottung und Kreuzigung. Der Schluss lautet: „domini in gotis namen . amen". Die kleinere aus der ersten Hälfte des 16. Jahrhunderts trägt am Hals ebenfalls in Minuskeln die Inschrift: „petrvs . appostolvs et pavlvs . doctor . gentivm". Als Trennungsglieder dienen Medaillen mit Rosetten.

Die hübsche Kanzel vom Anfang des 17. Jahrhunderts ist ein Werk der Spätrenaissance. Auf ihr sind zwischen Hermenpilastern die Bilder von Christus und den vier Evangelisten zu sehen. Der polygonale Korb steht auf einem Balusterfuß. 1958 wurde sie restauriert.

Vom einstigen Altar ist nur noch die barocke Mitteltafel aus der Mitte des 17. Jahrhunderts übrig, bemalt mit einer Abendmahlsdarstellung. Sie wurde 1957 restauriert.

Die hölzerne Taufe stammt aus der Mitte des 18. Jahrhunderts. Dazu gehört eine zinnerne Taufschale mit den Stifterinitialen „M. A. K." und der Jahreszahl „1767". Erhalten ist auch ein barocker Abendmahlskelch aus derselben Zeit. Vor dem Altar liegt im Kirchenboden eine Grabtafel. Sie ist dem Hans George von Strantz (1659-1742) und seiner Gemahlin Loysa von Strantz (1663–1735) gewidmet und von deren Sohn Hans Albrecht am 2. Oktober 1743 gestiftet worden. Auch das Zinnleuchter-

Petersdorfer Kanzel aus der Zeit der Spätrenaissance. Foto: H.-J. Beeskow

paar von 1678 ist noch vorhanden. Außerdem steht in der Kirche eine eisenbeschlagene mittelalterliche Kastentruhe.

Die Orgel ist ein Werk des Orgelbaumeisters Friedrich Ernst Gustav Heinze (1874–1949) in Sorau mit pneumatischen Kegelladen. Sie wurde im Jahr 1907 als Opus 13 erbaut und ist eine der wenigen fast original erhaltenen Heinze-Orgeln. Sie verfügt über sechs Register auf zwei Manualen und Pedal. Wie in den anderen Orten mussten 1917 auch ihre Zinn-Prospektpfeifen abgegeben werden. Sie wurden nach dem Krieg durch Zinkpfeifen ersetzt. Während der DDR-Zeit war die Orgel unspielbar geworden. Erst 1994 konnte das 1. Manual durch die Orgelwerkstatt Scheffler aus dem benachbarten Sieversdorf wieder spielbar gemacht werden.

Unter der Orgelempore befindet sich ein kleiner Gemeinderaum, der auch als Winterkirche genutzt wird.

Insgesamt ist die Kirche sehr baufällig. Lange Risse und Ausbeulungen der Nordwand lassen Probleme in den Fundamenten vermuten. Ein Gutachten hat einen starken Befall des Daches mit Holzschädlingen ergeben. Die Sanierungskosten werden erheblich sein, doch diese liebenswerte alte Kirche muss unbedingt erhalten bleiben.

Kirche Treplin

Treplin wurde 1373 als „Treppelin" zum ersten Mal urkundlich erwähnt und hatte damals schon eine Kirche. Es kann vermutet werden, dass der Ort seinen Namen von den in der Nähe gelegenen Trepliner Seen bekommen hat.

Die Trepliner Kirche war seit alters Mutterkirche mit der Filia Hohenjesar. Die Kirchgemeinde Treplin wird heute von Podelzig aus verwaltet, die von Hohenjesar vom Pfarramt Mallnow.

Von der alten Kirche ist nur wenig bekannt, außer dass sie 1734–1738 unter Verwendung der alten Mauern neu errichtet wurde. 1830 stürzte der marode Westturm ein und wurde nicht wieder aufgebaut. Das wohl inzwischen ebenfalls baufällige Kirchenschiff fiel 1872 dem Abriss anheim. Die Feldsteine fanden beim Chausseebau Verwendung. 1873 bis 1875 ließ Patron Konrad v. Burgsdorff an der Stelle des alten Gotteshauses einen neugotischen einschiffigen Backsteinbau mit abgesetzter 5/8-Apsis errichten. Er erhielt einen schlanken Westturm mit breitem Unterbau und eine Sakristei an der Nordseite. Die Mauerziegel stammten aus der Trepliner Ziegelei.

Im Turm hingen bis zum Ersten Weltkrieg drei Glocken. Die 1899 von der Firma Gebrüder Heinrich Ulrich in Apolda oder Gebr. Ulrich in Laucha an der Unstrut gegossene Glocke musste 1917 an die kaiserliche Heeresverwaltung abgeliefert werden. Eine mittelalterliche Glocke trug am Hals fünf Medaillen, aber keine Inschrift. Ihr Verbleib ist unbekannt. Die zweite mittelalterliche Glocke aus dem 15./16. Jahrhundert trägt die Minuskelinschrift: „ave maria gratia plena". Sie wird bis heute im Kirchturm geläutet. Schließlich kam vor 1931 noch eine weitere Bronzeglocke dazu. Sie stammte von der Fa. Franz Schilling Söhne in Apolda und wurde 1942 zu Kriegszwecken eingeschmolzen.

Die Innenausstattung stammte aus der Erbauungszeit. Außerdem war ein Holzrelief aus der alten Kirche vorhanden, das über das letzte Kriegsende gerettet werden konnte. Es stellt die Kreuzabnahme dar und war wahrscheinlich das ehemalige Hauptbild eines Altaraufbaus aus der Zeit der Spätrenaissance (17. Jh.). Bis 1975 wurde es im Trepliner Pfarrhaus aufbewahrt. Auf der Grundlage eines Dauerleihvertrages zwischen der Trepliner und der Seelower Kirchgemeinde kam das Relief nach Seelow. Nach aufwendiger Restaurierung wurde es in der dortigen Stadtkirche unter der Orgelempore aufgehängt. Ebenfalls noch erhalten ist ein silberner Abendmahlskelch aus dem Jahr 1868.

Bei den schweren Kämpfen im Frühjahr 1945 wurde die Kirche zwar beschädigt, konnte aber weiter benutzt werden. Noch 1947 fand in der Kirche ein Konfirmationsgottesdienst statt. Durch Materialentnahme am Dach und Witterungseinflüsse verfiel das Kirchenschiff in den Folgejahren immer mehr, bis nur noch eine bewachsene Ruine mit Storchennest auf dem Ostgiebel übrig blieb.

Anfang der 1970er Jahre wurde von der DDR-Regierung ein Ruinenbeseitigungsprogramm beschlossen, dem auch die Trepliner Kirchenruine samt Kirchturm zum Opfer fallen sollten. Da wurden die Trepliner Christen unruhig. Eine Unterschriftensammlung, die vom Rat des Kreises als illegal bezeichnet wurde, hatte Wirkung gezeigt, so dass die geplante Sprengung unterblieb.

Ehe mit den Restaurierungsarbeiten begonnen werden konnte, hatten Bergsteiger den Kirchturm bestiegen und alles lockere Gestein abgeschlagen. Die Turm-

instandsetzung war dann erst 1990 möglich und hat fast zwei Jahre gedauert.

Erst in jüngerer Zeit ergab sich die Möglichkeit, den Wiederaufbau der gesamten Kirche zum Gegenstand realistischen Denkens zu machen. Von dieser neuen und Chancen bietenden Wirklichkeit ausgehend, wurde im Oktober 1999 ein „Verein zum Wiederaufbau und zur Förderung der Dorfkirche Treplin“ gegründet. In seiner Satzung vom 27. Oktober 1999 hat es der Verein zu seiner vornehmsten Aufgabe erklärt, „den Wiederaufbau der Dorfkirche Treplin zu fördern.“ Und weiter heißt es in der Vereinssatzung: „Im Interesse des Gemeinwohls will der Verein dabei die Durchführung von angemessenen kulturellen Veranstaltungen im Einvernehmen mit dem Gemeindekirchenrat und der Gemeinde Treplin fördern. Der Verein will Öffentlichkeitsarbeit leisten, das Interesse von Bürgern, Behörden und der Wirtschaft für die Förderung des Wiederaufbaus der Kirche wecken, sowie finanzielle und tätige Hilfe von privater und öffentlicher Hand vermitteln und sinnvoll einsetzen..."

Bald zeigten sich erste sichtbare Erfolge beim Wiederaufbau der Kirche. Im Jahre 1999 wurde das Kircheninnere entrümpelt, vom Bewuchs befreit und die Mauerkrone des Gotteshauses befestigt. Das geschah im Rahmen einer so genannten Vergabe-ABM. Des Weiteren erfolgte im gleichen Jahr die Rekonstruktion und Neueindeckung der Apsis. Seit dem Erntedankfest 1999 wird die Kirchenruine wieder für gottesdienstliche Veranstaltungen genutzt.

Angesichts und aufgrund einer beschädigten, aber im Aufbau befindlichen Kirche musste und muss die Kirchengemeinde ihre Gottesdienste in einer Kapelle feiern. Diese Kapelle wurde Anfang der 1980er Jahre auf dem Kirchhof südwestlich der Kirchenruine erbaut. Sie ist rechteckig und hat an ihren Längsseiten je sechs rechteckige, schmale Fenster. Ihre Ausstattung ist einfach gehalten. Der Altartisch wird von einem Kruzifix geschmückt, das aus der Trepliner Kirche erhalten geblieben ist. Links vom Altartisch steht die hölzerne Taufe und rechts das Lesepult. Beide stammen aus den 1950er/1960er Jahren.

Im Jahre 2003 kamen für die Errichtung eines neuen Kirchendaches 18.000 Euro an privaten Spendengeldern, 11.500 Euro von der Kommunalgemeinde, 19.000 Euro von öffentlichen Stiftungen, über 3.900 Euro von der Kirchengemeinde und 1.500 Euro von der Partnerkirchengemeinde zusammen. Im August desselben Jahres begannen die Arbeiten und der Dachstuhl konnte bis Anfang Oktober gerichtet werden. Beim Richtfest am 1. Oktober 2003 wurde von einem Wunder gesprochen, an dem viele beteiligt gewesen seien. Kurz darauf folgte die Dacheindeckung. Die glasierten Ziegel tragen Schieferfarbe, mit denen das historische Erscheinungsbild des alten Schieferdaches fast wieder erreicht werden konnte.

2008, im Vorfeld des zehnjährigen Bestehens des Fördervereins, stellten sich die Vereinsmitglieder das Ziel, den an vielen Stellen schadhaften Ziegelfußboden wieder herzurichten. Das ist inzwischen geschehen, wie auch der Neuverputz der Apsis und die Neugestaltung der Altarstufen. Im November 2011 wurden eine elektrische Läuteanlage und eine elektrisch betriebene Turmuhr installiert, zunächst nur mit einem Zifferblatt auf der Südseite.

Kirche Wilmersdorf

Der Ort Wilmersdorf wird 1354 erstmals urkundlich erwähnt und besaß damals schon eine Kirche. Von alters her war Wilmersdorf Mutterkirche mit der Filia Alt Madlitz.

1881 bis 1883 entstand hier ein Kirchenneubau im neugotischen Stil unter Verwendung von Resten eines mittelalterlichen Feldsteinbaus. Das Gotteshaus erhielt einen quadratischen Westturm, eine polygonale (fünfseitige) Apsis, eine Nordnische und einen südlich gelegenen, zweiten Zugang. An der südlichen Außenwand der Kirche befinden sich drei Grabsteine. Der westlichste ist George Adolph Schindler (1664–1728) und seiner am 14. Oktober 1723 verstorbenen Frau gewidmet. Der zweite an der Westwand des Südvorbaus wurde dem im 56. Lebensjahr 1584 verstorbenen Albrecht Thuem gesetzt. Ein Grabstein auf der Ostseite gehört der gleichen Zeit an, ist aber nicht mehr zu entziffern.

Im Turm hingen zwei mittelalterliche Glocken. Eine davon wurde 1919 vermutlich umgegossen, die andere 1917 an die Heeresverwaltung abgeliefert. Eine dritte Glocke, gegossen 1604 von Hans Zeidler, Fürstenwalde, wurde 1875 durch die Fa. C. Voß und Sohn in Stettin umgegossen.

Der aus der alten Kirche übernommene hölzerne Altaraufsatz, von wappengeschmückten Akanthuswangen gerahmt, ist eine Stiftung des Christian Ludwig von Rohr aus dem Jahre 1703. In der Predella befindet sich ein querrechteckiges Gemälde, das das Abendmahl Jesu mit seinen Jüngern thematisiert. Im Haupt- bzw. Mittelteil wird die Kreuzigung Jesu dargestellt. Dieses Gemälde wird rechts und links von je einer Säule eingefasst. In den nach außen abschließenden Rankenwangen erkennt man links das v. Rohrsche Wappen mit der Jahreszahl 1703, rechts das v. Gollnitzsche Wappen mit dem Jahr der Vollendung der Arbeit 1706. Das Gemälde darüber zeigt die Auferstehung Christi. Links und rechts davon stehen auf dem gesprengten Gebälk die wahrscheinlich von einem älteren Altar übernommenen Schnitzfiguren der Apostel Paulus (mit dem Schwert) und Petrus. Bekrönt wird der Altaraufsatz durch zwei Schnitzfiguren, links Maria mit dem Jesusknaben und rechts die Heilige Barbara. Zwi-

Hölzerner Altaraufsatz aus dem Jahre 1703 in der Wilmersdorfer Kirche. Foto: H.-J. Beeskow

schen beiden Schnitzfiguren befindet sich ein Ovalbild mit der Darstellung der Himmelfahrt Christi. Dieses Bild ist von einem Strahlenkranz umgeben.

Rechts vor dem Apsisbogen steht die hölzerne gefasste Kanzel mit Knorpelwerkbaldachin aus der 2. Hälfte des 17. Jahrhunderts. Der Kanzelkorb ist polygonal und zeigt in seinen Feldern die gemalten Darstellungen der vier Evangelisten. Vor dem Apsisbogen schwebt ein geschnitzter Taufengel, dessen Entstehungszeit in der 1. Hälfte des 18. Jahrhunderts anzusetzen ist. Links vor dem Apsisbogen befindet sich die Taufe. Sie ist aus Sandstein gearbeitet, achtseitig und entstand Ende des 19. Jahrhunderts.

An der Nordwand steht auf einem schmalen Podest die qualitätsvolle Schnitzfigur einer Anna selbdritt als Sitzgruppe aus dem 14. Jahrhunderts Ein weißer Ölfarbenanstrich vom Ende des 19. Jahrhunderts entstellte das Kunstwerk, das im Kirchenkreis seinesgleichen sucht, leider sehr. In Jahren 1994 bis 1997 wurde diese mittelalterliche Holzplastik von Horst Veuskens (Berlin) umfassend restauriert und zeigt nun wieder ihre ursprüngliche Fassung.

An der Südwand hängt das hölzerne Epitaph für Christian Ewald v. Rohr (1627–1693). Das gemalte Bildnis des Verstorbenen wird von einem Kranz 16 kleiner Wappendarstellungen umgeben. Dem Zeitgeschmack entsprechend ist die gesamte Tafel über einem konsolartigen Unterbau, der eine Inschrift trägt, mit Waffen und Trophäen geschmückt. Gegenüber hängt ein zweites hölzernes Epitaph für Ernst Christian v. Rohr (1686–1709) mit einem Kranz von 16 kleinen Wappen um die Inschrifttafel. Auch diese Tafel zeigt einen reichen Akanthusschmuck. Über der Inschrifttafel stehen das Allianzwappen der Patronatsfamilie und wieder Waffen und Trophäen als schmückende Beigaben.

Der silbervergoldete Abendmahlskelch mit Patene aus dem Jahre 1637 ist noch heute vorhanden. Beide tragen den Namen des Pastors Christoph Reichard.

In der ehemaligen Taufkapelle in der Nordwand hat die Orgel ihren Platz. Mit Manual, Pedal und vier Registern ist sie ein Werk des Orgelbauers Wilhelm Sauer in Frankfurt (Oder) aus dem Jahre 1969 (ein H- Modell, Opus 1858).

Die verglaste Westempore wird von der Kirchengemeinde seit den 1980er Jahren als gut beheizbare Winterkirche und als Gemeinderaum genutzt.

Im Jahre 1993 erhielt der Turm ein neues Dach. Zwei Jahre später wurde auch das Kirchenschiff neu eingedeckt und das Kircheninnere saniert. Im Jahre 1996 erfolgte eine Renovierung der Wände und der Kirchenbänke, die 1997 noch mit einer Bankheizung versehen wurden. Auf der höchsten Zinne des gestaffelten Ostgiebels befindet sich seit Jahrzehnten ein Storchennest.

Kirche Alt Madlitz

Alt Madlitz wird 1373 als „modelicz“ erstmals urkundlich erwähnt. Seinen Namen hat das Dorf von dem See „Die Madlitz“, an dem es liegt.

Seit jeher war Alt Madlitz Tochterkirche von Wilmersdorf und wird heute vom Pfarramt Podelzig mit verwaltet. Mit Wirkung vom 1. Mai 2011 haben sich die Kirchengemeinden Alt Madlitz und Wilmersdorf zur Evangelischen Kirchengemeinde Madlitz-Wilmersdorf vereinigt.

Die Kirche ist ein rechteckiger mittelalterlicher Bau aus dem 13. Jahrhundert mit flacher Innendecke. Ihre Umfassungswände bestehen aus verputztem Feldsteinmauerwerk. Die hohen Fenster wurden in der Barockzeit verändert. Der später zugefügte Turm ist im Westen in ganzer Breite vorgelegt. Vor dem Südeingang befindet sich ein neogotischer Backsteinvorbau von 1821. Davor liegen zwei Mahlsteine.

Bis zum Ersten Weltkrieg hingen zwei Glocken im Turm. Die größere wurde 1875 von C. Voß und Sohn, Stettin, gegossen und musste 1917 an die kaiserliche Heeresverwaltung abgeliefert werden. Erhalten ist die kleinere aus dem Jahre 1837, gegossen von Gottlieb Großheim in Frankfurt (Oder).

Die Kirche ist im ersten Viertel des 19. Jahrhunderts und Anfang des 20. Jahrhunderts grundlegend umgebaut worden. Dabei wurde auch der Innenraum nach einem Entwurf von Franz Heinrich Schwechten (1841–1924) neu gestaltet. Aus dieser Neugestaltung stammen die wabenförmigen Fußbodenfliesen, die in Kassettenfeldern bemalte Holzbalkendecke und das Gemeindegestühl. Im Innenraum dominiert das große Altargemälde wohl aus der 2. Hälfte des 17. Jahrhunderts mit Darstellung der Kreuzesabnahme (seitenverkehrte Kopie des Rubensschen Originals) in der mit einer Pilastergliederung versehenen Altarwand. Dieses Ölbild wurde schon einmal im Jahre 1965 restauriert. Derzeit wird es erneut restauriert durch die Potsdamer Restauratoren Grit Jehmlich und Oliver Max Wenske. Auf der Rückseite fand sich der Name eines italienischen Künstlers. Man darf gespannt

Inneres der Alt Madlitzer Kirche nach Osten mit dem großen Altargemälde aus dem 17. Jh. Foto: H.-J. Beeskow

sein, was die genauere Untersuchung des Bildes an bisher unbekannten Fakten über Alter und Herkunft ans Licht befördern wird.

Ein hölzernes Kruzifix aus der Zeit um 1500 an der Ostwand der Turmhalle wurde 2009 durch den Restaurator Thoralf Herschel aufwändig restauriert. Zwei Drittel der Kosten hat die Denkmalpflege des Landkreises Oder-Spree übernommen. In die Turmhallenwand ist eine gusseiserne Ofenplatte mit biblischen Szenen (u. a. das Gleichnis vom ungerechten Knecht) von 1598 eingelassen. Außerdem ist ein prunkvolles hölzernes Epitaph für Jost Friedrich Rudolf v. Wulffen (1671–1721) erhalten. Es zeigt das Bildnis des Verstorbenen, umgeben von Trophäenschmuck.

An der Nordwand stehen zwei Reliefgrabsteine derer von Wulffen, beide verstorben 1612. Sie zeigen die Verstorbenen ganzfigurig in Rüstung. Ein weiterer Grabstein mit Inschrift erinnert an den 1620 verstorbenen Curt von Wulffen und seine Ehefrau Elisabeth. Außerdem hängt über der Tür an der Südwand eine große Stuckkartusche mit Wappen derer von Finckenstein aus dem Jahre 1734. Zur Ausstattung der Kirche gehört ferner ein zinnernes Leuchterpaar aus dem 18. Jahrhundert.

Links vom Altar, in der nordöstlichen Ecke, steht die hölzerne Kanzel, die von zwei Säulen gestützt wird. Vor der Kanzel hat die aus Sandstein gearbeitete Taufe ihren Platz. Sie ist achtseitig und stammt aus dem 19. Jahrhundert.

Auf der Westempore befindet sich die so genannte Winterkirche. Die Empore wird von zwei Säulen getragen und ihre Brüstung ist in das Kirchenschiff vorgelagert.

Die Turmspitze wird mit Kugel und Wetterfahne abgeschlossen. Die Wetterfahne trägt die Jahreszahl 1821 und wurde im Jahre 1997 erneuert. Bemerkenswert ist die funktionierende alte Turmuhr, die regelmäßig aufgezogen wird und den Alt Madlitzern zeigt, was die Stunde geschlagen hat. Das Dach des Kirchenschiffs wurde bereits im Jahre 1992 neu eingedeckt.

Ein adliges Erbbegräbnis gibt es in oder bei der Kirche nicht. Die Begräbnisstätte der langjährigen gräflichen Patronatsfamilie von Finckenstein liegt draußen, östlich des Dorfes, am Weg zur Madlitzer Mühle, auf dem so genannten Friedrichsberg. Sie wurde zu DDR-Zeiten verwüstet und war lange unter Eichen und Lebensbäumen kaum noch zu erkennen. Nach mehrjährigen Aufräum- und Gestaltungsarbeiten wurde auf Initiative von Karl-Wilhelm Graf Finck von Finckenstein auf dieser dem Gemeindefriedhof sich anschließenden Fläche, die über 250 Jahre lang als Begräbnisstätte der Familie von Finckenstein diente, eine Gedenkstätte geschaffen, die im Juni 2009 eingeweiht wurde. Durch den namhaften Schriftsteller Günter de Bruyn konnten noch einige der Gedenksteine geborgen werden. Der zentral aufgestellte Sarkophag ist eine Dauerleihgabe der Kirchengemeinde Vehlow.

Kirche Arensdorf

Als Arensdorf 1405 erstmals urkundlich genannt wird, gab es dort auch schon eine Kirche. Die Kirche in Arensdorf war von alters her Mutterkirche und hatte ein selbstständiges Pfarramt. Heute wird die Kirchengemeinde vom Pfarramt Podelzig mitverwaltet.

Die Kirche ist ein frühgotischer Feldsteinbau mit eingezogenem Chor und breitem Westturm aus dem 13. Jahrhundert. An der östlichen Chorwand sind noch die drei schmalen Spitzbogenfenster zu sehen, von denen das mittlere nach einer dort in den Putz geritzten Inschrift 1887 vermauert wurde. Im gleichen Jahr erhielt der Turm ein Walmdach mit einem Dachreiter, auf dem eine Wetterfahne mit der Jahreszahl 1723 sitzt. Des Weiteren wurde 1887 an der südlichen Chorwand ein Sakristeianbau mit Ziergiebel errichtet.

Vom Chorraum führt ein Spitzbogenportal in die Sakristei, ein anderes liegt in der Südwand und hat um 1900 einen Backsteinvorbau erhalten. Auch das Westportal mit doppelt abgetreppter Laibung ist spitzbogig geschlossen.

Bis zum Zweiten Weltkrieg hingen im Turm drei mittelalterliche Glocken. Die größte von ihnen aus der Mitte des 14. Jahrhunderts ist erhalten. Sie trägt am Hals die spiegelbildliche Majuskelinschrift: „+ DVTRAOR . AVTE . VOCO . VOS . AD SAC“ (= dum trahor, audite, voco vos ad sacra). Unter dieser Inschrift sind Maria und Johannes am Kreuz dargestellt, ferner zwei Rosetten, das Lamm Gottes und ein kleines Wappen mit heraldischer Tierfigur.

Die beiden anderen trugen keinerlei Inschrift. Man hat sie im Jahre 1942 zu Kriegszwecken eingeschmolzen.

Im Jahre 1997 wurden die Dächer von Schiff und Chorraum erneuert. Außerdem erfolgte eine Reparatur der seitlichen Außenwände der Kirche. Der Westturm wurde 1999 saniert und neu eingedeckt. Im Zusammenhang mit der Turmsanierung musste Anfang November 1999 die Wetterfahne samt Kugel von der Spitze abgenommen werden. Beim Öffnen der Kugel wurde eine Kapsel mit Dokumenten und Zeitungen aus den Jahren 1723, 1860 und 1861 entdeckt. Einer Urkunde aus dem Jahre 1723 ist u. a. zu entnehmen, dass der Turm in jenem Jahr erneuert werden musste. Außerdem wird die erfreuliche

Mitteilung gemacht: „Sonsten ist itziger Zeit Gottlob! aller Orten Friede, auch gesunde und reine Lufft und grassiert keine ansteckende Seuche noch Kranckheit! Auch ist gottlob! am getreide alles wohlfeil ...“

Altar, Gestühl und Empore gehören der zweiten Hälfte des 19. Jahrhunderts an. Von dem Altar sind die Mensa mit seitlichen hölzernen Schranken und das aus Eisen bestehende Kreuz erhalten. Hinter dem Altar hängt an der östlichen Chorwand ein rechteckiges Ölbild des Malers Max Ringhandt, das das Abendmahl Jesu mit seinen Jüngern zeigt. Der Vater des früheren Seelower Superintendenten Siegfried Ringhandt malte in der Nachkriegszeit großformatige Bilder biblischer Szenen auch für andere Kirchgemeinden im Kirchenkreis Seelow.

Links im Chorbogen steht die hölzerne, ungefasste Kanzel. Der Kanzelkorb ist vierseitig und wird von gedrungenen Stützen getragen. In den 1970er Jahren war die alte Arensdorfer Kanzel sehr marode geworden. Als nach dem Umbau der Lutherstiftskapelle in Frankfurt (Oder) die dortige Kanzel nicht mehr benötigt wurde, gab man sie nach Arensdorf ab, um die alte Kanzel zu ersetzen.

Vor den beiden Stufen des Altarraumes im Chor hat die Taufe ihren Platz. Sie ist aus Sandstein gearbeitet, hat eine facettierte Kuppa auf oktogonalem Schaft und entstand im 16. Jahrhundert. Von der alten Ausstattung ist ein zinnernes Leuchterpaar aus der zweiten Hälfte des 17. Jahrhunderts erhalten.

Die Kirche hat eine Hufeisenempore, die von Pfosten getragen wird. Der westliche Teil der Empore ist nach vorn geschwungen. Von der Orgel blieb nur der barocke Prospekt übrig. Sie wurde nach dem Zweiten Weltkrieg zerstört. Nur einige Pfeifen sind noch vorhanden. Für den gottesdienstlichen Gebrauch wurde eine elektrische Ahlborn-Orgel beschafft.

Im Innern hat die Kirche eine Balken/Bretter-Decke, die im Jahre 1997 erneuert wurde.

Inneres der Arensdorfer Kirche nach Osten mit dem Altarbild von Max Ringhandt. Foto: H.-J. Beeskow

Im Turmraum befindet sich seit 2004 die Glas- und Lichtinstallation „Gläserne Töne“ eines australischen Künstlers.

Seit der Sanierung in den 1990er Jahren und dem Einbau einer Heizung feiert die Kirchengemeinde wieder öfter ihre Gottesdienste in der Kirche. Die gemeindlichen Veranstaltungen, wie z. B. Frauenkreis und Christenlehreunterricht, finden im ehemaligen Pfarrhaus statt, das südwestlich von der Kirche gelegen ist. Hier werden in den Wintermonaten auch die Gottesdienste gehalten.

Bemerkenswert ist das spitzbogige Portal der den Kirchhof einfriedenden Feldsteinmauer aus dem 15./16. Jahrhundert.

Pfarrsprengel
im Evangelischen Kirchenkreis Oderbruch 2012
und ihre Predigtstätten

1. Oderberg

Pfr. Johannes Reimer;
Pfarramt Angermünder Straße 8,
16248 Oderberg,
Tel. 03 33 69 / 3 42

1.1 Oderberg, St. Nikolai
1.2 Neuendorf
1.3 Bralitz

2. Altglietzen

Pfrn. Susanne Heine;
Pfarramt Altglietzener Dorfstraße 1,
16259 Bad Freienwalde (Oder),
OT Altglietzen,
Tel. 03 33 69 / 3 98

2.1 Altglietzen
2.2 Neutornow
2.3 Neuenhagen
2.4 Hohensaaten

3. Bad Freienwalde

Pfr. i. E. Björn Ernst;
Pfarramt Uchtenhagenstraße 4/5,
16259 Bad Freienwalde (Oder),
Tel. 033 44 / 36 11

3.1 Bad Freienwalde, St. Nikolai
3.2 Altranft
3.3 Wölsickendorf
3.4 Steinbeck
3.5 Wollenberg

4. Neulietzegöricke

Pfrn. Nanna-Maria Luttenberger;
Pfarramt Neulietzegöricke 85,
16259 Neulewin,
Tel. 03 34 57 / 4 04

4.1 Neulietzegöricke
4.2 Altwustrow
4.3 Neulewin
4.4 Neubarnim
4.5 Neuküstrinchen
4.6 Altreetz

5. Wriezen

Pfr. Christian Moritz;
Pfarramt Fröbelstraße 1,
16269 Wriezen,
Tel. 03 34 56 / 349 22

5.1 Wriezen, St. Marien
5.2 Altmädewitz
5.3 Altwriezen

6. Haselberg

Pfr. Christian Kohler,
Pfrn. Barbara Kohler;
Pfarramt Hauptstraße 7,
16259 Wriezen, OT Haselberg,
Tel. 03 34 56 / 345 87

6.1 Haselberg
6.2 Frankenfelde
6.3 Harnekop
6.4 Lüdersdorf
6.5 Biesdorf
6.6 Schulzendorf
6.7 Sternebeck
6.8 Reichenow
6.9 Batzlow
6.10 Möglin
6.11 Reichenberg
6.12 Ihlow
6.13 Pritzhagen
6.14 Ringenwalde

7. Neutrebbin

Pfr. Arno Leye;
Pfarramt Hauptstraße 77,
15320 Neutrebbin,
Tel. 03 34 74 / 3 05

7.1 Neutrebbin
7.2 Altlewin
7.3 Altbarnim (Kleinbarnim)
7.4 Kunersdorf
7.5 Bliesdorf
7.6 Altfriedland
7.7 Wuschewier
7.8 Sietzing

8. Letschin

Pfr. Frank Schneider;
Pfarramt Bahnhofstraße 33,
15324 Letschin,
Tel. 03 34 75 / 3 30

8.1 Letschin
8.2 Wilhelmsaue
8.3 Groß Neuendorf
8.4 Ortwig
8.5 Kienitz
8.6 Sophienthal

9. Neuhardenberg

Pfr. Thomas Krüger;
Pfarramt Karl-Marx-Allee 26,
15320 Neuhardenberg,
Tel. 03 34 76 / 2 50

9.1 Neuhardenberg
9.2 Kiehnwerder
9.3 Wulkow
9.4 Gusow
9.5 Platkow

10. Neuentempel

Pfr. Jörg-Rainer Matthias,
Pfrn. Rahel-Charlotte Mielke;
Pfarramt Neuentempel 34,
15305 Vierlinden,
Tel. 0 33 46 / 89 35

10.1 Neuentempel
10.2 Diedersdorf
10.3 Görlsdorf
10.4 Alt Rosenthal
10.5 Worin
10.6 Lietzen Dorf

10.7 Lietzen Nord (Komturei),
St. Sebastian (Privatkirche)
10.8 Marxdorf

11. Seelow

Pfr. Roland Kühne (Superintendent);
Pfarramt und Superintendentur
Berliner Straße 5,
15306 Seelow,
Tel. 033 46 / 80 59 - 0

11.1 Seelow, St. Marien
11.2 Friedersdorf
11.3 Neulangsow

12. Gorgast

Pfrn. Anja Grätz;
Pfarramt Genschmarer Straße 1,
15328 Küstriner Vorland, OT Gorgast,
Tel. 03 34 72 / 5 28

12.1 Gorgast
12.2 Manschnow
12.3 Golzow
12.4 Genschmar
12.5 Küstrin-Kietz
12.6 Bleyen
12.7 Alt Tucheband
12.8 Zechin
12.9 Buschdorf

13. Mallnow

Pfr. Martin Müller;
Pfarramt Mallnower Dorfstraße 23,
15326 Lebus, OT Mallnow,
Tel. 03 36 02 / 4 37

13.1 Mallnow
13.2 Schönfließ
13.3 Libbenichen
13.4 Alt Mahlisch
13.5 Sachsendorf
13.6 Hohenjesar
13.7 Dolgelin
13.8 Niederjesar
13.9 Carzig

14. Podelzig

Pfr. Gottfried Hemmerling;
Pfarramt Hauptstraße 36,
15326 Podelzig,
Tel. 03 36 01 / 2 10

14.1 Podelzig
14.2 Rathstock
14.3 Reitwein

15. Falkenhagen

Z. Zt. nicht besetzt. Vakanzverwaltung des Pfarramtes durch Pfarramt Podelzig

15.1 Falkenhagen
15.2 Petershagen
15.3 Döbberin
15.4 Sieversdorf
15.5 Petersdorf
15.6 Treplin
15.7 Wilmersdorf
15.8 Alt Madlitz
15.9 Arensdorf

Alphabetisches Verzeichnis der Kirchen und Gemeindehäuser

Hohensaaten
Neuendorf
Oderberg
Neuenhagen
Bralitz
Altglietzen
Neutornow
Bad Freienwalde
Neuküstrinchen
Altranft
Altreetz
Neulietzegöricke
Altmädewitz
Neulewin
ilsickendorf
Altwustrow
Wollenberg
Biesdorf
Altwriezen
einbeck
Lüdersdorf
Wriezen
Neubarnim
Ortwig
Haselberg
Altlewin
rnekop
Schulzendorf
Groß Neuendorf
Frankenfelde
Bliesdorf
Altbarnim
ernebeck
Kunersdorf
Kienitz
Neutrebbin
Möglin
Wilhelmsaue
chenow
Batzlow
Wuschewier
Sietzing
Sophiental
Letschin
Kiehnwerder
Ihlow
Ringenwalde
Altfriedland
Buschdorf
Genschmar
Reichenberg
Zechin
Bleyen
Pritzhagen
Neuhardenberg
Platkow
Golzow
Gorgast
Gusow
Wulkow
Küstrin-Kietz
Neulangsow
Alt Rosenthal
Manschnow
Seelow
Alt Tucheband
Friedersdorf
Rathstock
Dolgelin
Sachsendorf
Görlsdorf
Reitwein
Worin
Libbenichen
Diedersdorf
Podelzig
Neuentempel
Lietzen Nord
Carzig
Marxdorf
Lietzen Dorf
Alt Mahlisch
Mallnow
Niederjesar
Döbberin
Hohenjesar
Arensdorf
Falkenhagen
Schönfließ
Wilmersdorf
Treplin
Alt Madlitz
Sieversdorf
Petershagen
Petersdorf

Quellen und Literatur

Märkische Oderzeitung

Ephoralarchive in Bad Freienwalde und Seelow

Archive der einzelnen Pfarrämter im Kirchenkreis

R. Schmook: Kunstguterfassung in den Kirchen des Kirchenkreises Bad Freienwalde von 1984 bis 1988, unveröffentl. Materialsammlung

Hans-Georg Eichler: Die Glocken des Kreises Bad Freienwalde, Ungedr. Manuskript, Schwedt/O. 1967

Ders.: Die Glocken des Kreises Seelow, Ungedr. Manuskript, Schwedt/O. 1969

Bergau, Richard: Inventar der Bau- und Kunstdenkmäler in der Provinz Brandenburg. Berlin 1885

Dehio, Georg: Handbuch der deutschen Kunstdenkmäler. Die Bezirke Cottbus und Frankfurt/Oder. Neubearbeitung im Institut für Denkmalpflege im Einvernehmen mit der Vereinigung zur Herausgabe des Dehio-Handbuchs. Berlin 1987

Die Kunstdenkmäler der Provinz Brandenburg. Herausgegeben vom Brandenburgischen Provinzialverband, Band VI, Teil 1: Die Kunstdenkmäler des Kreises Lebus. Berlin 1909

Die Kunstdenkmäler der Provinz Brandenburg. Herausgegeben vom Brandenburgischen Provinzialverband, Band VII, Teil 1: Die Kunstdenkmäler des Kreises Königsberg Nm., Berlin 1928

Die Kunstdenkmäler der Provinz Brandenburg. Herausgegeben vom Brandenburgischen Provinzialverband, Band III, Teil 3: Die Kunstdenkmäler des Kreises Angermünde. Berlin 1934

Evang. Konsistorium der Mark Brandenburg (Hg.): Pfarralmanach für die Kirchenprovinz Mark Brandenburg. Berlin 1931

Evang. Konsistorium Berlin-Brandenburg (Hg.): Pfarralmanach für die Kirchenprovinz Berlin-Brandenburg. Berlin 1953

Fischer, Carsten und Günther Jehser: Der Kirchenbau von Sophienthal. Manuskriptdruck, o. J. (2006)

Friske, Matthias: Die mittelalterlichen Kirchen auf dem Barnim. Geschichte-Architektur-Ausstattung. Berlin 2001 (= Kirchen im ländlichen Raum, Band 1)

Fuchs, Martin: Zur Geschichte der Kirche in Kunersdorf. In: Bad Freienwalder Heimatkalender, 50. 2006, S. 19 ff.

Grätz, Anja: Vor 50 Jahren: So wurde unsere Gorgaster Kirche neu gebaut. In: Lebuser Land. Heimatmagazin für Ostbrandenburg, Heft Nr. 2/2009, S. 20 ff.

Gries, Anett und Klaus-Peter Hackenberg: Von der gewachsenen Struktur zum gestalteten Ensemble Quilitz, Marxwalde, Neuhardenberg. Petersberg 1999 (=Studien zur Geschichte von Neuhardenberg 5)

Heimatverein Letschin (Hg.): Letschiner Chronik, Band III, Letschin 2007

Hoffmann, Heinz E.: Die Dorfkirche in Niederjesar – Ein Zwischenbericht zum Wiederaufbau. In: Offene Kirche 2000, S. 40 f.

Institut für Denkmalpflege (Hg.): Die Bau- und Kunstdenkmale in der DDR. Bezirk Frankfurt/Oder, Berlin 1980

Janowski, Bernd/Schumann, Dirk (Hg.): Dorfkirchen. Beiträge zu Architektur, Ausstattung und Denkmalpflege, Berlin 2004 (= Kirchen im ländlichen Raum, Band 3)

Labes, Karl-Heinz: Geschichte(n) um die Carziger Dorfkirche. In: Kreisjahrbuch Märkisch-Oderland, 19. 2012, S. 66 ff.

Mangelsdorf, Frank (Hg.): Einst und jetzt: Kirchen im Oderbruch. Berlin/ Wildeshausen 2011

Neuhäuser, Simone: „... im Leben und Todt treu gewesen ..." – Denkmäler für Johann Georg von der Marwitz in Groß Rietz und Friedersdorf. In: Offene Kirchen 2009, S. 86 ff.

Neumärkische Heimatbilder. Beiträge zur Heimatkunde des Kreises Königsberg (Neumark) sowie der Gemeinden Tamsel und Warnick, Kreis Landsberg (Warthe), Frankfurt (Oder) 1936

Neumärkische Heimatbilder. Beiträge zur Heimatkunde des Kreises Königsberg (Neumark) sowie einiger Gemeinden der Nachbarkreise Oberbarnim und Landsberg (W.), Frankfurt (Oder) 1937

Petzel, Martin / Wittkopp, Blandine: Archäologische Denkmale unserer Heimat – Der Ort Falkenhagen. In: Kreisjahrbuch Märkisch-Oderland, 12. 2005, S. 66 ff.

Richter, Karl: Orgelhandbuch Brandenburg, Band 4: Märkisch-Oderland. Berlin 2009

Rieger, Hans-Georg / Wittich, Günther-Alexander von (Hg.): Kirchen im Oderbruch und ihre Schicksale seit dem Frühjahr 1945. Berlin/Bonn 1992

Röseler, Bernd: Ein kleines Dorf kämpft um seine Kirche (Marxdorf). In: Kreisjahrbuch Märkisch-Oderland, 5.1998, S. 63 ff.

Rohowski, Ilona/ Senst, Ingetraut: Denkmale in Brandenburg, T. 1: Städte Bad Freienwalde und Wriezen, Dörfer im Niederoderbruch. Worms 2005 (= Denkmaltopographie BRD, Band 9.1)

Rohrlach, Peter P.: Historisches Ortslexikon für Brandenburg, Teil VII, Lebus. Weimar 1983 (=Veröffentlichungen des Staatsarchivs Potsdam, Band 18)

Willich, Cornelia: Brandenburgisches Namenbuch, Teil 8: Die Ortsnamen des Landes Lebus. Weimar 1994 (=Berliner Beiträge zur Namenforschung, Band 9)

Rüsch, Eckart: Die Baugeschichte von Neuhardenberg (Quilitz) 1773–1814. Petersberg 1997 (=Studien zur Geschichte von Neuhardenberg 1)

Schmidt, Peter: „Paleste seindt nicht zu bauen"– Friderizianischer Kirchenbau im Oderbruch. In: Offene Kirche 2005, S. 90 ff.

Schmidt, Rudolf: Die Herrschaft Eckardstein. Teil I und II, Bad Freienwalde (Oder) 1926 (=Oberbarnimer Heimatbücher, Band 5 und 6)

Schmidt, Rudolf: Die Herrschaft Friedland. Bad Freienwalde (Oder) 1928 (=Oberbarnimer Heimatbücher, Band 7)

Schmidt, Rudolf: Aus der Pfuelen Land. Teil I und II, Bad Freienwalde (Oder) 1929 (=Oberbarnimer Heimatbücher, Bd. 8 u. 9)

Schmidt, Rudolf: Oderbruch-Siedelungen im Kreise Oberbarnim. Bad Freienwalde 1930 (=Oberbarnimer Heimatbücher, Band 10)

Schmook, Reinhard: Altfriedland – Kunersdorf. Berlin 2011 (= Schlösser und Gärten der Mark, Heft 124)

Wolf, Dieter H. P.: Podelzig und seine Kirche. In: Kreisjahrbuch Märkisch-Oderland, 16. 2009, S. 25 ff.

Wolff, F.: Die Glocken der Provinz Brandenburg und ihre Gießer. Berlin 1920

Zebe, Klaus: Erinnerungen (u. a. an Gorgast). Manuskriptdruck, Reichenwalde 1994